Vorsorge selbstbestimmt

Das Handbuch für Ihre persönlichen Daten,
Verträge und Verfügungen

3., aktualisierte und überarbeitete Auflage,
April 2013, 19. – 27.000 Exemplare

ISBN 978-3-86336-020-7
Printed in Germany

So nutzen Sie dieses Buch

Liebe Leserin, lieber Leser,

Sie wollen sichergehen, dass im Fall der Fälle Entscheidungen in Ihrem Sinn getroffen werden. Wir möchten Ihnen dabei helfen, an all die Dinge zu denken, die im Ernstfall wichtig sind und schnelle Reaktionen erfordern. Tod, aber auch Unfall, Krankheit oder Pflegebedürftigkeit erfordern Entscheidungen, mit denen sich viele Menschen in ihrem bisherigen Leben kaum auseinandergesetzt haben. Eine Übersicht aller relevanten Daten ist daher nicht nur für Sie selbst wichtig – sie ist im Ernstfall auch eine große Hilfe für Ihre Angehörigen!

Wir bieten Ihnen eine Vielzahl von Informationen, die Ihnen Ihre persönliche Lebens- und Finanzplanung erleichtern. Damit die Umsetzung möglichst bequem für Sie ist, stellen wir Ihnen wann immer möglich Checklisten und Formulare zur Verfügung. Sie können Sie zum Ausfüllen und zum Aufbewahren heraustrennen. Falls Sie sie handschriftlich ausfüllen möchten, empfehlen wir Ihnen, die entsprechenden Seiten zunächst zu kopieren und erst dann Ihre Eintragungen zu machen. So können Sie jederzeit Änderungen vornehmen.

Noch bequemer: Die Formulare stehen für Sie zum Download auch im Portal der Verbraucherzentralen unter www.vz-ratgeber.de/vorsorge-download zur Verfügung. Geben Sie dazu den Code DL09-03 ein. Sie können die Formulare an Ihrem Rechner ausfüllen, abspeichern und ausdrucken.

Einige Angaben veralten im Lauf der Zeit, in anderen Fällen ändern sich die Gesetzesvorgaben. Es ist daher sinnvoll, regelmäßig, zum Beispiel einmal im Jahr, alle Eintragungen durchzusehen und falls nötig zu aktualisieren. In den einzelnen Abschnitten finden Sie dazu ebenfalls Hinweise.

Nicht in jedem Fall ist es richtig, einfach Listen auszufüllen oder Textbausteine zu übernehmen. So ist ein Testament beispielsweise nur dann formgültig, wenn es handschriftlich geschrieben und unterschrieben wird – daher finden Sie weder im Buch noch im Portal der Verbraucherzentralen ein entsprechendes Formular. Aber selbstverständlich bekommen Sie in diesem Buch viele nützliche und praktische Hinweise zum Verfassen Ihres Testaments.

So sind Sie immer auf der sicheren Seite und für den Ernstfall optimal vorbereitet!

Unser Downloadservice für Sie
Alle Formulare erhalten Sie auch kostenlos als Download. Bitte geben Sie unter www.vz-ratgeber.de/vorsorge-download dazu folgendes Passwort ein: DL09-03

1

PERSÖNLICHE DATEN

1 Persönliche Daten

Bitte füllen Sie die Checkliste ab Seite 9 sorgfältig aus, auch wenn es zunächst etwas mühselig scheint, die vielen Daten zu suchen und zu sammeln. Sie helfen damit nicht nur sich selbst, sondern auch Angehörigen oder Freunden, die wichtige Informationen weitergeben müssen, wenn Sie selbst dazu nicht in der Lage sind.

Wenn Sie die Daten einmal beisammen haben, reicht eine Aktualisierung einmal pro Jahr oder bei wesentlichen Veränderungen in Ihrem Leben wie Hochzeit oder Scheidung. Damit Sie daran denken, Ihre Angaben regelmäßig zu überprüfen, empfehlen wir Ihnen eine Notiz in Ihrem Kalender oder im Kalenderprogramm Ihres PCs oder Handhelds. Nur korrekte und aktuelle Angaben sind im Fall des Falles eine wichtige Hilfe.

Auf Seite 14 finden Sie auch eine Checkliste für ihre persönlichen Zugangsnummern zu verschiedenen Netzwerken usw. Sie sollten Ihre persönlichen Passwörter – falls überhaupt – nur Personen mitteilen, die Ihr volles Vertrauen besitzen. Geben Sie bei der Auflistung keinen Hinweis darauf, zu wem bzw. welcher Karte diese Nummern gehören.

Es gibt einige PC-Programme, die nach derzeitigem Stand ein sicherer »Safe« für Ihre Geheimnummern sind. Diese Programme erfordern ein Masterkennwort, das Sie jemandem mitteilen oder bei jemandem hinterlegen müssen. Allerdings sind nach einem Crash der Festplatte die Daten oft unwiederbringlich verloren, wenn Sie keine Sicherungskopie angelegt haben. Wenn Sie Ihren Rechner stilllegen, sollten Sie die Daten unbedingt mit einem geeigneten Löschprogramm entfernen. Die Formatierung der Festplatte reicht nicht aus, um Daten dauerhaft vom PC zu entfernen.

Möbelsafes innerhalb Ihrer Wohnung sind kein geeigneter Aufbewahrungsort für Geheimdaten, da solche Safes schnell geknackt oder von Einbrechern einfach abtransportiert werden können! Besser sind die Geheimzahlen in einem Banksafe oder bei einem Notar aufgehoben.

Checkliste: persönliche Angaben

Familienname: _____

Vorname(n): _____

Geburtsname: _____

Titel: _____

Geboren am: _____ in: _____

Geburtsland: _____

Geburtsurkunde Nr.: _____ ausgestellt von: _____

Wohnort (Erstwohnsitz): _____

Straße: _____

Wohnort (Zweitwohnsitz): _____

Straße: _____

Religionszugehörigkeit: _____

Taufe am: _____ in Kirchengemeinde: _____

Pate/n (Name/Anschrift/Telefon): _____

_____

_____

Erstkommunion/Konfirmation/Jugendweihe

am: _____ in: _____

Kirchengemeinde: _____

_____

Staatsangehörigkeit: _____

Personalausweisnr.: _____ gültig bis: _____

Ausstellende Behörde: _____

Reisepassnr.: _____ gültig bis: _____

Ausstellende Behörde: _____

Persönliche Berater/Vermieter

Steuerberater: _____

   Anschrift/Telefon: _____

Rechtsanwalt: _____

   Anschrift/Telefon: _____

Notar: _____

   Anschrift/Telefon: _____

Vermieter/Hausverwalter (siehe Seite 192)

Name und Anschrift sonstiger wichtiger persönlicher Berater:

_____

_____

_____

_____

_____

Checkliste: Familienstand

Familienstand:

☐ ledig   ☐ verheiratet   ☐ eingetragene Lebenspartnerschaft

☐ geschieden   ☐ verwitwet

Datum und Ort der Eheschließung: _____

   Verheiratet mit: _____

   Familienstammbuch ausgestellt von: _____

   Aufbewahrungsort des Stammbuchs: _____

   ggf. Anschrift des Ehepartners, falls getrennt lebend:

_____

Datum und Ort der kirchlichen Trauung: _____

Datum der Eintragung einer eingetragenen Lebenspartnerschaft: _____

   Lebenspartnerschaft mit: _____

   Beurkundende Behörde (Standesamt/Landratsamt/Gemeinde): _____

   _____

   ggf. Anschrift des Lebenspartners, falls getrennt lebend:

   _____

Datum der Eintragung Lebenspartnerschaft nach ausländischem Recht: _____

   Lebenspartnerschaft mit: _____

   Beurkundende Behörde (Name/Ort/Staat): _____

   _____

   ggf. Anschrift des Lebenspartners, falls getrennt lebend:

   _____

Nicht eheliche Lebensgemeinschaft (eheähnliche Gemeinschaft):

   Lebensgemeinschaft mit: _____

   Partnerschaftsvertrag: _____

   ggf. Anschrift des Partners, falls vorübergehend getrennt lebend:

   _____

Datum der Scheidung: _____

   Gericht/Ort: _____

   Aktenzeichen des Urteils: _____

   Aufbewahrungsort des Urteils: _____

Verwitwet seit: _____

Güterstand:

☐ Zugewinngemeinschaft   ☐ Gütertrennung   ☐ Gütergemeinschaft

Ehevertrag: ☐ ja   ☐ nein

Aufbewahrungsort: _____

Finanzamt: _____ Steuernr. (alt): _____

Steueridentifikationsnummer des Bundeszentralamts für Steuern (neu):

☐☐ ☐☐☐ ☐☐☐ ☐☐☐

Anschrift des Finanzamts: _____

Kinder:

Name _____ geboren am: _____

Name _____ geboren am: _____

Name _____ geboren am: _____

Name _____ geboren am: _____

Name _____ geboren am: _____

Name _____ geboren am: _____

Name _____ geboren am: _____

Eltern (eigene):

Mutter: _____

Vater: _____

Eltern (Partner):

Mutter: _____

Vater: _____

Geschwister:

Name/Anschrift/Telefon: _____

_____

Name/Anschrift/Telefon: _____

_____

Name/Anschrift/Telefon: _____

_____

Name/Anschrift/Telefon: _____

_____

Name/Anschrift/Telefon: _____

_____

Checkliste: berufliche Situation

Berufliche Situation:

☐ angestellt   ☐ selbstständig   ☐ arbeitslos   ☐ Rentner/in

Arbeitgeber: _____

Personalabteilung Telefon: _____ Personalnr.: _____

Selbstständige Tätigkeit:

ggf. Firmenname und Firmenanschrift: _____

_____

zuständiges Finanzamt: _____ Steuernr.: _____

Arbeitsagentur, Geschäftsstelle: _____

Kundennr. bzw. Nr. der Bedarfsgemeinschaft: _____

Sozialamt: _____

Kundennr.: _____

Rentnerausweisnr.: _____

Aufbewahrungsort des Rentnerausweises: _____

Checkliste: Passwörter

Bitte beachten Sie unbedingt den Warnhinweis auf Seite 8!

Kenntnis über den Aufbewahrungsort meiner Passwörter (PIN-Nummern von

GiroCard oder Kreditkarten, Zugangscodes, Handy-Log-in usw.) hat: _____

_____

Ich bin Mitglied folgender (sozialer) Netzwerke im Internet:

☐ XING   ☐ LinkedIn   ☐ StayFriends   ☐ YouTube   ☐ facebook   ☐ flickr

☐ anderes 1: _____   ☐ anderes 2: _____

☐ anderes 3: _____   ☐ anderes 4: _____

Meine Zugangsdaten zur eventuellen Löschung lauten:

☐ XING _____

☐ LinkedIn _____

☐ StayFriends _____

☐ YouTube _____

☐ facebook _____

☐ flickr _____

☐ anderes 1: _____

☐ anderes 2: _____

☐ anderes 3: _____

☐ anderes 4: _____

bzw. befinden sich: _____

_____

_____

_____

GESUNDHEIT

2

2 Gesundheit

Wenn Sie einen Arzt zum ersten Mal aufsuchen oder im Krankenhaus eine Untersuchung oder ein Eingriff ansteht, müssen Sie zunächst einen Fragebogen ausfüllen. Auch vor dem Abschluss einer Kranken- oder Lebensversicherung wird von Ihnen eine ausführliche Auskunft sowohl zu Ihrem aktuellen als auch früheren Gesundheitszustand und zur Einnahme von Medikamenten erwartet. Fehlerhafte Auskünfte können zu falschen Behandlungen führen. Bei privat Versicherten kann es Probleme mit der Versicherung geben. Zwar können private Krankenversicherer ihren Kunden wegen versehentlicher Falschangaben nicht mehr einfach kündigen. Aber Sie müssen weiterhin für das einstehen, was Sie im Antragsformular angeben oder nicht. Fehlt etwas, müssen Sie mit erheblichen Konsequenzen rechnen.

Privat Versicherte können zumindest einen Teil der verlangten Informationen meist aus den Rechnungen ihrer Ärzte herausfiltern. Gesetzlich Versicherte jedoch sehen in der Regel die Rechnungen nicht, da derzeit die Dienstleister im Gesundheitswesen direkt mit den Krankenkassen abrechnen. Für sie ist es schwierig, eine Auskunft über lange zurückliegende Diagnosen oder Krankheitsverläufe zu erhalten.

Die folgende Auflistung hilft Ihnen, nicht nur einen aktuellen Gesundheitsstatus für sich selbst zu erstellen, sondern auch den Überblick über vergangene (und fast vergessene) Probleme zu behalten.

Auch hier gilt: Sorgfältige Angaben dienen nicht nur Ihnen, sondern im Notfall auch Ihren Angehörigen! Da sich die Angaben zum aktuellen Gesundheitszustand schnell ändern können, empfehlen wir eine zumindest halbjährliche Überprüfung.

Checkliste: gesundheitliche Angaben sowie behandelnde Ärzte und Institutionen

Allgemeines

Blutgruppe: _____

Chronische Krankheiten:

_____

_____

_____

_____

_____

_____

Ärzte (jeweils Name/Telefon)

Hausarzt: _____

Internist: _____

Zahnarzt: _____

Augenarzt: _____

Orthopäde: _____

Andere Fachärzte wie Kardiologe, Frauenarzt, Urologe usw.:

_____

_____

_____

_____

_____

2 Gesundheit

Dauermedikamente (aktuell am ...):

Name: _____ ☐ lebensnotwendig (falls zutreffend ankreuzen)

Dosierung: _____

Name: _____ ☐ lebensnotwendig

Dosierung: _____

Name: _____ ☐ lebensnotwendig

Dosierung: _____

Name: _____ ☐ lebensnotwendig

Dosierung: _____

Name: _____ ☐ lebensnotwendig

Dosierung: _____

Name: _____ ☐ lebensnotwendig

Dosierung: _____

Name: _____ ☐ lebensnotwendig

Dosierung: _____

Dauermedikamente (akut nicht mehr benötigt):

Name: _____ Einnahme bis: _____

Name: _____ Einnahme bis: _____

Name: _____ Einnahme bis: _____

Name: _____ Einnahme bis: _____

Name: _____ Einnahme bis: _____

Name: _____ Einnahme bis: _____

Name: _____ Einnahme bis: _____

Name: _____ Einnahme bis: _____

Allergien/Nahrungsmittelintoleranzen:

gegen: _____ ☐ lebensbedrohlich (falls zutreffend, ankreuzen)

gegen: _____ ☐ lebensbedrohlich

gegen: _____ ☐ lebensbedrohlich

gegen: _____ ☐ lebensbedrohlich

gegen: _____ ☐ lebensbedrohlich

gegen: _____ ☐ lebensbedrohlich

gegen: _____ ☐ lebensbedrohlich

gegen: _____ ☐ lebensbedrohlich

Impfungen (falls Impfpass vorhanden, Angaben von dort übernehmen):

gegen: _____ am: _____

gegen: _____ am: _____

gegen: _____ am: _____

gegen: _____ am: _____

gegen: _____ am: _____

gegen: _____ am: _____

gegen: _____ am: _____

Röntgenaufnahmen (falls Röntgenpass vorhanden, Angaben von dort übernehmen):

Körperteil: _____ am: _____

bei Arzt: _____

Aufbewahrungsort Aufnahme: _____

Körperteil: _____ am: _____

bei Arzt: _____

Aufbewahrungsort Aufnahme: _____

Körperteil: _____ am: _____

bei Arzt: _____

Aufbewahrungsort Aufnahme: _____

Körperteil: _____ am: _____

bei Arzt: _____

Aufbewahrungsort Aufnahme: _____

Körperteil: _____ am: _____

bei Arzt: _____

Aufbewahrungsort Aufnahme: _____

Körperteil: _____ am: _____

bei Arzt: _____

Aufbewahrungsort Aufnahme: _____

Körperteil: _____ am: _____

bei Arzt: _____

Aufbewahrungsort Aufnahme: _____

Krankenhausaufenthalte

Grund: _____

von: _____ bis: _____

Grund: _____

von: _____ bis: _____

Grund: _____

von: _____ bis: _____

Grund: _____

von: _____ bis: _____

Grund: _____

von: _____ bis: _____

Grund: _____

von: _____ bis: _____

Grund: _____

von: _____ bis: _____

Sonstige Angaben zum Gesundheitszustand (zum Beispiel Angaben über Herz-
schrittmacher, Epilepsie und Ähnliches):

_____

_____

_____

_____

_____

Checkliste: im Krankheits- oder Todesfall sofort zu benachrichtigende Personen

Name: _____ Telefon/Mobil: _____

Name: _____ Telefon/Mobil: _____

Name: _____ Telefon/Mobil: _____

Name: _____ Telefon/Mobil: _____

Name: _____ Telefon/Mobil: _____

Name: _____ Telefon/Mobil: _____

Krankenversicherungen

Versicherung/Krankenkasse: _____

Anschrift/Telefon: _____

_____

2 Gesundheit

Versicherungsnr.: _____

Gewählte Tarife:

_____

_____

Versicherungsunternehmen Krankenzusatzversicherung: _____

Anschrift/Telefon: _____

_____

Versicherungsnr.: _____

Gewählte Tarife:

_____

_____

_____

Beihilfe: _____

Anschrift/Telefon: _____

_____

Versicherungsnr.: _____

Weitere Hinweise zu gesundheitlichen Fragen:

_____

_____

_____

_____

_____

_____

_____

VOLLMACHTEN UND VERFÜGUNGEN **3**

3 Vollmachten und Verfügungen

Vorsorgevollmacht

Ein Unfall, eine schwere Krankheit oder auch eine fortschreitende Demenzerkrankung können dazu führen, dass Erwachsene ihre Angelegenheiten nicht mehr selbst regeln können. Viele Menschen glauben, dass automatisch Ehepartner, Eltern oder Kinder an ihrer Stelle entscheiden dürfen, wenn sie selbst ihre Angelegenheiten nicht mehr regeln oder etwas unterschreiben können. Dies ist jedoch nicht der Fall. Dritte, auch Familienangehörige, benötigen eine Vollmacht, damit sie zum Handeln befugt sind. Anderenfalls muss eine gesetzliche Betreuung durch das Gericht angeordnet werden (siehe Seite 53).

> Fachkundige Beratung zum Thema Vorsorgevollmacht erhalten Sie bei den örtlichen Betreuungsvereinen.

In der Vorsorgevollmacht können Sie eine oder mehrere Vertrauenspersonen bevollmächtigen, für Sie Entscheidungen zu fällen und zum Beispiel Verträge zu unterschreiben. Diese Vollmacht kann sich sowohl auf Entscheidungen über medizinische Behandlungen als auch auf andere wichtige Geschäfts- und Lebensbereiche wie Bankgeschäfte oder die Bestimmung des Wohnorts beziehen. In der Vorsorgevollmacht legen Sie also schon im Voraus fest, welche Dinge im Bedarfsfall von wem zu regeln sind. Sie können durch eine Bevollmächtigung für Gesundheitsfragen insbesondere die Durchsetzung Ihrer Patientenrechte sicherstellen.

Vollmacht oder Vorsorgevollmacht?

Der Unterschied zwischen einer »normalen« Vollmacht und einer Vorsorgevollmacht besteht eigentlich nur darin, dass die Vorsorgevollmacht nicht sofort nach der Unterschrift verwendet werden soll, sondern erst wenn Umstände eingetreten sind, in denen Sie nicht selbst entscheiden können. Wir empfehlen Ihnen, eine Vorsorgevollmacht auszustellen, die nach außen, gegenüber Dritten, sofort gültig ist. Den Zeitpunkt oder die Umstände, ab wann die Vollmacht verwendet werden darf, sollten lediglich im sogenannten Innenverhältnis zwischen Ihnen und dem Bevollmächtigten festgelegt sein. Das heißt, Sie setzen zwei Schriftstücke auf.

Zum einen erhält der Bevollmächtigte eine Vollmacht, in der ohne Einschränkungen die Aufgabenbereiche, in denen er tätig werden soll, benannt sind. Nur so ist sichergestellt, dass er seinen Aufgaben tatsächlich nachkommen kann. Würde die Vollmacht Einschränkungen der Gültigkeit enthalten, ist es in der Praxis schwer nachzuweisen, dass diese Bedingungen zum Zeitpunkt der Nutzung auch tatsächlich gelten. Der Bevollmächtigte würde dadurch gezwungen, ständig aktuelle Beweise (zum Beispiel ein ärztliches Attest) zu beschaffen.

> **!** Wichtig: Einleitungssätze wie »Wenn ich meine Angelegenheiten nicht mehr selbst regeln kann, ...« führen dazu, dass eine Vorsorgevollmacht in der Praxis kaum oder gar nicht anerkannt wird.

Muster

Diese Vollmacht ist nach außen uneingeschränkt gültig. Bedingungen zum Einsatz dieser Vollmacht sind im Innenverhältnis mit dem/den Bevollmächtigten geregelt.

Zum anderen können Sie in einem separaten Schriftstück, quasi einem Vertrag zwischen Ihnen und dem Bevollmächtigten, im Innenverhältnis festlegen, unter welchen Bedingungen der Bevollmächtigte tätig werden darf (siehe Seite 27). Außerdem können hierin detaillierte Anweisungen enthalten sein, was wie zu erledigen ist.

> Komplette Muster für Vollmachten finden Sie in diesem Kapitel ab Seite 35.

> Besprechen Sie mit Ihrem Bevollmächtigten über das Schriftliche hinaus, welche Wünsche, Werte und Vorstellungen Sie haben und was Ihnen besonders wichtig ist. Im Gespräch lässt sich vieles einfacher erklären als in Schriftstücken. Außerdem erfahren Sie so, ob der Bevollmächtigte ähnliche Einstellungen hat wie Sie. So ist es für ihn leichter, Dinge in Ihrem Sinne umzusetzen.

Die Bevollmächtigten

Ein Bevollmächtigter hat weitreichende Rechte. Sie müssen sich deshalb darüber klar werden, welche Person Ihres Vertrauens Sie für den Fall der Fälle mit Ihren ganz privaten und persönlichen Dingen betrauen möchten. Das kann ein naher Angehöriger sein, aber auch eine gute Freundin oder eine andere Person (zum Beispiel Pfarrer, Anwalt, Ärztin). Klären Sie vorab mit dem Bevollmächtigten, ob dieser bereit ist, die Verantwortung zu übernehmen und später nach Ihren Wünschen zu handeln. Wichtige Punkte für die Ausübung der Vollmacht sollten Sie in der Vereinbarung im Innenverhältnis schriftlich fixieren.

Der Bevollmächtigte muss selbst volljährig und wenigstens beschränkt, besser jedoch voll geschäftsfähig sein. Nur so kann er alle übertragenen Aufgaben wirksam erfüllen.

Muster
Ich ... (Name, Adresse, Geburtsdatum) bevollmächtige ... (Name, Geburtsdatum, Adresse, Telefon) und ... (Name, Adresse, Geburtsdatum, Telefon), mich in den im Folgenden genannten Bereichen zu vertreten.

Sie können auch mehrere Bevollmächtigte einsetzen, die einzeln oder gemeinschaftlich bevollmächtigt werden. Achten Sie bei der Formulierung darauf, ob die Bevollmächtigten gemeinsam entscheiden müssen (dies bedeutet zwar gegenseitige Kontrolle, kann unter Umständen jedoch wichtige Entscheidungen erschweren) oder ob es mehrere Bevollmächtigte geben soll, die unabhängig voneinander agieren können. Sinnvoll kann es sein, je nach ihrer Kompetenz den Bevollmächtigten verschiedene Aufgaben zuzuweisen, zum Beispiel Finanz- und Versicherungsangelegenheiten jemandem zu übertragen, der auf diesem Gebiet besondere Kenntnisse besitzt. Bei einer solchen gemeinschaftlichen Vertretung sollten Sie ausschließen, dass die beiden Bevollmächtigten wechselseitig ihre jeweiligen Vollmachten widerrufen können. Übrigens: Auch die Details zu den Aufgabenbereichen der Bevollmächtigten sind besser in der Vereinbarung im Innenverhältnis festgelegt. Sofern sich nicht ganz eindeutig Aufgaben zuweisen lassen, sollten alle Bevollmächtigten eine umfassende, nach außen gültige Vollmacht erhalten.

3 Vollmachten, Verfügungen

Zudem sollten Sie noch für den Fall vorsorgen, dass sich die beiden Bevollmächtigten nicht über eine Entscheidung einigen können. Sie können zum Beispiel bestimmen, dass sie sich im Streitfall gerichtlich beraten lassen müssen und der Bevollmächtigte, dessen Meinung vom Gericht gebilligt wird, als Betreuer eingesetzt wird. Auch dies regeln Sie am besten nicht in der Vollmacht selbst, sondern in der Vereinbarung im Innenverhältnis.

Außerdem sollten Sie eine Verfügung für die Möglichkeit treffen, dass der Bevollmächtigte ausfällt. Hierzu können Sie entweder einen weiteren Bevollmächtigten nennen, der Sie nur vertreten darf, wenn der Erstgenannte verhindert ist, oder Sie können festlegen, wer beim Ausfall des Bevollmächtigten als gesetzlicher Betreuer fungieren soll. Auch dies sollte im Innenverhältnis geregelt sein. In der Vollmacht im Außenverhältnis werden diese Personen lediglich benannt.

Um dem Bevollmächtigten seine Aufgaben zu erleichtern, sollten Sie ihm das Recht einräumen, Untervollmachten zu erteilen. So kann er einzelne Aufgaben, denen er aus fachlichen oder zeitlichen Gründen nicht nachkommen kann, an Dritte abgeben. Für Fehler der Personen mit Untervollmacht haftet der Bevollmächtigte.

Muster
Der Bevollmächtigte hat das Recht, Untervollmachten zu erteilen.

Kontrolle des Bevollmächtigten

Eine routinemäßige Überwachung des Bevollmächtigten durch offizielle Stellen gibt es nicht. Daher sollten Sie als Bevollmächtigten nur eine Person Ihres Vertrauens wählen. Einzige Ausnahme sind Entscheidungen bei schwerwiegenden medizinischen Maßnahmen (sofern keine gültige Patientenverfügung vorliegt) oder beim Freiheitsentzug (siehe Seite 29). Hier muss der Bevollmächtigte die Genehmigung des Betreuungsgerichts (früher Vormundschaftsgericht) einholen.

Entscheidungen und Rechtsgeschäfte, die der Bevollmächtigte im Namen des Vollmachtgebers tätigt, sind gültig. Bei Fehlern oder Missbrauch ist der Bevollmächtigte gegenüber seinem Vollmachtgeber haftbar, und zwar auch bei einfacher Fahrlässigkeit, sofern nichts anderes festgelegt ist. Damit können nicht nur der Vollmachtgeber, sondern gegebenenfalls

> **!** **Wichtig:** Ein Bevollmächtigter muss seinem Auftraggeber bzw. im Todesfall den Erben jederzeit Auskunft über sein Handeln erteilen. Um Schadenersatzansprüchen vorzubeugen, sollten Bevollmächtigte über ihre Entscheidungen und die finanziellen Aktionen genau Buch führen und alle Unterlagen sorgfältig aufbewahren.

auch seine Erben Schadenersatzansprüche gegenüber dem Bevollmächtigten geltend machen. Ein solches Verfahren kann jedoch unter Umständen schwierig sein und sich lange hinziehen.

Um den Bevollmächtigten daran zu hindern, seine Vollmacht vorzeitig zu nutzen, können Sie die Vollmacht einer dritten Person, zum Beispiel einem Notar oder Pfarrer, geben und mit dieser vereinbaren, unter welchen Umständen das Original der Vollmacht an den Bevollmächtigten ausgehändigt werden soll.

Dieses Verfahren bietet zwar eine gewisse Sicherheit, führt aber unter Umständen dazu, dass der Bevollmächtigte erst verspätet handeln kann.

Sollte der Verdacht bestehen, dass der Bevollmächtigte seine Vollmacht missbraucht, kann vom Amtsgericht ein Kontrollbetreuer eingesetzt werden. Bevor dies geschieht, müssen dem Gericht stichhaltige Hinweise auf einen Missbrauch vorliegen und das Betreuungsverfahren muss durchlaufen werden.

Inhalte der Vorsorgevollmacht

Wie bereits beschrieben, sollte eine Vorsorgevollmacht nach außen möglichst umfänglich und uneingeschränkt gelten. Daher erteilen Sie am besten eine allgemeine Vollmacht zur Vertretung in allen finanziellen, rechtlichen und persönlichen Angelegenheiten (Generalvollmacht).

Sie können zusätzlich die Ihnen wichtigen Bereiche auflisten, zum Beispiel Mietverhältnis, Bank, Immobilienverwaltung, Haushaltsauflösung. Das sollten Sie aber auch deutlich als Beispiele kennzeichnen, da sonst die Gefahr besteht, dass nicht Benanntes nicht von der Vollmacht erfasst wird. Spezielle Anweisungen, beispielsweise zur Art und Weise, wie Ihr Vermögen verwaltet werden soll, oder welche Wünsche und Vorstellungen Sie bezüglich Ihrer Pflege im Krankheitsfall haben, sollten Sie in einer gesonderten Vereinbarung zwischen Vollmachtgeber und Bevollmächtigtem im Innenverhältnis festlegen (siehe Seite 44).

> **Die Vollmacht sollte keine detaillierten Aufzählungen von Anwendungsbereichen enthalten. Sonst besteht die Gefahr, dass sie für nicht genannte Bereiche nicht anerkannt wird. Hier gilt die Devise: je allgemeiner, desto umfangreicher die Gültigkeit.**

3 Vollmachten, Verfügungen

Muster
Der Bevollmächtigte ist berechtigt, mich in allen persönlichen Angelegenheiten, insbesondere Vermögens-, Steuer-, Renten-, Sozial-, Erb- und sonstigen Rechtsangelegenheiten, soweit dies gesetzlich zulässig ist, außergerichtlich und gerichtlich zu vertreten.

Zusätzlich sollten Sie klarstellen, dass Ihre Vollmacht gesetzliche Betreuung ersetzen soll. Zur Sicherheit können Sie auch noch in einem Satz einfügen, wer im Fall einer Betreuung Ihr Betreuer sein soll. Das kann Ihr Bevollmächtigter, aber auch eine andere Person sein.

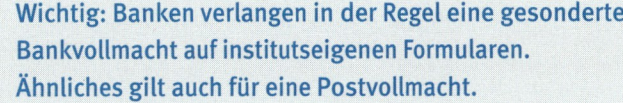 **Wichtig: Banken verlangen in der Regel eine gesonderte Bankvollmacht auf institutseigenen Formularen. Ähnliches gilt auch für eine Postvollmacht.**

Muster
Diese Vollmacht soll ein gesetzliches Betreuungsverfahren überflüssig machen. Sollte dies dennoch notwendig sein, bestimme ich, dass ... (Name, Adresse, Telefon) mein/e Betreuer/in sein soll.

Einige Bereiche müssen jedoch ausdrücklich in der Vollmacht benannt sein, wenn der Bevollmächtigte hier tätig werden soll.

Vertretung in Gesundheitsangelegenheiten

Wie für alle anderen Lebensbereiche können Sie auch eine Person bevollmächtigen, Sie in allen Gesundheitsangelegenheiten zu vertreten. Im Gegensatz zur Patientenverfügung, die sich direkt an den behandelnden Arzt wendet, schafft die Vorsorgevollmacht die Voraussetzungen dafür, dass Dritte über Ihre medizinische Behandlung entscheiden können. Die Vollmacht muss deshalb nicht im Detail verschiedene Behandlungsmöglichkeiten benennen, sondern vor allem festlegen, welcher Person Sie Entscheidungen in gesundheitlichen Belangen anvertrauen wollen. Natürlich sollten Sie sich vergewissern, dass der bevollmächtigten Person auch Ihre Vorstellungen bekannt sind. Dazu sollten Sie sich intensiv miteinander beraten und gegebenenfalls noch eine Patientenverfügung aufsetzen bzw. spezielle Wünsche in der Vereinbarung zwischen Vollmachtgeber und Bevollmächtigtem niederlegen.

> Wenn die Vollmacht auch für gesundheitliche Angelegenheiten gelten soll, muss dies in der Vollmacht benannt sein.

Damit Ihr Bevollmächtigter handeln kann, sollten Sie Ihre Ärzte gegenüber dem Bevollmächtigten von ihrer Schweigepflicht befreien und dem Bevollmächtigten das Recht einräumen, die Ärzte auch gegenüber anderen von der Schweigepflicht zu entbinden.

Muster

Diese Vollmacht gilt auch für alle Angelegenheiten der medizinischen Versorgung und Behandlung. Basis für die Entscheidungen meines Bevollmächtigten soll meine Patientenverfügung sein, die ich in einem gesonderten Dokument verfasst habe. Gegenüber meinen behandelnden Ärzten soll mein Bevollmächtigter mich in allen notwendigen Entscheidungen vertreten, soweit dies gesetzlich möglich ist. Ich entbinde meine behandelnden Ärzte zu diesem Zweck von ihrer Schweigepflicht gegenüber meinem Bevollmächtigten.

Einen Sonderfall müssen Sie in der Vorsorgevollmacht speziell erwähnen: Damit der Bevollmächtigte bei schwerwiegenden medizinischen Eingriffen und auch beim Abbruch lebenserhaltender Maßnahmen entscheiden kann, müssen Sie hierzu ausdrücklich schriftlich Ihre Zustimmung erteilen. Dabei sollten Sie sich in Ihrer Formulierung auf § 1904 BGB und die darin genannten Maßnahmen beziehen.

Muster

Die Vollmacht umfasst auch die Einwilligung in alle zwingend erforderlichen ärztlichen Untersuchungen, Heilbehandlungen und Eingriffe bei mir, auch wenn die begründete Gefahr besteht, dass ich aufgrund der Maßnahme sterbe oder einen schweren oder länger andauernden gesundheitlichen Schaden erleide (§ 1904 BGB).

> Eine gültige Patientenverfügung macht die richterliche Genehmigung überflüssig.

Mit der gesetzlichen Regelung der Patientenverfügung wurde auch die Rolle des Bevollmächtigten festgelegt. Liegt eine Patientenverfügung vor und sind sich Arzt und Bevollmächtigter darüber einig, dass die Patientenverfügung auf die konkrete Situation zutrifft und dem in der Patientenverfügung beschriebenen Willen entspricht, müssen beide entsprechend handeln. Hier gilt der in der Patientenverfügung festgelegte Wille.

Gibt es keine Patientenverfügung oder ist unklar, ob die in der Patientenverfügung beschriebenen Sachverhalte auf die konkrete Situation zutreffen, muss
der Bevollmächtigte den mutmaßlichen Willen des Patienten ermitteln. Hierzu
kann ebenfalls die Patientenverfügung dienen. Wichtig ist darüber hinaus,
dass der Bevollmächtigte Ihre Wertvorstellungen kennt. Daraus kann er Ihren
Willen ableiten. Entscheidungen über lebensbedrohliche Behandlungen oder
den Abbruch lebenserhaltender Maßnahmen kann in diesem Fall der Bevollmächtigte jedoch nicht allein entscheiden. Er benötigt vorher die Zustimmung
des Betreuungsgerichts. Dabei prüft das Gericht, ob die von Bevollmächtigten
vorgeschlagenen Maßnahmen tatsächlich dem Patientenwillen entsprechen.
Dieses Verfahren sichert Bevollmächtigte in unklaren Situationen rechtlich ab.
Eine Genehmigung des Betreuungsgerichts ist unnötig, wenn bereits von ärztlicher
Seite solche Maßnahmen nicht mehr für sinnvoll und erfolgversprechend gehalten
werden und daher gar nicht erst angeboten werden. Wie dies in der Praxis von
Ärzten und Gerichten tatsächlich gehandhabt wird, ist individuell verschieden
und vom Einzelfall abhängig.

Freiheitsentziehende und -beschränkende Maßnahmen

Selbst bei einer guten Betreuung kann es Situationen geben, in denen zum Beispiel aufgrund einer schweren Demenz Gefahr für den Betroffenen oder seine
Umgebung besteht. Dann kann es im Einzelfall notwendig sein, ihn in seiner
(Bewegungs-)Freiheit zu beschränken. Hierzu gehört nicht nur die Unterbringung
in einer sogenannten geschlossenen Station. Vielen Menschen ist gar nicht bewusst, dass auch Maßnahmen wie die Gabe von stärkeren Beruhigungsmitteln,
das Abschließen der Zimmertür oder das Anbringen eines Bettgitters dazu zählen. Die Freiheit wird auch eingeschränkt, wenn jemand mit einem Bauchgurt
oder Stecktisch am Rollstuhl fixiert wird, damit ihm ein unkontrolliertes Auf-
stehen nicht möglich ist.

Das Recht auf Freiheit eines Menschen hat im deutschen Recht einen hohen Stel-
lenwert. Entsprechend eng sind die Grenzen gesetzt, wenn man die Freiheit
einer Person einschränken oder sie ihr gar entziehen will. Sofern der Betroffene
nicht selbst zustimmt oder zustimmen kann, ist für freiheitsentziehende Maßnahmen in Einrichtungen, beispielsweise einem Altenheim, die Zustimmung des
Betreuungsgerichts notwendig. Genau wie bei Entscheidungen zu lebensgefährdenden medizinischen Maßnahmen gilt auch hier, dass die Einrichtung
einer Betreuung nur dann nicht notwendig ist,
wenn die Zustimmung des Bevollmächtigten zum
Freiheitsentzug mit Bezug auf § 1906 des BGB in
der Vollmacht ausdrücklich benannt wird. Das
Gericht muss in jedem Fall eingeschaltet werden.

> **Freiheitsbeschränkende Maßnahmen in Einrichtungen, zum Beispiel einem Pflegeheim, sind nur mit richterlicher Genehmigung zulässig.**

Dies gilt auch, wenn der Bevollmächtigte über medizinische Behandlungen
gegen den Willen des Vollmachtgebers entscheiden soll, wenn dieser in
einer geschlossenen Einrichtung untergebracht ist. Dies kommt vor allem bei
psychischen Erkrankungen vor.

Diese Regelung gilt bisher nur für Maßnahmen innerhalb von medizinischen oder
pflegerischen Einrichtungen und nicht für den Privathaushalt. In solchen Einrich-

tungen ist die Gefahr größer, dass freiheitsbeschränkende Maßnahmen lediglich ergriffen werden, um die Pflege und Betreuung zu erleichtern. Dennoch sollte auch im privaten Umfeld sehr genau bedacht werden, wann der Einsatz freiheitsbeschränkender Maßnahmen tatsächlich dem Wohl des Betroffenen dient.

Muster

Die Vollmacht umfasst auch die Einwilligung in eine eventuell für mich aus ärztlicher Sicht zwingend erforderliche und mit Freiheitsentziehung verbundene Unterbringung in einem Heim oder einer anderen Einrichtung (§ 1906 Absatz 1 BGB). Das gilt auch für die Einwilligung in unterbringungsähnliche Maßnahmen für mich, wie zum Beispiel das Anbringen von Bauchgurten, Bettgittern und anderen mechanischen Vorrichtungen sowie eine Freiheitsbeschränkung durch Medikamente (§ 1906 Absatz 4 BGB). Allerdings sollen solche Maßnahmen nicht dazu dienen, lediglich eine aufwendigere Pflege zu erleichtern.

Die Vollmacht umfasst auch die Einwilligung in eine ärztliche Zwangsmaßnahme, wenn ein erheblicher gesundheitlicher Schaden droht und keine andere zumutbare Maßnahme angewendet werden kann (§ 1906 Absatz 3 BGB).

In-sich-Geschäfte

Wenn der Bevollmächtigte im Auftrag des Vollmachtgebers mit sich selbst Geschäfte tätigt oder Geld aus dem Einkommen oder Vermögen des Bevollmächtigten erhält, spricht man im Juristendeutsch von »In-sich-Geschäften«. In der Praxis kommt es recht häufig vor, dass Angehörige die Bevollmächtigten sind und beispielsweise Mietzahlungen ihrer vollmachtgebenden Angehörigen erhalten. Auch größere Geschenke oder regelmäßige Zahlungen an minderjährige Kinder des Bevollmächtigten fallen unter diese Regelungen.

Muster

Der Bevollmächtigte ist berechtigt, an meiner statt mit sich selbst Geschäfte zu tätigen (§ 181 BGB).

Solche Konstellationen bergen eine hohe Gefahr des Missbrauchs. Daher sind In-sich-Geschäfte für Bevollmächtigte zunächst per Gesetz (§ 181 BGB) ausgeschlossen. Wenn der Vollmachtgeber dies jedoch wünscht, muss in der Vollmacht ausdrücklich das Recht auf In-sich-Geschäfte benannt sein. Auch hier gilt, dass in der nach außen geltenden Vollmacht nur eine allgemeine Formulierung enthalten sein sollte. In der Vereinbarung im Innenverhältnis sollten dagegen detailliert die Geschäfte und Zahlungen benannt sein. Erfahrungsgemäß kommt es insbesondere zwischen Erben zu Streitigkeiten, wenn einer von ihnen vorher als Bevollmächtigter tätig war und er oder seine Familie von Zahlungen profitiert hat. Eine genaue Anweisung, was in welchem Umfang zu zahlen ist, schafft von vornherein Klarheit für alle Beteiligten.

> **!** **Wichtig:** In der Vereinbarung im Innenverhältnis sollte möglichst genau beschrieben sein, in welchem Umfang der Bevollmächtigte mit sich selbst Geschäfte im Namen des Vollmachtgebers tätigt. Dies gibt Rechts- und Handlungssicherheit für den Vollmachtgeber und den Bevollmächtigten.

Geltung der Vollmacht über den Tod hinaus

Eine Vollmacht gilt zunächst nur zu Lebzeiten des Vollmachtgebers. Verstirbt dieser, kann eine Vollmacht nicht mehr eingesetzt werden – es sei denn, dies ist ausdrücklich in der Vollmacht erwähnt. Es ist durchaus sinnvoll, die Vollmacht über den Tod hinaus gelten zu lassen. Die Erben können erst tätig werden, wenn sie ein Testament oder einen Erbschein vorlegen können. Bis dahin kann einige Zeit verstreichen, in der wichtige Dinge, beispielsweise die Beerdigungsvorbereitungen, zu erledigen sind.

> **!** **Wichtig: Der Bevollmächtigte ist gegenüber den Erben auskunfts- und rechenschaftspflichtig. Um Streitigkeiten vorzubeugen, sollten Bevollmächtigte alle Entscheidungen dokumentieren und Akten sorgfältig aufbewahren.**

Muster
Diese Vollmacht soll auch nach meinem Tod in Kraft bleiben, bis meinen Erben ein Erbschein erteilt wurde.

Wenn die Vollmacht über den Tod hinaus gilt, müssen die Erben die Vollmacht widerrufen. Wichtig ist, dass alle Erben die Vollmacht widerrufen. Sofern einige Erben die Vollmacht nicht widerrufen, kann der Bevollmächtigte im Namen dieser Erben weiter tätig werden.

Formale Anforderungen

Wenn Sie eine gültige Vollmacht aufsetzen wollen, müssen Sie uneingeschränkt geschäftsfähig sein, das heißt, mindestens 18 Jahre alt und in der Lage sein, Ihre Entscheidung von vernünftigen Erwägungen abhängig zu machen. Die Vorsorgevollmacht muss schriftlich, aber nicht unbedingt handschriftlich vorliegen. Wichtig ist vor allem, dass sie gut lesbar und verständlich ist. Der Bevollmächtigte muss mit vollem Namen, Geburtsdatum und möglichst mit aktueller Adresse und Telefonnummer benannt werden. Die Vollmacht müssen Sie mit Angabe von Ort und Datum unterschreiben. Sie sollten zwischenzeitlich überprüfen, ob die Inhalte der Vollmacht noch passend sind und weiterhin gelten sollen. Anders als bei der Patientenverfügung sollten Sie jedoch nicht eine weitere Gültigkeit bestätigen. Erst wenn Sie etwas ändern wollen, sollten Sie die Änderungen vornehmen oder eine neue Vollmacht schreiben und die alte widerrufen (siehe Seite 43).

Beglaubigung oder Beurkundung?

Häufig ist zu hören, dass eine Vorsorgevollmacht vom Notar beglaubigt oder beurkundet werden muss. Dies ist jedoch nur in bestimmten Fällen zwingend notwendig (siehe Seite 84). In den meisten Fällen dient der Gang zum Notar lediglich dazu, die Ernsthaftigkeit der Absichten in der Vorsorgevollmacht zu unterstreichen und nachzuweisen, dass der Unterzeichner sich seiner Entscheidungen bewusst war. Einen solchen Zweck kann auch die Unterschrift eines unbeteiligten Dritten, am besten einer Vertrauensperson wie beispielsweise der Hausärztin oder des Gemeindepfarrers, erfüllen.

> Eine notarielle Beglaubigung bestätigt lediglich die Richtigkeit der Unterschrift. Bei der notariellen Beurkundung muss der Notar sicherstellen, dass alle Beteiligten die Inhalte der Verfügung verstanden haben. Voraussetzung für eine Beurkundung ist die Geschäftsfähigkeit des Vollmachtgebers.

3 Vollmachten, Verfügungen

Muster

*Ich ... (Vor- und Zuname, Anschrift, Telefonnummer des Zeugen) bestätige, dass
... (Vollmachtgeber) diese Vollmacht heute in meiner Gegenwart eigenhändig
unterschrieben hat und ich keinen Zweifel daran habe, dass er/sie selbstbestimmt mit eigenem Willen die bezeichneten Entscheidungen getroffen hat.*
Ort, Datum, Unterschrift

Grundsätzlich ist eine solche Bestätigung der Geschäftsfähigkeit nicht zwingend
notwendig, damit die Vorsorgevollmacht anerkannt wird. Wenn die Vollmacht
jedoch erst recht spät, in höherem Alter oder bei fortgeschrittener Krankheit
ausgestellt wird, kann es sein, dass an der Geschäftsfähigkeit des Vollmachtgebers gezweifelt wird. Insbesondere wenn es um die Verwaltung größerer
Geldsummen oder Vermögen geht oder wenn der Bevollmächtigte eines von
mehreren Familienmitgliedern ist, ist eine solche Bestätigung empfehlenswert,
um späteren Zweifeln oder Streitigkeiten vorzubeugen.

Wer seine Vollmacht von einer öffentlichen Stelle beglaubigen lassen möchte,
kann dies seit Juni 2005 auch bei der örtlichen Betreuungsbehörde erledigen
lassen. Sofern per Landesrecht nichts anderes geregelt ist, wird dafür lediglich
eine Gebühr von 10 Euro fällig. Dies ist deutlich günstiger als die Gebühr beim
Notar.

Es gibt einige wenige Geschäfte, die der Bevollmächtigte nur tätigen kann, wenn
seine Vollmacht notariell beurkundet ist. Dazu gehören vor allem Grundstücks-
und Immobiliengeschäfte. Ist die Vollmacht nicht notariell beurkundet, wird das
Gericht für dieses Geschäft einen gesetzlichen Betreuer bestellen. Am besten lassen Sie sich wegen der zu beachtenden Einzelheiten in einer Fachstelle beraten.

Vordrucke und Muster

Wenn Sie sich selbst keine Formulierungen für die Vollmacht überlegen
möchten, können Sie auch vorgefertigte Mustervordrucke verwenden. Im Gegensatz zur Patientenverfügung wird auch eine Muster-
vorlage sicher anerkannt, sofern sie die gesetzlichen
Bestimmungen erfüllt. Allerdings gilt auch hier, dass
Mustervordrucke kaum Spielraum für individuelle
Festlegungen lassen und Sie deshalb in einem vorge-
fertigten Formular Ihre Wünsche nicht ausführlich
niederlegen können.

Sie finden eine Checkliste für
die Erstellung einer Vollmacht
auf Seite 33 sowie ein Formular
für die Vorsorgevollmacht auf
Seite 35.

Damit die Einrichtung einer Betreuung für bestimmte Maßnahmen der
medizinischen Behandlung (§ 1904 BGB) und freiheitsentziehende Maßnahmen
(§ 1906 BGB) vermieden werden kann, müssen die Bevollmächtigungen hierfür in
der Vollmacht konkret genannt sein. Die meisten Vordrucke und Muster enthalten
hierfür die notwendigen Formulierungen, an denen Sie sich auch orientieren
können, wenn Sie eine Vorsorgevollmacht mit eigenen Worten verfassen möchten.

Eine sinnvolle Alternative zu reinen Ankreuzformularen sind Formulare, die
Spielräume lassen, individuelle Wünsche darin zu integrieren.

Checkliste für die Vorsorgevollmacht und die Vereinbarung zwischen Vollmachtgeber und Bevollmächtigtem

Vorab zu klären:

Gibt es eine Person, der Sie umfassend vertrauen, sodass Sie ihr eine Vollmacht für Ihre persönlichen und finanziellen Angelegenheiten erteilen wollen, und ist diese Person in der Lage, Ihre Angelegenheiten zu regeln?

☐ Ja, eine: Erstellen Sie eine Vollmacht und eine Vereinbarung mit dem Bevollmächtigten im Innenverhältnis. Die Betreuungsverfügung und Patientenverfügung sind eine sinnvolle Ergänzung.

☐ Ja, mehrere: Achten Sie auf klare Regelungen in der Vereinbarung mit den Bevollmächtigten.

☐ Nein: Erstellen Sie besser eine ausführliche Betreuungsverfügung und ggf. eine Patientenverfügung.

Wichtige Inhalte:

⋯▹ Ist die Vollmacht nach außen ohne Einschränkungen gültig?

⋯▹ Gibt es eine Vereinbarung mit dem/n Bevollmächtigten im Innenverhältnis, die alle Details zur Ausgestaltung der Vollmacht enthält?

⋯▹ Enthält die Vollmacht ausdrücklich das Recht, über lebenserhaltende medizinische Maßnahmen zu entscheiden?

⋯▹ Enthält die Vollmacht ausdrücklich das Recht, über den Aufenthaltsort und den Einsatz von freiheitsbeschränkenden Maßnahmen zu entscheiden?

⋯▹ Ist eine Betreuungsverfügung in die Vollmacht integriert?

⋯▹ Ist die Vollmacht über den Tod hinaus gültig?

⋯▹ Darf der Bevollmächtigte Untervollmachten erteilen?

⋯▹ Ist die Haftung des Bevollmächtigten geregelt?

⋯▹ Sind Regelungen zur „Aufwandsentschädigung" inklusive Übernahme der Kosten für eine Haftpflichtversicherung und Fachberatung für den Bevollmächtigten in der Vereinbarung enthalten?

⋯▹ Hat ein unabhängiger Dritter den „Vollbesitz der geistigen Kräfte" des Vollmachtgebers bestätigt?

Sonderfälle:

⋯⟩ Gibt es minderjährige Kinder, für die gesorgt werden muss?
▸ Sorgerechtsverfügung handschriftlich erstellen und in Vollmacht und Testament aufnehmen

⋯⟩ Soll der Bevollmächtigte über Grundstücke, Immobilien oder große Vermögenswerte bestimmen? ▸ Notarielle Beurkundung erforderlich

⋯⟩ Soll der Bevollmächtigte mit sich selbst oder seinen minderjährigen Kindern Geschäfte tätigen oder Schenkungen veranlassen?
▸ Regelung für In-sich-Geschäfte in Vollmacht und Vereinbarung

Außerdem nicht vergessen:

⋯⟩ Hat jede/r Beteiligte mindestens ein Original von Vollmacht und Vereinbarung?

⋯⟩ Gibt es Bankvollmachten, die von den jeweiligen Banken akzeptiert sind?

⋯⟩ Gibt es eine gesonderte Postvollmacht?

⋯⟩ Gibt es eine Übersicht, wer welche Unterlagen hat?

Musterformular Vollmacht

Hinweis: Dieses Formular ist als Hilfestellung für die Erstellung einer Vollmacht gedacht. Es wird dringend empfohlen, vor dem Ausfüllen die zugehörigen Ausführungen in diesem Kapitel zu lesen.

Die Vollmacht soll nach außen gegenüber Dritten sofort gültig sein. Um Bedingungen zum Einsatz der Vollmacht und Details zur Umsetzung zu regeln, sollte zusätzlich eine gesonderte Vereinbarung zwischen Vollmachtgeber und Bevollmächtigtem geschlossen werden.

Vollmacht

Ich, _____ (Vor- und Zuname),

geboren am _____ in _____

wohnhaft in _____

_____

(Anschrift, Telefon)

erteile eine Vollmacht an

Herrn/Frau _____

(Vor- und Zuname), nachfolgend Bevollmächtigte/r genannt

geboren am _____ in _____

wohnhaft in _____

_____

(Anschrift, Telefon)

Der/die Bevollmächtigte wird bevollmächtigt, mich in allen nachfolgend angekreuzten Angelegenheiten zu vertreten.

Die Vollmacht ist nur wirksam, wenn der/die Bevollmächtigte das Original dieser Vollmachtsurkunde besitzt und sie auf Verlangen vorlegen kann.

Die eventuelle Unwirksamkeit einzelner Verfügungen in dieser Vollmacht soll die Wirksamkeit der anderen Verfügungen nicht berühren.

1. Verträge, Finanzen

☐ Der/die Bevollmächtigte ist berechtigt, mich in allen persönlichen Angelegenheiten sowie in Vermögens-, Steuer-, Renten-, Sozial-, Erb- und sonstigen Rechtsangelegenheiten, soweit dies gesetzlich zulässig ist, außergerichtlich und gerichtlich zu vertreten.

3 Vollmachten, Verfügungen

☐ Die Vertretung in vermögensrechtlichen Angelegenheiten umfasst unter anderem die Vertretung gegenüber Ämtern, Behörden, Versicherungen und meiner Krankenkasse sowie die Erledigung der Bankgeschäfte. *Hinweis: eventuell gesonderte Bankvollmacht notwendig*

☐ Mitarbeiter von Ämtern, Behörden, Banken, Versicherungen und meiner Krankenkasse sind meiner/m Bevollmächtigten gegenüber von ihrer Schweigepflicht befreit.

☐ Der/die Bevollmächtigte ist ermächtigt, Verträge aller Art in meinem Namen abzuschließen oder aufzulösen.

☐ Der/die Bevollmächtigte ist berechtigt, Geschäfte mit sich selbst zu tätigen (§ 181 BGB).

☐ Der/die Bevollmächtigte ist berechtigt, meine Grundstücke und Immobilien zu verwalten und zu verkaufen. *Hinweis: notarielle Beurkundung erforderlich!*

☐ Der/die Bevollmächtigte ist berechtigt, meine Post, auch Einschreiben, Zahlungsanweisungen mit einem Betrag von mehr als 250 Euro und Sendungen mit dem Zusatz „eigenhändig", entgegenzunehmen und zu öffnen. *Hinweis: gesonderte Postvollmacht ausstellen!*

☐ Der/die Bevollmächtigte ist berechtigt, für mich als Kläger oder Beklagter Prozesse zu führen.

☐ _____
_____

☐ _____
_____

☐ _____
_____

Die folgenden Geschäfte soll mein/e Bevollmächtigte/r **nicht** wahrnehmen dürfen:

☐ _____
_____

☐ _____
_____

☐ _____
_____

2. Gesundheitsangelegenheiten

☐ Der/die Bevollmächtigte darf in allen Angelegenheiten der medizinischen Versorgung und Behandlung entscheiden. Gegenüber meinen behandelnden Ärzten soll mein Bevollmächtigter mich in allen notwendigen Entscheidungen vertreten, soweit dies gesetzlich möglich ist.

☐ Der/die Bevollmächtigte darf über alle erforderlichen ärztlichen Untersuchungen, Heilbehandlungen und Eingriffe bei mir entscheiden, auch wenn die begründete Gefahr besteht, dass ich aufgrund der Maßnahme sterbe oder einen schweren oder länger andauernden gesundheitlichen Schaden erleide (§ 1904 BGB).

☐ Der/die Bevollmächtigte darf über das Unterlassen oder Beenden lebenserhaltender oder lebensverlängernder Maßnahmen entscheiden.

Hinweis: Die beiden vorgenannten Formulierungen müssen Sie – unabhängig von der Formulierung in der Patientenverfügung – in die Vollmacht aufnehmen, wenn Sie erreichen wollen, dass der Bevollmächtigte ohne Bestellung eines Betreuers entscheiden darf!

☐ Ich entbinde meine behandelnden Ärzte von ihrer Schweigepflicht gegenüber meinem/r Bevollmächtigten.

☐ Der/die Bevollmächtigte ist berechtigt, meine behandelnden Ärzte gegenüber anderen Dritten von der Schweigepflicht zu entbinden.

☐ _____
_____

☐ _____
_____

☐ _____
_____

3. Wohnung, Aufenthalt und freiheitsentziehende Maßnahmen

☐ Der/die Bevollmächtigte darf meinen Aufenthaltsort bestimmen, inklusive eines Umzugs in ein Heim.

☐ Der/die Bevollmächtigte darf meine Mietverträge abschließen und kündigen.

3 Vollmachten, Verfügungen

☐ Der/die Bevollmächtigte ist berechtigt, meinen Haushalt aufzulösen und über das Inventar zu verfügen.

☐ Der/die Bevollmächtigte darf in eine für mich aus ärztlicher Sicht zwingend erforderliche und mit Freiheitsentziehung verbundene Unterbringung in einem Heim oder einer anderen Einrichtung (§ 1906 Absatz 1 BGB) einwilligen.

☐ Der/die Bevollmächtigte darf in unterbringungsähnliche Maßnahmen für mich, wie zum Beispiel das Anbringen von Bauchgurten, Bettgittern und anderen mechanischen Vorrichtungen, sowie eine Freiheitsbeschränkung durch Medikamente (§ 1906 Absatz 4 BGB) einwilligen.

☐ Der/die Bevollmächtigte darf in eine ärztliche Zwangsmaßnahme bei mir einwilligen, wenn ein erheblicher gesundheitlicher Schaden droht und dieser durch keine andere zumutbare Maßnahme abgewendet werden kann (§ 1906 Absatz 3 BGB).

Hinweis: Die drei vorgenannten Formulierungen müssen Sie in die Vollmacht aufnehmen, wenn Sie erreichen wollen, dass der Bevollmächtigte ohne Bestellung eines Betreuers entscheiden darf! Eine Genehmigung durch das Betreuungsgericht ist jedoch immer nötig/erforderlich.

☐ _____

☐ _____

4. Weitere Bereiche

☐ Der/die Bevollmächtigte ist berechtigt, in meinem Namen Erbschaften auszuschlagen.
Hinweis: Beglaubigung der Unterschrift durch Betreuungsbehörde oder Notar notwendig!

☐ Der/die Bevollmächtigte soll die Ausgestaltung meiner Beerdigungszeremonie und die Einzelheiten meiner Bestattung übernehmen.

☐ Diese Vollmacht bleibt auch nach meinem Tod so lange in Kraft, bis meinen Erben ein Erbschein erteilt wurde.

☐ _____

☐ _____

5. Stellvertretung

☐ Der/die Bevollmächtigte hat das Recht, Untervollmachten an Dritte zu erteilen.

6. Betreuung, Kontrollbetreuung

☐ Diese Vollmacht soll eine Betreuung gemäß Betreuungsgesetz überflüssig machen. Sollte dennoch von einem Gericht die Einrichtung einer Betreuung für notwendig erachtet werden, so soll der/die hier bestimmte Bevollmächtigte zum Betreuer bestellt werden.

☐ Sollte der/die Bevollmächtigte nicht für die Aufgaben als Betreuer geeignet sein, bitte ich das Gericht, aus den nachfolgend genannten Personen in absteigender Reihenfolge einen Betreuer auszuwählen:

1. Herr/Frau _____ (Vor- und Zuname),
   geboren am _____ in _____
   wohnhaft in _____
   _____ (Anschrift, Telefon)

2. Herr/Frau _____ (Vor- und Zuname),
   geboren am _____ in _____
   wohnhaft in _____
   _____ (Anschrift, Telefon)

3. Herr/Frau _____ (Vor- und Zuname),
   geboren am _____ in _____
   wohnhaft in _____
   _____ (Anschrift, Telefon)

4. Herr/Frau _____ (Vor- und Zuname),
   geboren am _____ in _____
   wohnhaft in _____
   _____ (Anschrift, Telefon)

Falls das Betreuungsgericht einen sogenannten Kontrollbetreuer für notwendig hält, soll dies

Herr/Frau _____ (Vor- und Zuname),

geboren am _____ in _____

wohnhaft in _____

_____

(Anschrift, Telefon) übernehmen.

☐ Auf keinen Fall soll/en die nachfolgend genannte/n Person/en zu meinem Betreuer/meiner Betreuerin bestellt werden:

1. Herr/Frau _____ (Vor- und Zuname),

geboren am _____ in _____

wohnhaft in _____

_____

(Anschrift, Telefon)

2. Herr/Frau _____ (Vor- und Zuname),

geboren am _____ in _____

wohnhaft in _____

_____

(Anschrift, Telefon)

7. Haftung/Haftungsbeschränkung

☐ Der Bevollmächtigte haftet gegenüber dem Vollmachtgeber, seinen Erben sowie gegenüber Behörden nur für vorsätzliche und grob fahrlässige Handlungen sowie für eine grobe Missachtung der Wünsche des Vollmachtgebers.

☐ Dem Bevollmächtigten muss nachgewiesen werden, dass er entgegen den Wünschen des Vollmachtgebers gehandelt hat (Beweislastumkehr).

☐ Der Bevollmächtigte wird von der Beweislast der weisungsgemäßen Erfüllung dieser Vollmacht entbunden.

Hinweis: auf gleiche Regelungen in der Vereinbarung im Innenverhältnis zwischen Vollmachtgeber und Bevollmächtigtem achten!

_____   _____

Ort, Datum   Unterschrift des Vollmachtgebers

Bestätigung

Ich, _____ (Name des Bevollmächtigten),

kenne den Inhalt dieser Vollmacht und bin bereit, die Bevollmächtigung anzunehmen.

_____   _____

Ort, Datum   Unterschrift des Bevollmächtigten

Ich, _____

_____

(Vor- und Zuname, Anschrift, Telefon des Zeugen, zum Beispiel Arzt Ihres Vertrauens, Notar)

bestätige, dass Herr/Frau

_____

(Name des Verfügenden)

diese Verfügung heute in meiner Gegenwart eigenhändig unterschrieben hat und ich keinen Zweifel daran habe, dass er/sie selbstbestimmt mit eigenem Willen die bezeichneten Entscheidungen getroffen hat.

_____   _____

Ort, Datum   Unterschrift

Hinweis: Die Wirksamkeit hängt nicht von einer solchen Bestätigung eines Zeugen ab. Diese wird aber spätestens dann wichtig, wenn bezweifelt wird, dass Sie beim Verfassen Ihrer Vollmacht geschäftsfähig waren.

Ergänzende Unterlagen

☐ Vereinbarung mit dem Bevollmächtigten im Innenverhältnis

☐ Bankvollmachten zu den folgenden Konten auf Formularen der Banken:

_____

_____

☐ Gesonderte Postvollmacht

☐ Patientenverfügung

☐ Handschriftliche Sorgerechtsverfügung für minderjährige Kinder

☐ Liste: Wer hat Originale und Kopien welcher Vollmachten und Verfügungen

3 Vollmachten, Verfügungen

Aufbewahrung/Hinterlegung

Der Bevollmächtigte muss ein Original der Vollmacht vorlegen, wenn er diese nutzen will. Daher sollte er dieses direkt selbst erhalten. Die frühzeitige Übergabe des Originals der Vollmacht an den Bevollmächtigten hat den Vorteil, dass dieser sich in der akuten Situation gegenüber allen relevanten Stellen als Bevollmächtigter ausweisen und dringend anstehende Entscheidungen sofort treffen kann.

> Notieren Sie sich, wer wie viele Exemplare der Vollmacht erhalten hat. Behalten Sie für sich selbst eine Kopie, um zwischenzeitlich nachlesen zu können, was genau in der Vollmacht formuliert wurde.

Wenn Sie befürchten, der Bevollmächtigte könnte die Vollmacht frühzeitig (gegen Ihren Willen) einsetzen, können Sie das Dokument auch einer anderen vertrauenswürdigen Person, zum Beispiel einem Freund oder auch dem Notar, geben. Diese sollten Sie schriftlich anweisen, unter welchen Bedingungen sie das Original dem Bevollmächtigten aushändigen darf. Eine solche Regelung kann jedoch den Nachteil haben, dass die Vollmacht im Notfall nicht schnell genug greifbar ist.

Für die meisten seiner Handlungen muss der Bevollmächtigte die Vollmacht im Original vorlegen. Einige Dinge wird er per Post erledigen und die Vollmacht mitschicken, beispielsweise bei der Kündigung eines Zeitungsabos. Es kann sogar sein, dass bei manchen Angelegenheiten die Vollmacht in den Unterlagen des Geschäftspartners verbleibt. Sie können daher dem Bevollmächtigten seine Tätigkeit sehr erleichtern, wenn er nicht nur ein Exemplar der Vollmacht erhält, sondern mehrere. Wenn Sie die Vollmacht selbst erstellt haben, drucken Sie sie einfach mehrmals aus und unterschreiben Sie alle Exemplare mit Angabe von Ort und Datum. Sofern Sie Ihre Vollmacht beim Notar haben beurkunden lassen, besteht die Möglichkeit, gegen Gebühr Abschriften der Vollmachtsurkunde zu erhalten.

Seit einigen Jahren ist es möglich, in einem elektronischen Register der Bundesnotarkammer erfassen zu lassen, dass Sie eine Vorsorgevollmacht (und Betreuungsverfügung) erstellt haben. Beachten Sie: Hier wird weder das Original der Vollmacht aufbewahrt, noch werden alle inhaltlichen Details erfasst. Es ist vielmehr eine Datenbank, in der festgehalten wird, wer wem eine Vorsorgevollmacht für welche Lebensbereiche erteilt hat. Auf dieses Register im Internet können die Betreuungsgerichte zugreifen und so prüfen, ob

> Die Registrierung im Vorsorgeregister der Bundesnotarkammer kann entweder über das Internet erfolgen, www.vorsorgeregister.de, oder per Post. Je nach Inhalt und Art der Meldung (Internet/Post) sind einmalig Gebühren von mindestens 13 Euro fällig. Auch Notare, Anwälte und Betreuungsvereine können dort Eintragungen vornehmen.

bei einer anstehenden Entscheidung eine Vertretungsperson für den Betroffenen benannt ist und deshalb auf eine Betreuung verzichtet werden kann bzw. ob Verfügungen des Betroffenen zu einer Betreuung vorliegen. Anderen Personen oder Institutionen, zum Beispiel Privatpersonen oder Anwälten, steht allerdings diese Datenbank nicht offen, sie ist ausschließlich zur Information der Gerichte gedacht. Es besteht jedoch keine Verpflichtung, dass sich Amtsrichter über die Datenbank informieren müssen. Insofern bietet die Registrierung allein keine Sicherheit, dass tatsächlich rechtzeitig bekannt wird, wenn eine Vorsorgevollmacht oder Betreuungsverfügung existiert.

Änderung/Widerruf

Eine Vorsorgevollmacht können Sie jederzeit ändern oder widerrufen – vorausgesetzt, Sie sind voll geschäftsfähig. Sie sollten die Vollmacht in regelmäßigen Abständen auf ihre Aktualität prüfen. Vielleicht haben sich Ihre Lebensumstände geändert (zum Beispiel Bau eines Hauses), sodass nun andere Aspekte zu berücksichtigen sind.

Muster
Hiermit ändere ich die Vollmacht vom … (Datum der ursprünglichen Vollmacht) wie folgt:
…
Ort, Datum, Unterschrift

Sind nur kleine Änderungen nötig, können Sie diese direkt in die vorhandenen Originale einfügen oder unter dem ursprünglichem Text anfügen. Dieser Anhang sollte allerdings möglichst nicht auf einem neuen Blatt anfangen, damit der Zusammenhang mit der Vollmacht erkennbar bleibt.

Stehen größere Änderungen an, sollten Sie die alte Vollmacht widerrufen und eine neue aufsetzen. Die neue Vollmacht kombinieren Sie am besten mit dem Widerruf. Wenn Sie den Bevollmächtigten wechseln wollen, sollten Sie auch dem ursprünglichen Bevollmächtigen eine Kopie des Widerrufs zukommen und sich die Originale der alten Vollmacht zurückgeben lassen.

Muster
Hiermit widerrufe ich meine Vollmacht vom … (Datum der ursprünglichen Vollmacht). Ab heute, … (Datum der aktuellen Vollmacht), sollen nur die Inhalte dieser Vollmacht gelten.

Bedenken Sie, dass Sie bei Änderungen alle alten Versionen einbeziehen bzw. vernichten sollten, damit nicht ältere und neuere Originale und Kopien der Vollmacht gleichzeitig kursieren. Um den Überblick zu behalten, empfiehlt es sich, die Zahl der Originale und auch Kopien klein zu halten und sie deutlich mit einem

> Behalten Sie die Übersicht. Notieren Sie sich, wer Originale und Kopien von Vollmachten und Verfügungen erhalten hat. Behalten Sie eine Kopie aller Unterlagen, damit Sie später nachlesen können, was Sie verfasst haben.

Datum zu kennzeichnen. Und machen Sie auf der neuen Fassung deutlich, dass sie die alte Vollmacht mit entsprechendem Datum ersetzen soll. Wurde die alte Version der Vollmacht notariell beglaubigt oder beurkundet, sollte dies auch mit der neuen Version geschehen.

Vergessen Sie nicht, die neuen Originale und Kopien wieder den von Ihnen gewählten Vertrauenspersonen zu geben.

Vereinbarung zwischen Vollmachtgeber und Bevollmächtigtem im Innenverhältnis

Anders als bei der Vollmacht, die eine einseitige Erklärung des Vollmachtgebers ist, handelt es sich bei der Vereinbarung zwischen Vollmachtgeber und Bevollmächtigtem um einen gegenseitigen Vertrag. In diesem Vertrag können Sie die Rechte und Pflichten mit dem Bevollmächtigten vereinbaren. Verletzt der Bevollmächtigte seine vertraglichen Pflichten, ist er Ihnen gegenüber haftbar.

> **!** **Wichtig:** Alle Details zum Zeitpunkt der Anwendung der Vollmacht und Details zur Umsetzung gehören in die Vereinbarung im Innenverhältnis. Die Vorsorgevollmacht sollte nach außen gegenüber Dritten möglichst umfassend und sofort gültig sein.

Bedingungen zum Einsatz der Vollmacht

Im Gegensatz zu der Vollmacht, die keinerlei Einschränkungen der Wirksamkeit enthalten sollte, ist es für die ergänzende Vereinbarung im Innenverhältnis durchaus sinnvoll, Bedingungen für den Einsatz der Vollmacht zu formulieren. Sie können diese Bedingungen recht allgemein halten, etwa dass der Bevollmächtigte die Vollmacht erst nutzen soll, wenn Sie selbst nicht mehr in der Lage sind, Ihre Angelegenheiten zu regeln. Sie können aber auch ganz konkret werden, indem Sie beispielsweise eine ärztliche Bescheinigung verlangen und festlegen, in welchen zeitlichen Abständen diese aktualisiert werden muss. Bedenken Sie aber immer, was in der Praxis machbar ist. So sollten Sie darauf verzichten, sich auf einen ganz bestimmten Arzt festzulegen, da dieser gegebenenfalls nicht erreichbar ist.

Mit der Vereinbarung im Innenverhältnis können Sie auch bestimmen, welche Aufgaben genau Ihr Bevollmächtigter übernehmen soll. Wichtig ist dies vor allem dann, wenn Sie mehrere Bevollmächtigte mit unterschiedlichen Aufgabenbereichen und Rechten einsetzen wollen (siehe Seite 25).

Muster

Der folgend festgelegte Zeitpunkt der Wirksamkeit meiner Vorsorgevollmacht ist eine Anweisung von mir an den Bevollmächtigten im Innenverhältnis. Im Außenverhältnis gegenüber dritten Personen und Behörden gilt die Vollmacht unbeschränkt.

Der Bevollmächtigte verpflichtet sich mir gegenüber, von dieser Vollmacht in meinem Interesse und zu meinem Wohlergehen sowie erst dann Gebrauch zu machen, wenn ich zeitweise oder dauerhaft meine Angelegenheiten nicht mehr regeln kann und nach ärztlicher Feststellung nicht mehr in der Lage bin, einen eigenen Willen zu bilden und Entscheidungen selbstbestimmt zu treffen.

Wünsche und Anweisungen an den Bevollmächtigten

Die Anweisungen, welche Dinge der Bevollmächtigte in welcher Weise umsetzen soll, hängen stark von Ihrer individuellen Lebenssituation und Ihrer Lebenseinstellung ab. Daher ist es schwierig, verbindliche Formulare oder Muster vorzuschlagen. Einen Anhaltspunkt finden Sie auf Seite 46 ff.

Die folgende Aufzählung kann Ihnen einen Eindruck vermitteln, was Sie mit dem Bevollmächtigten im Innenverhältnis regeln können.

- Vertretung in medizinischen Angelegenheiten (möglicher Verweis auf gesonderte Patientenverfügung)
- Wünsche zur längerfristigen Pflege
  a) zu Hause
  b) in einer Pflegeeinrichtung
- Anwendung von freiheitsbeschränkenden Maßnahmen
- Verkauf/Vermietung der Wohnung des Vollmachtgebers (bei Verkauf notariell beurkundete Vollmacht notwendig)
  Beispiel: Wenn ich in ein Pflegeheim umziehen muss, möchte ich meine Wohnung zunächst behalten. Wenn nach einem halben Jahr Aufenthalt in einem Pflegeheim absehbar ist, dass ich nicht mehr selbstständig in meine alte Wohnung zurückziehen kann, darf mein Bevollmächtigter den Mietvertrag kündigen und das Inventar verwerten.
- Auflösung des Haushalts und Verwertung/Lagerung von Gegenständen des Vollmachtgebers
- Verwendung von Einkommen und Vermögen des Vollmachtgebers
  Beispiel: Ich möchte, dass mein Vermögen für die bestmögliche Pflege meiner Person verwendet wird. Zur finanziellen Sicherstellung meiner Pflege soll der Bevollmächtigte auch meine Geldanlagen verbrauchen und Vermögenswerte verkaufen.
- Zahlungen vom Konto des Vollmachtgebers, zum Beispiel Geschenke, regelmäßige Unterstützung von (Enkel-)Kindern (bei Zahlungen an den Bevollmächtigten oder seine minderjährigen Kinder müssen in der Vollmacht sogenannte In-sich-Geschäfte erlaubt sein; siehe Seite 28 f.)
  Beispiel: Der Bevollmächtigte soll aus meinem Vermögen monatlich ... Euro an Herrn/Frau (Vor- und Zuname, geboren am ... in ..., Anschrift, Telefon) auszahlen.
- Weiterführung der Geschäfte des Vollmachtgebers (eventuell notariell beurkundete Vollmacht notwendig)
- Versorgung von (Haus-)Tieren
- Regelungen zum Begräbnis und zur Trauerzeremonie

Überlegen Sie sich, wie umfänglich Sie Ihre Festlegungen treffen. Je detaillierter Sie werden, desto länger wird der Schriftsatz, und das Risiko, dass etwas nicht bedacht wird, steigt. Andererseits sollten Sie die Gelegenheit nutzen, die Dinge, die Ihnen wichtig sind, auch festzuhalten. Präzise sollten Sie vor allem werden, wenn es darum geht, anderen Personen, eventuell sogar Ihrem Bevollmächtigten oder seinen Angehörigen, Geld oder Gegenstände zu schenken. Hier kann es schnell zu Streit und Missverständnissen kommen, wenn Sie Ihre Vorstellungen nicht genau darlegen.

Musterformular Vereinbarung im Innenverhältnis zwischen Vollmachtgeber und Bevollmächtigtem

Hinweis: Dieses Formular ist als Hilfestellung für die Erstellung einer Vereinbarung zwischen Vollmachtgeber und Bevollmächtigtem – als Ergänzung zu einer Vollmacht – gedacht. Sie ist wichtig, um die sachgemäße Umsetzung der Vollmacht zu regeln und den Bevollmächtigten in seinem Handeln abzusichern. Diese Vereinbarung dient der internen Regelung und ist nicht für Außenstehende bestimmt. Es wird dringend empfohlen, vor dem Ausfüllen die zugehörigen Ausführungen in diesem Kapitel zu lesen.

Vereinbarung im Innenverhältnis

Zwischen

_____ (Vor- und Zuname),

nachfolgend **Vollmachtgeber** genannt,

geboren am _____ in _____

wohnhaft in _____

_____ (Anschrift, Telefon)

und

_____ (Vor- und Zuname),

nachfolgend **Bevollmächtigte/r A** genannt,

geboren am _____ in _____

wohnhaft in _____

_____ (Anschrift, Telefon)

und

_____ (Vor- und Zuname),

nachfolgend **Bevollmächtigte/r B** genannt,

geboren am _____ in _____

wohnhaft in _____

_____ (Anschrift, Telefon)

(ggf. streichen, wenn nur ein Bevollmächtigter)

Diese Vereinbarung regelt die Anwendung der Vollmacht vom _____ (Datum) im Innenverhältnis zwischen Vollmachtgeber und Bevollmächtigtem. Die im Außenverhältnis umfänglich gültige Vollmacht darf der Bevollmächtigte nur in dem nachfolgend durch Ankreuzen und Ausfüllen bestimmten Umfang nutzen.

1. Wirksamkeit

☐ Der Bevollmächtigte verpflichtet sich gegenüber dem Vollmachtgeber, von der Vollmacht in seinem Interesse und zu seinem Wohlergehen sowie erst dann Gebrauch zu machen, wenn der Vollmachtgeber zeitweise oder dauerhaft seine Angelegenheiten nicht mehr regeln kann.

☐ Der Eintritt der Entscheidungsunfähigkeit und/oder Geschäftsunfähigkeit muss (ärztlich) festgestellt und schriftlich bestätigt werden durch

_____

_____

(Vor- und Zuname, Anschrift und Telefon der gewünschten Person/(Haus-)Arzt und gegebenenfalls eines Vertreters)

☐ Ist der genannte Arzt nicht erreichbar, kann an seiner Stelle ein anderer Arzt mit der erforderlichen Fachqualifikation dieses tun.

☐ Die Bestätigung der Entscheidungsunfähigkeit und/oder Geschäftsunfähigkeit muss im Abstand von _____ Monaten wiederholt werden.

Ggf. alternative Regelungen:

☐ _____
_____
_____
_____

☐ _____
_____
_____
_____

2. Mehrere Bevollmächtigte

☐ Der Bevollmächtigte A soll allein alle Aufgaben als Bevollmächtigter wahrnehmen. Nur wenn er nicht in der Lage ist, die Rechte des Vollmachtgebers wahrzunehmen oder ausdrücklich Unterstützung wünscht, soll Bevollmächtigter B an seiner Stelle handeln.

☐ Der Bevollmächtigte A soll sich ausschließlich um die Vermögens- und Rechtsangelegenheiten des Vollmachtgebers kümmern. Der Bevollmächtigte B soll den Vollmachtgeber in allen anderen, insbesondere den persönlichen, Angelegenheiten vertreten. Bei Überschneidungen der Aufgaben soll Bevollmächtigter _____ (A oder B) die Entscheidung treffen.

3 Vollmachten, Verfügungen

☐ Die Bevollmächtigten sind nicht berechtigt, ihre Vollmachten gegenseitig zu widerrufen.

☐ Sofern Unstimmigkeiten zwischen den Bevollmächtigten zur Ausübung ihrer Aufgaben bestehen, müssen sie notariellen Rat einholen. Die Bevollmächtigten müssen dem Rat des Notars folgen.

☐ Sofern Unstimmigkeiten zwischen den Bevollmächtigten zur Ausübung ihrer Aufgaben bestehen, müssen sie beim Betreuungsgericht für diesen Aufgabenbereich die Einrichtung einer Betreuung anregen. Die Auswahl des dafür geeigneten Betreuers obliegt dem Gericht.

☐ _____
_____

☐ _____
_____

3. Gesundheitsangelegenheiten und längerfristige Pflege

☐ Bei der Vertretung in medizinischen Angelegenheiten soll der Bevollmächtigte die Vorstellungen des Vollmachtgebers berücksichtigen, insbesondere die Regelungen in seiner Patientenverfügung.

☐ Eine Patientenverfügung wurde vom Vollmachtgeber erstellt. Deren Inhalte sind dem Bevollmächtigten bekannt und er kennt den Aufenthaltsort des Originals der Patientenverfügung.

☐ Sonstige Regelungen zur medizinischen Behandlung:
_____
_____
_____
_____
_____

☐ Einkommen und Vermögen des Vollmachtgebers sollen für die bestmögliche Pflege seiner Person verwendet werden. Zur finanziellen Sicherstellung der Pflege darf der Bevollmächtigte auch Geldanlagen des Bevollmächtigten auflösen und/oder Vermögenswerte verkaufen.

☐ Für den Fall einer Pflegebedürftigkeit des Vollmachtgebers über längere Zeit soll möglichst die folgende Person/Dienstleister die Pflege übernehmen.
_____
_____
_____

Name der Person/des Dienstleisters, Anschrift, Telefon ❯

☐ Sonstige Regelungen für die Pflege zu Hause:

_____

_____

_____

_____

☐ Für die Übernahme der Pflege soll die oben benannte Person/Institution wie folgt entschädigt werden:

   ☐ monatlicher Geldbetrag in Höhe von: _____ Euro

   ☐ freie Kost und Logis (in der Wohnung des Vollmachtgebers während der Zeit der Pflege)

   ☐

_____

_____

_____

☐ Falls professionelle Pflege zu Hause notwendig ist, soll möglichst der Pflegedienst

_____

_____

_____

(Name, Adresse des Pflegedienstes) damit beauftragt werden.

☐ Wenn eine ambulante Versorgung des Vollmachtgebers nicht (mehr) möglich ist, möchte der Vollmachtgeber möglichst in die folgende Pflegeeinrichtung einziehen:

_____

_____

_____

(Name, Adresse der Einrichtung)

☐ Wenn eine ambulante Versorgung des Vollmachtgebers nicht (mehr) möglich und ein Umzug in eine Pflegeeinrichtung nötig ist, soll diese unter anderem unter folgenden Gesichtspunkten ausgewählt werden:

   ☐ Nähe zum bisherigen Wohnort des Vollmachtgebers

   ☐ Nähe zum Wohnort des Bevollmächtigten

   ☐ günstige Kosten der Einrichtung

   ☐ konfessionelle Ausrichtung der Einrichtung, der folgenden Religion: _____

   ☐ Versorgung in einem Einzelzimmer

   ☐ hohe fachliche Standards und Pflegequalität

   ☐ weitere Wünsche an die Pflegeeinrichtung:

_____

_____

_____

4. Wohnungsangelegenheiten und freiheitsbeschränkende Maßnahmen

☐ Dem Anbringen von Bauchgurten, Bettgittern und anderen Vorrichtungen sowie der Freiheitsbeschränkung durch Medikamente darf der Bevollmächtigte nur zustimmen, wenn alle anderen
Maßnahmen nach dem aktuellen wissenschaftlichen Stand der pflegerischen Erkenntnisse aus-
geschöpft sind.

☐ Sofern der Umzug in ein Pflegeheim nötig wird, sollen die Wohnung und der Haushalt des Vollmachtgebers für ⬚ Monate beibehalten und die dafür nötigen (Miet-)Zahlungen geleistet werden.

☐ Nach dem Umzug des Vollmachtgebers in ein Heim darf der Bevollmächtigte den Mietvertrag des
Vollmachtgebers kündigen, den Haushalt auflösen und das Inventar verwerten.

☐ Weitere Regelungen zu Wohnung, Haushaltsauflösung, Verwertung Inventar und Umzug:

_____
_____
_____
_____
_____
_____
_____
_____

5. Finanzen und Geschenke

☐ Der Bevollmächtigte soll aus dem Einkommen und Vermögen des Vollmachtgebers folgende
(regelmäßige) **Zahlungen** an die folgenden Personen zahlen:

_____
_____
_____
_____
_____
_____
_____
_____
_____
_____

(Betrag, Häufigkeit, an welche Person)

*Hinweis: besonders Zahlungen an den Bevollmächtigten und seine Familienmitglieder voll-
ständig und detailliert auflisten*

☐ Der Bevollmächtigte soll aus dem Einkommen und Vermögen des Vollmachtgebers folgende (regelmäßige) **Geschenke** an die folgenden Personen geben:

_____

_____

_____

_____

_____

_____

_____

_____

_____

_____

(Wert, Häufigkeit/Anlass, an welche Person)

Hinweis: besonders Schenkungen an den Bevollmächtigten und seine Familienmitglieder vollständig und detailliert auflisten

☐ Der Bevollmächtigte soll für seine Tätigkeit eine pauschale Aufwandsentschädigung in Höhe von _____ Euro pro Monat/Jahr aus dem Einkommen und Vermögen des Vollmachtgebers erhalten.

6. Sonstige Wünsche und Anweisungen an den Bevollmächtigten

☐ _____

_____

_____

_____

☐ _____

_____

_____

_____

☐ _____

_____

_____

_____

☐ _____

_____

_____

_____

3 Vollmachten, Verfügungen

☐ _____
_____
_____
_____
_____

☐ _____
_____
_____
_____
_____

...

Hinweis: Hier können Sie alle Wünsche und Anweisungen auflisten, die vom Bevollmächtigten berücksichtigt werden sollen, zum Beispiel Sorge für Kinder, Versorgung von Haustieren und Garten, Umgang mit größeren Vermögenswerten, Regelungen zum Begräbnis und zur Trauerzeremonie.

7. Haftung/Haftungsausschluss

☐ Der Bevollmächtigte haftet gegenüber dem Vollmachtgeber, seinen Erben sowie gegenüber Behörden nur für vorsätzliche und grob fahrlässige Handlungen sowie für eine grobe Missachtung der in dieser Vereinbarung festgelegten Wünsche.

☐ Dem Bevollmächtigten muss nachgewiesen werden, dass er entgegen den Wünschen des Vollmachtgebers gehandelt hat (Beweislastumkehr).

☐ Der Bevollmächtigte wird von der Beweislast der weisungsgemäßen Erfüllung dieser Vereinbarung durch den Vollmachtgeber entbunden.

Hinweis: auf gleiche Regelungen in der Vollmacht achten

_____   _____

Ort, Datum   Unterschrift des Vollmachtgebers

_____   _____

Ort, Datum   Unterschrift des Bevollmächtigten A

_____   _____

Ort, Datum   Unterschrift des Bevollmächtigten B

Die Betreuungsverfügung

Die Betreuungsverfügung ist für den Fall gedacht, dass vom Gericht eine gesetzliche Betreuung angeordnet werden muss. Das ist immer dann der Fall, wenn jemand wegen einer psychischen Krankheit oder einer körperlichen, geistigen oder seelischen Behinderung seine Angelegenheiten gar nicht oder nur teilweise regeln kann und auch keine andere Person dazu von ihm bevollmächtigt wurde. Das Gericht bestellt dann einen Betreuer. Dieser gesetzliche Betreuer muss im rechtlichen Sinne »geeignet« sein, das heißt, er muss bestimmte Kriterien erfüllen, kann aber eine für den Betroffenen völlig fremde Person sein. Bei der Wahl des Betreuers

> Selbst wenn Sie bereits eine Vorsorgevollmacht und/oder eine Patientenverfügung erstellt haben, sollten Sie diese um eine Betreuungsverfügung ergänzen. So haben Sie sich abgesichert für die Fälle, in denen die beiden anderen Verfügungen nicht gelten oder dennoch eine gesetzliche Betreuung eingerichtet werden muss.

oder der Betreuerin soll das Gericht jedoch den Vorschlag des zu Betreuenden berücksichtigen. Sie haben also maßgeblichen Einfluss auf die Betreuungsperson, wenn Sie Ihren Wunsch in einer Betreuungsverfügung zuvor festgelegt haben.

Die Betreuung bezieht sich nur auf die Lebensbereiche, für die aktuell Entscheidungen anstehen, also zum Beispiel finanzielle Angelegenheiten, eine etwaige Heimunterbringung oder auch Gesundheitsfragen. Der Betreuer ist gesetzlich verpflichtet, sich an den Wünschen und dem Wohl des Betroffenen zu orientieren; sein Handeln wird durch das Gericht kontrolliert. Eine bestehende Patientenverfügung muss vom Gericht und vom Betreuer berücksichtigt werden.

> Die heutigen Regelungen zur gesetzlichen Betreuung ersetzen die frühere »Entmündigung«. Während bei der Entmündigung dem Betroffenen zumindest indirekt die Fähigkeit aberkannt wurde, eigene Entscheidungen zu treffen, soll die Selbstbestimmung des Betroffenen im Rahmen der gesetzlichen Betreuung so weit wie möglich berücksichtigt werden.

Auch wenn das Betreuungsverfahren gesetzlich geregelt ist, ist es sinnvoll, eine Betreuungsverfügung zu erstellen. So können Sie dem Gericht mitteilen, wer Ihre Betreuung wahrnehmen soll, und Ihre Wünsche darlegen, an denen das Gericht und der Betreuer sich bei ihren Entscheidungen orientieren sollen. Der Betreuer wird durch Betreuungsgericht kontrolliert und muss nachweisen können, dass er die Entscheidungen im Interesse des Betreuten getroffen hat. Maßgeblich sind die Wünsche des Betreuten, nicht die persönlichen Ansichten des Betreuers.

Formale Anforderungen

Um eine Betreuungsverfügung aufzusetzen, müssen Sie nicht geschäftsfähig sein, allerdings sollten Sie in der Lage sein, die Tragweite Ihrer Entscheidungen zu erfassen. Für die Form gilt Ähnliches wie für die Vorsorgevollmacht. Sie muss schriftlich niedergelegt und sowohl vom Betroffenen als auch möglichst durch den Wunschbetreuer mit Angabe von Ort und Datum unterschrieben werden. Eine notarielle Beurkundung ist nicht notwendig.

3 Vollmachten, Verfügungen

Für Betreuungsverfügungen stehen zahlreiche Mustervorlagen im Internet oder in Broschüren zur Verfügung. Zu deren Nutzung gilt das Gleiche wie bei der Vorsorgevollmacht.

Der Betreuer

Bei der Wahl des Betreuers gilt grundsätzlich Ähnliches wie bei der Auswahl des Bevollmächtigten für die Vorsorgevollmacht. Wenn Sie bereits eine Vorsorgevollmacht verfasst haben, können Sie darin eine weitere Vertrauensperson, aber auch Ihren Bevollmächtigten selbst zum »Wunschbetreuer« benennen. Dadurch verbinden Sie die Vollmacht mit der Betreuungsverfügung.

> Mit dem Hinweis, dass Ihr Bevollmächtigter auch Ihr Betreuer werden soll, falls dies nötig werden sollte, können Sie Ihre Vorsorgevollmacht ganz einfach um eine Betreuungsverfügung ergänzen.

Muster
Für den Fall, dass eine gerichtliche Betreuung notwendig werden sollte, wünsche ich ... (Vor- und Zuname, geboren am ... in ..., Anschrift), dass Herr/Frau ... (Vor- und Zuname, geboren am ... in ..., Anschrift, Telefon) zu meinem Betreuer bestellt wird.

Falls Sie bereits in einem Heim oder einer ähnlichen Einrichtung leben, dürfen keine Mitarbeiter dieser Einrichtung oder deren Familienangehörige Ihre gesetzlichen Betreuer werden.

Außerdem darf das Gericht nur einen »geeigneten« Betreuer bestellen. Das bedeutet, dass der »Wunschbetreuer« zum Beispiel nicht selbst betreut werden darf, sondern voll geschäftsfähig sein muss. Das Gericht kommt Ihrem Vorschlag grundsätzlich nach. Sie können natürlich auch bestimmen, wer auf keinen Fall Ihr Betreuer werden soll.

Muster
Ich möchte auf gar keinen Fall, dass Herr/Frau ... (Vor- und Zuname, geboren am ... in ...) zu meinem Betreuer bestellt wird.

Inhalte der Betreuungsverfügung

Mit der Betreuungsverfügung können Sie zunächst gegenüber dem Gericht festlegen, wen Sie sich als Betreuer wünschen bzw. wen nicht. Daneben können Sie dem Betreuer Vorgaben machen, was Sie wie geregelt haben wollen. Wenn einzelne Bereiche nicht von Ihnen angesprochen oder in allen Details beschrieben werden, ist der Betreuer verpflichtet, Ihren Willen zu ermitteln. In erster Linie muss er Sie dazu persönlich befragen. Ist das nicht möglich, muss er versuchen, aus den ihm vorliegenden Unterlagen und Informationen Ihren Willen zu ermitteln.

> Die Betreuungsverfügung dient vor allem dazu, dem Gericht Wünsche zur Person des Betreuers mitzuteilen.

Wenn Sie bereits eine Vorsorgevollmacht und eine Vereinbarung im Innenverhältnis erstellt haben, können Sie die Betreuungsverfügung einfach integrieren und sich weitere Ausführungen zur Umsetzung Ihres Willens sparen. Wenn Sie jedoch keine Vorsorgevollmacht erstellt haben, etwa weil Sie keine vertrauenswürdige Person kennen, die Sie als Bevollmächtigte beauftragen wollen, sollte Ihre Betreuungsverfügung ausführlicher ausfallen. Sie können hierfür die Formulierungen, die wir für die Vorsorgevollmacht und die Vereinbarung im Innenverhältnis erläutert haben, analog nutzen.

Wichtige Aspekte sind:

····⋗ **Für das Verfahren zur Einrichtung der Betreuung**
Sie können festlegen, wen Sie sich zur Anhörung bei Gericht wünschen, wenn über eine gerichtliche Betreuung entschieden werden soll. Hier können Sie einen Arzt oder medizinischen Sachverständigen Ihres Vertrauens nennen, der beurteilen soll, ob Sie nicht mehr selbstständig entscheiden können.

····⋗ **Bestimmungen für das persönliche Lebensumfeld**
Sie können regeln, wie Sie sich Ihr persönliches Lebensumfeld bei Krankheit und Pflege vorstellen. Dabei können Sie alle für Sie wichtigen Situationen in Einzelheiten festlegen, zum Beispiel in welchem Pflegeheim Sie untergebracht werden möchten, wenn das erforderlich wird. Oder Sie verfügen, dass Sie so lange wie möglich zu Hause versorgt werden möchten und wer Sie gegebenenfalls pflegen soll. Sie können allerdings nicht generell eine Unterbringung in einem Heim ablehnen. Falls Ihr persönliches Wohl zu Hause nicht mehr gesichert ist, muss der Betreuer handeln.

····⋗ **Zuwendungen an Dritte**
In der Betreuungsverfügung können Sie festlegen, in welchem Umfang Sie jemanden finanziell unterstützen wollen, zum Beispiel durch Geschenke. Vor allem bei Grundstücken oder Firmengeschäften sollten Sie sich notariell beraten lassen.

····⋗ **Anweisungen zur Heilbehandlung und Unterbringung**
Da der Betreuer ohnehin Ihre Patientenverfügung berücksichtigen muss, ist es nicht nötig, etwas festzulegen, was darüber hinaus geht. Nur wenn Sie keine Patientenverfügung aufsetzen, sollten Sie bei Bedarf das Gewünschte in Ihrer Betreuungsverfügung niederschreiben. Liegt eine Patientenverfügung vor, die auf die aktuelle Situation passt, kann der Betreuer direkt die Wünsche des Betreuten bei lebensgefährdenden oder freiheitsbeschränkenden Maßnahmen vertreten. Gibt es keine (passende) Patientenverfügung, muss der Betreuer sein Handeln vom Betreuungsgericht genehmigen lassen.

Nutzen Sie das Formular ab Seite 56 bzw. die Textbausteine ab Seite 54.

Musterformular Betreuungsverfügung

Hinweis: Dieses Formular ist als Hilfestellung für die Erstellung einer reinen Betreuungsverfügung gedacht. Das Formular kann nur »Standardsituationen« abdecken. Für abweichende Konstellationen und individuelle Regelungen sind entsprechende Ergänzungen in den Freifeldern oder eine komplette Neuerstellung nötig. Es wird dringend empfohlen, vor dem Ausfüllen die entsprechenden Erläuterungen in diesem Kapitel zu lesen.

Betreuungsverfügung

Nur für den Fall, dass dies nicht bereits in einer Vollmacht geregelt wurde

Für den Fall, dass eine gerichtliche Betreuung notwendig werden sollte, wünsche ich,

_____ (Vor- und Zuname),

geboren am _____ in _____

wohnhaft in _____

_____

(Anschrift, Telefon)

die nachfolgend durch Ankreuzen und Ausfüllen beschriebene Ausgestaltung der Betreuung.

1. Person des Betreuers

☐ Ich bitte das Gericht, aus den nachfolgend genannten Personen in absteigender Reihenfolge einen Betreuer auszuwählen:

1. Herr/Frau _____ (Vor- und Zuname),

geboren am _____ in _____

wohnhaft in _____

_____

(Anschrift, Telefon)

2. Herr/Frau _____ (Vor- und Zuname),

geboren am _____ in _____

wohnhaft in _____

_____

(Anschrift, Telefon)

3. Herr/Frau _____ (Vor- und Zuname),

geboren am _____ in _____

wohnhaft in _____

_____

(Anschrift, Telefon) ❯

4. Herr/Frau _____ (Vor- und Zuname),

geboren am _____ in _____

wohnhaft in _____

_____

(Anschrift, Telefon)

☐ Falls das Betreuungsgericht einen sogenannten Kontrollbetreuer für notwendig hält, soll dies

Herr/Frau _____ (Vor- und Zuname),

geboren am _____ in _____

wohnhaft in _____

_____

(Anschrift, Telefon) übernehmen.

☐ Auf keinen Fall soll/en die nachfolgend genannte/n Person/en zu meinem Betreuer/meiner Betreuerin bestellt werden:

1. Herr/Frau _____ (Vor- und Zuname),

geboren am _____ in _____

wohnhaft in _____

_____

(Anschrift, Telefon)

2. Herr/Frau _____ (Vor- und Zuname),

geboren am _____ in _____

wohnhaft in _____

_____

(Anschrift, Telefon)

2. Gesundheitsangelegenheiten und längerfristige Pflege

☐ Bei der Vertretung in medizinischen Angelegenheiten soll der Betreuer meine Vorstellungen berücksichtigen, insbesondere die Regelungen in der Patientenverfügung.

☐ Ich habe eine Patientenverfügung erstellt. Die Patientenverfügung ist an folgendem Ort hinterlegt:

_____

☐ Sonstige Wünsche zur medizinischen Behandlung:

_____

_____

_____

_____

_____

_____

_____

_____

_____

_____

_____

_____

_____

_____

☐ Mein Einkommen und Vermögen sollen für die bestmögliche Pflege meiner Person verwendet werden. Zur finanziellen Sicherstellung der Pflege soll der Betreuer auch meine Geldanlagen auflösen und/oder Vermögenswerte verkaufen.

☐ Für den Fall meiner Pflegebedürftigkeit über längere Zeit soll möglichst die folgende Person/ Dienstleister die Pflege übernehmen.

_____

_____

Name der Person/des Dienstleisters, Anschrift, Telefon

☐ Sonstige Regelungen für die Pflege zu Hause:

_____

_____

_____

_____

☐ Für die Übernahme der Pflege soll die oben benannte Person/Institution wie folgt entschädigt werden:

   ☐ monatlicher Geldbetrag in Höhe von: _____ Euro

   ☐ freie Kost und Logis (in meiner Wohnung während der Zeit der Pflege)

   ☐ _____

☐ Falls professionelle Pflege zu Hause notwendig ist, soll möglichst der Pflegedienst

_____

_____

(Name, Adresse des Pflegedienstes) damit beauftragt werden.

☐ Wenn meine ambulante Versorgung nicht (mehr) möglich ist, möchte ich möglichst in die folgende Pflegeeinrichtung einziehen:

_____

_____

_____

(Name, Adresse der Einrichtung)

☐ Wenn meine ambulante Versorgung nicht (mehr) möglich und ein Umzug in eine Pflegeeinrichtung nötig ist, soll der Betreuer diese unter anderem unter folgenden Gesichtspunkten auswählen:

☐ Nähe zum bisherigen Wohnort des Vollmachtgebers

☐ Nähe zum Wohnort des Bevollmächtigten

☐ günstige Kosten der Einrichtung

☐ konfessionelle Ausrichtung der Einrichtung, der folgenden Religion: _____

☐ Versorgung in einem Einzelzimmer

☐ hohe fachliche Standards und Pflegequalität

☐ weitere Wünsche an die Pflegeeinrichtung:

_____

_____

_____

_____

4. Wohnungsangelegenheiten

☐ Sofern der Umzug in ein Pflegeheim nötig wird, sollen meine Wohnung und mein Haushalt für _____ Monate beibehalten und die dafür nötigen (Miet-)Zahlungen geleistet werden.

☐ Nach meinem Umzug in ein Heim soll der Betreuer baldmöglichst die Wohnung/das Haus verkaufen oder den Mietvertrag kündigen, den Haushalt auflösen und das Inventar verwerten.

☐ Weitere Regelungen zu Wohnung, Haushaltsauflösung, Verwertung Inventar und Umzug:

_____

_____

_____

_____

_____

_____

_____

_____

_____

_____

3 Vollmachten, Verfügungen

5. Finanzen und Geschenke

☐ Der Betreuer soll aus meinem Einkommen und Vermögen folgende (regelmäßige) **Zahlungen** an die folgenden Personen zahlen:

_____

_____

_____

_____

_____

_____

_____

_____

_____

_____

_____

(Betrag, Häufigkeit, an welche Person)

Hinweis: besonders Zahlungen an den Betreuer und seine Familienmitglieder aufführen

☐ Der Betreuer soll aus meinem Einkommen und Vermögen folgende (regelmäßige) **Geschenke** an die folgenden Personen geben:

_____

_____

_____

_____

_____

_____

_____

_____

_____

_____

(Wert, Häufigkeit/Anlass, an welche Person)

Hinweis: besonders Schenkungen an den Betreuer und seine Familienmitglieder aufführen

☐ Der Betreuer soll für seine Tätigkeit eine pauschale Aufwandsentschädigung in Höhe von _____ Euro pro Monat/Jahr aus meinem Einkommen und Vermögen des Vollmachtgebers erhalten.

6. Sonstige Wünsche und Anweisungen an den Betreuer

☐
_____
_____
_____
_____

☐
_____
_____
_____
_____

☐
_____
_____
_____
_____

☐
_____
_____
_____
_____

☐
_____
_____
_____
_____

☐
_____
_____
_____
_____

...

Hinweis: Hier können Sie alle Wünsche und Anweisungen auflisten, die vom Betreuer berücksichtigt werden sollen, zum Beispiel Sorge für Kinder, Versorgung von Haustieren und Garten, Umgang mit größeren Vermögenswerten, Regelungen zum Begräbnis und zur Trauerzeremonie.

_____   _____
Ort, Datum   Unterschrift des Verfügenden

3 Vollmachten, Verfügungen

Bestätigung

Ich,

_____

_____

_____

(Vor- und Zuname, Anschrift, Telefon des Zeugen, zum Beispiel Arzt Ihres Vertrauens, Notar)

bestätige, dass Herr/Frau

_____

(Name des Verfügenden)

diese Verfügung heute in meiner Gegenwart eigenhändig unterschrieben hat und ich keinen Zweifel daran habe, dass er/sie selbstbestimmt mit eigenem Willen die bezeichneten Entscheidungen getroffen hat.

_____   _____

Ort, Datum   Unterschrift

Wirksamkeit/Aufgabenbereiche

Die Betreuungsverfügung entfaltet erst dann ihre Wirkung, wenn aus rechtlicher Sicht vom Gericht ein Betreuer bestellt werden muss. Das ist dann der Fall, wenn Sie aufgrund einer psychischen Erkrankung oder einer körperlichen, geistigen oder seelischen Behinderung Ihre Angelegenheiten nicht mehr selbst besorgen können. Vorher kann die von Ihnen benannte Person nicht als gesetzlicher Betreuer für Sie handeln oder auftreten.

> Eine Betreuung kann nicht schon vorsorglich, quasi auf Verdacht, eingerichtet werden. Aufgrund der regelmäßigen Berichte des Betreuers bzw. auf Antrag entscheidet das Gericht neu, ob eine Änderung der Aufgabenbereiche ansteht.

Eine Betreuung wird nur für Lebensbereiche eingerichtet, für die eine gesetzliche Vertretung notwendig ist.

Mögliche Bereiche wären zum Beispiel:
- ⋯⋟ Vermögensangelegenheiten,
- ⋯⋟ Gesundheitsfürsorge,
- ⋯⋟ Wohnungsangelegenheiten,
- ⋯⋟ Rentenangelegenheiten und
- ⋯⋟ Bestimmung des Aufenthalts.

So kann eventuell eine Vertretung in finanziellen Angelegenheiten notwendig sein, aber Entscheidungen zur Gesundheitsvorsorge kann der Betroffene noch selbst treffen.

Mit dem Tod des Betreuten endet der Auftrag des Betreuers. Alle Wünsche zum Nachlass müssen im Testament geregelt sein.

Aufbewahrung/Hinterlegung

Die Betreuungsverfügung muss dem Gericht im Original vorliegen. Deshalb kommt es bei der Aufbewahrung der Betreuungsverfügung vor allem darauf an, dass das Gericht im Bedarfsfall von der Existenz der Verfügung erfährt und ihm diese ausgehändigt wird. Am einfachsten ist es, die Betreuungsverfügung Ihrem Wunschbetreuer auszuhändigen. Anders als bei der Vorsorgevollmacht brauchen Sie keinen Missbrauch zu befürchten. Der Betreuer kann erst tätig werden, wenn das Betreuungsverfahren abgeschlossen wurde und er

> In manchen Bundesländern können Betreuungsverfügungen bei den Betreuungsgerichten hinterlegt werden. Wenn Sie die Betreuungsverfügung mit einer Vorsorgevollmacht und/oder einer Patientenverfügung verbunden haben, werden diese mit verwahrt. Erkundigen Sie sich deshalb gegebenenfalls beim Amtsgericht Ihres Wohnorts.

seine Betreuerurkunde erhalten hat. Betreuungsverfügungen können auch im Register der Bundesnotarkammer erfasst werden (siehe Seite 42).

Sie können Ihre Betreuungsverfügung jederzeit widerrufen. Dafür sollten Sie das Original der ersten Verfügung entweder ändern oder vernichten und das überarbeitete oder neue Dokument wieder an seinem alten Platz hinterlegen. Achten Sie darauf, alle Kopien, die Sie verteilt haben, durch neue zu ersetzen.

3 Vollmachten, Verfügungen

Kosten der Betreuung

Was viele nicht wissen: Betreuer haben Anspruch auf den Ersatz von Aufwendungen bzw. auf eine Vergütung. Ehrenamtliche Betreuer haben die Wahl zwischen einer Aufwandspauschale in Höhe von zurzeit jährlich 323 Euro oder dem Nachweis jeder einzelnen Aufwendung per Beleg.

> Ist der Betreute im Sinne das Sozialhilferechts mittellos, übernimmt die Staatskasse, das heißt das Justizministerium des jeweiligen Landes, die Kosten.

Berufsbetreuer erhalten eine Vergütung nach gesetzlich festgelegten Stundensätzen. Je nach beruflicher Qualifikation betragen diese 27 Euro, 33,50 Euro oder 44 Euro pro Stunde. Abgerechnet wird nach genau festgelegten Vergütungspauschalen, die abhängig davon sind, wie lange die Betreuung besteht, ob der Betreute in einem Heim lebt und ob der Betreute die Kosten selbst übernimmt. So schwanken die Pauschalen für »Selbstzahler« zwischen 2,5 und 5,5 Stunden pro Monat bei Betreuten im Heim und zwischen 4,5 und 8,5 Stunden pro Monat bei Betreuten, die zu Hause leben. Außerdem fallen bei der Einrichtung der Betreuung und dann jährlich Kosten und Gebühren des Betreuungsgerichts an.

Kontrolle der Betreuer

Immer wieder hört man von Fällen, in denen Betreuer ihre Rechte ausgenutzt und entweder dem Betreuten vor allem finanziell geschadet oder sich selbst bereichert haben sollen. Deshalb müssen viele Entscheidungen der Betreuer durch das Gericht genehmigt werden, zum Beispiel größere Geldbewegungen, die Vermietung der Wohnung des Betreuten und alle Geschäfte, die sich auf Grundstücke beziehen. Außerdem müssen Betreuer mit dem Aufgabenbereich Vermögenssorge regelmäßig, üblicherweise jährlich, einen Bericht über die Vermögenslage des Betroffenen vorlegen, ergänzt durch Kopien der Kontoauszüge und Sparbücher.

> Sind Angehörige als Betreuer tätig, kann das Gericht sie von den strengen Kontrollen befreien.

Von Amts wegen unterliegen Betreuer der Aufsicht des Gerichts. Deshalb muss es auch Beschwerden Dritter über eine nicht im Sinne des Betroffenen durchgeführte Betreuung nachgehen. Allerdings wird das Gericht sich nicht nur auf bloße Verdächtigungen verlassen, sondern konkrete Hinweise und Beweise fordern.

> **! Wichtig für Betreuer:**
> Betreuer sind nicht nur gegenüber dem Betreuten haftbar, sondern auch gegenüber dessen Erben. Daher sollten alle wichtigen Entscheidungen sorgfältig begründet und dokumentiert werden.

Die Patientenverfügung

Selbstbestimmt zu leben und Entscheidungen zu treffen ist für uns eine Selbstverständlichkeit. Wer jedoch Erfahrungen als Patient oder Angehöriger mit einem Krankenhausbetrieb oder Altersheim gemacht hat, besonders in Situationen, in denen es um schwere Erkrankungen oder das Sterben ging, der kann den Eindruck bekommen, dass es um die Selbstbestimmung gerade kranker und sehr alter Menschen nicht so gut bestellt ist. Das mag an den Abläufen in solchen Einrichtungen liegen oder an der fehlenden Kraft der Betroffenen. Heute sterben aber drei Viertel aller Deutschen in stationären Einrichtungen, vor allem in Krankenhäusern, Alten- und Pflegeheimen.

Viele Menschen wollen auch für diese Situationen vorsorgen und bereits zu einem frühen Zeitpunkt festlegen, wie sie mit bestimmten Situationen umgehen möchten und welche Wünsche die behandelnden Ärzte und Pfleger zu respektieren haben. Eine solche Festlegung nennt man Patientenverfügung (fälschlicherweise oft auch als »Patiententestament« bezeichnet).

Nach jahrelangem Ringen um die richtige Lösung hat der Bundestag schließlich am 18. Juni 2009 ein Gesetz verabschiedet, mit dem Patientenverfügungen verbindlich geregelt werden sollen. Dieses Gesetz ist am 1. September 2009 in Kraft getreten.

Zusammengefasst: Patientenverfügungen müssen schriftlich erstellt werden. Sie können aber mündlich oder durch Gesten jederzeit widerrufen werden. Außerdem müssen sie eine konkrete Lebens- und Behandlungssituation betreffen. Es reicht also nicht aus, nur zu schreiben: »Ich will ein selbstbestimmtes Leben führen und nicht von Apparaten und Schläuchen abhängig sein.«

Ganz wichtig: Patientenverfügungen mit dem Ziel des Abbruchs der Behandlung können nun auch für Situationen getroffen werden, die nicht bereits unmittelbar zum Tod führen. Es kann also ein Abbruch lebenserhaltender Maßnahmen festgelegt werden für Behandlungssituationen, die eigentlich nicht tödlich verlaufen, etwa ein Wachkoma. Aktive Sterbehilfe ist jedoch weiterhin verboten und kann deshalb auch nicht in einer Verfügung erbeten werden. Kann sich ein Patient nicht mehr selbst äußern, muss sich sein Bevollmächtigter oder sein gerichtlich bestellter Betreuer an die Verfügung halten und sie gegenüber den Ärzten einfordern.

Hat ein Patient keine gültige Patientenverfügung, müssen sich Bevollmächtigter oder Betreuer mit dem Arzt über den mutmaßlichen Willen einigen. Dabei sollen auch Verwandte und Freunde hinzugezogen werden. Gelingt keine Einigung, wird das Betreuungsgericht eingeschaltet. Dritte, also Angehörige oder Freunde, können jederzeit das Betreuungsgericht anrufen, wenn sie meinen, dass der Patientenwille nicht umgesetzt wird. Eine bereits bestehende Patientenverfügung bleibt auch weiterhin gültig.

Es empfiehlt sich, eine Patientenverfügung nicht isoliert zu sehen, sondern mit einer **Vorsorgevollmacht** und/oder einer **Betreuungsverfügung zu kombinieren** (siehe Seite 24 ff.). Auf diese Weise können Sie bewirken, dass Sie eine (oder mehrere) Person(en) Ihres Vertrauens rechtlich in die Lage versetzen, Ihre Wünsche umzusetzen und Entscheidungen in Ihrem Sinne zu treffen.

Der medizinische Fortschritt ermöglicht, dass vielen Menschen mit Krankheiten oder Verletzungen, die früher nach kurzer Zeit zum Tode führten, geholfen werden kann. Allerdings kann sich damit auch die Grenze verschieben, an der sich die Frage nach einem Leben und Sterben in Würde stellt. Was bedeutet es für eine krebskranke Frau, nicht innerhalb von sechs Wochen, sondern erst nach einem Jahr an ihrer Krankheit zu sterben? Kann ihr so ermöglicht werden, schmerzfrei und bei voll erhaltenen geistigen Fähigkeiten ihre persönlichen Dinge zu regeln und würdevoll Abschied von ihren Angehörigen zu nehmen? Oder bedeutet es lediglich eine Verlängerung des Leidens? Für einen jungen Mann mag es nach einem Unfall nach anfänglichem Hadern mit dem Schicksal Glück bedeuten, wenn er wiederbelebt wurde und durch intensive menschliche Begegnungen und Entwicklung neuer Interessen ein erfülltes Leben im Rollstuhl führen kann. Aber wie ist es zu bewerten, wenn er nach dem Unfall dauerhaft bewusstlos bleibt?

Mit diesen und ähnlichen Fragen, auf die sich keine allgemein gültigen Antworten finden lassen, sind Menschen, ihre Angehörigen und die behandelnden Ärzte immer wieder konfrontiert. Mit einer Patientenverfügung können Sie Vorsorge dafür treffen, dass Ihr Wille in diesen schwierigen Situationen berücksichtigt wird.

Bei der Umsetzung des Patientenwillens ist zwischen drei verschiedenen Situationen zu unterscheiden, die in der öffentlichen Diskussion oft miteinander vermischt werden:

1. In vielen Fällen gilt es zu entscheiden, ob eine **medizinische Maßnahme** erfolgen soll oder nicht, angefangen bei einer simplen Blutabnahme bis hin zur Überlegung, ob zum Beispiel ein nicht mehr durchbluteter Fuß amputiert oder eine Magensonde durch die Bauchdecke gelegt werden soll. Bei der Entscheidung, ob eine Maßnahme durchgeführt werden soll oder nicht, muss sich der Arzt an zwei grundsätzliche Regelungen halten: Zum einen ist er verpflichtet, Leben zu erhalten, zum anderen muss er den Willen seines Patienten beachten. Unterlässt der Arzt eine Maßnahme gegen den Willen des Patienten, kann er sich wegen unterlassener Hilfeleistung strafbar machen. Handelt er jedoch gegen die Einwilligung des Betroffenen, begeht er nach geltendem Recht eine Körperverletzung, die ebenfalls strafbar ist. Allerdings muss der Patient in der Lage sein, die Tragweite seiner Entscheidung zu verstehen und sich der Konsequenzen seiner Entscheidung bewusst sein. Kann ein Patient sich nicht mehr selbst dazu zu äußern, muss der Arzt den mutmaßlichen Willen seines Patienten erforschen. Hierzu wird er zwar die Angehörigen befragen, aber diese können nicht entscheiden, was der Arzt tun soll, sondern ihm lediglich Hinweise auf den Willen des Patienten geben.

2. In **akuten Notfällen,** zum Beispiel bei einem Verkehrsunfall, wird der Arzt häufig kaum die Möglichkeit haben, den Willen des Verletzten zu erforschen, sondern er wird schnellstmöglich Hilfe leisten. In diesen Fällen wird erst später zu entscheiden sein, ob und unter welchen Bedingungen lebenserhaltende Maßnahmen, zum Beispiel eine künstliche Beatmung, weiter durchgeführt werden sollen. Dies kann dann sogar den (schnelleren) Tod zur Folge haben. Diese Entscheidung kann nicht vom Arzt allein getroffen werden, und auch eine schriftliche Willensäußerung wie eine Patientenverfügung reicht unter Umständen nicht aus, weil zum Beispiel der wirkliche Wille für diese Situation nicht eindeutig genug formuliert

wurde. Dann muss eine dritte Person, entweder ein Bevollmächtigter oder ein rechtlicher Betreuer, seine Zustimmung geben, wobei unbedingt im Sinne des betroffenen Patienten entschieden werden soll.

3. Anders als der legale Abbruch lebenserhaltender Maßnahmen wird die aktive **Tötung auf Verlangen,** zum Beispiel das Verabreichen einer Giftspritze, bewertet. Diese sogenannte aktive Sterbehilfe ist in Deutschland verboten. Auch wenn ein Patient dies ausdrücklich wünscht, sei es im Gespräch oder in einer Patientenverfügung, darf der Arzt diesem Wunsch nicht nachkommen.

So erstellt man eine Patientenverfügung

Mit einer Patientenverfügung legen Sie Wünsche für eine Situation fest, die Sie aus eigener Erfahrung wahrscheinlich gar nicht kennen. Wer hat schon eine Vorstellung davon, inwieweit ein Sterbender unter Hunger oder Durst leidet oder wie jemand mit einer fortgeschrittenen Altersdemenz seine eigene Situation wahrnimmt? Umstände, die uns oder unseren Angehörigen in gesunden Tagen als unerträglich erscheinen, können, wenn man selbst betroffen ist, ganz anders wahrgenommen werden. So berichten Menschen, die aus dem Wachkoma erwacht sind, davon, wie sie um ihr Leben gekämpft haben oder die Anwesenheit von vertrauten Personen als angenehm empfunden haben.

Wenn Sie also in einer Patientenverfügung bestimmten Behandlungsmöglichkeiten zustimmen wollen, andere ablehnen oder darlegen, ob und in welchen Fällen Sie die Beendigung lebensverlängernder Maßnahmen wünschen, lassen Sie sich am besten von einem Arzt Ihres Vertrauens – das muss nicht derjenige sein, der Sie vielleicht später einmal behandeln wird – ausführlich beraten, damit Sie die Konsequenzen Ihrer Entscheidung überblicken können. Es kann sein, dass der Arzt das Beratungsgespräch privat abrechnet.

Manche Krankenkassen übernehmen diese Kosten. Auch wenn es nicht kostenlos ist, sollten Sie auf das Gespräch mit dem Arzt nicht verzichten. Denn wer weiß schon, welche Komplikationen zum Beispiel bei einem Schlaganfall auftreten können, mit welchen bleibenden Schäden bei unterschiedlichsten Erkrankungen zu rechnen ist, welche Chancen vergeben werden, wenn ohne zu differenzieren eine künstliche Ernährung (Magensonde, Infusionen) pauschal abgelehnt wird, und was der Abbruch lebenserhaltender Maßnahmen für das eigene Empfinden bedeutet?

Die **Patientenverfügung** muss **schriftlich** erstellt werden. Dabei ist es unerheblich, ob die Verfügung handschriftlich, mit der Schreibmaschine oder am Computer verfasst wurde. Es kommt auch nicht darauf an, besonders »schön« zu formulieren. Wichtig ist nur, dass die Verfügung lesbar ist und Dritte verstehen können, was Sie damit aussagen wollen. Die Verfügung müssen Sie mit Ihrer üblichen Unterschrift unterschreiben und am besten durch Angabe von Ort und Datum ergänzen.

Sie können sich von einer Person Ihres Vertrauens, zum Beispiel Freunden oder dem Hausarzt/der Hausärztin, bestätigen lassen, dass Sie zum Zeitpunkt der Unterschrift »im Vollbesitz Ihrer geistigen Kräfte« waren. Bescheinigen lassen

3 Vollmachten, Verfügungen

sollten Sie sich auch, wenn Sie sich vor Abfassen der Patientenverfügung (zum Beispiel durch Berater aus Medizin, Rechtspflege, Psychologie, Pflege, Hospiz oder Seelsorge) haben beraten lassen. Eine notarielle Beurkundung ist nicht notwendig, allerdings kann sie hilfreich sein, da der Notar dies nur dann ablehnen kann, wenn er an Ihrer Geschäftsfähigkeit zweifelt.

Auch wenn eine Patientenverfügung nicht verjährt, sollten Sie Ihre Verfügung regelmäßig, zum Beispiel im Abstand von ein bis zwei Jahren oder vor größeren medizinischen Eingriffen, auf **ihre Gültigkeit überprüfen** und gegebenenfalls für die anstehende Behandlung konkretisieren. Je aktueller die Verfügung ist, desto eher wird der Arzt oder eventuell ein Betreuer davon ausgehen, dass Sie auch in der aktuellen Situation zu den Festlegungen in der Patientenverfügung stehen.

Soll alles so bleiben, wie Sie es bereits festgelegt haben, bestätigen Sie einfach mit Ihrer Unterschrift und Datum, dass die Verfügung weiterhin gültig sein soll. Sie können Ihre Patientenverfügung jederzeit widerrufen. Doch selbst wenn eine schriftliche Patientenverfügung vorliegt, können Sie in einer konkreten Situation dem Arzt auf beliebige Weise (zum Beispiel durch Kopfschütteln) mitteilen, ob Sie – solange Sie noch einwilligungsfähig sind – einer Behandlung zustimmen oder nicht.

Verwendung von Mustervordrucken

Einige Verbände, Selbsthilfegruppen und Vereine bieten Mustervordrucke für Patientenverfügungen an, teils umsonst, teils gegen Entgelt. Aus juristischer Sicht wird dies eher kritisch bewertet, da standardisierte Formulare und Musterverfügungen kaum Spielraum lassen, um persönliche Wünsche und die individuelle Situation genau zu beschreiben. Daher sollten Sie Ihre Verfügung mit eigenen Worten schriftlich formulieren.

Worauf Sie achten sollten

Unterschreiben Sie Ihre Verfügung mit Ihrer üblichen Unterschrift sowie Angabe von Ort und Datum. Lassen Sie eine unbeteiligte dritte Person (vielleicht einen Arzt Ihres Vertrauens) unterschreiben, dass Sie die Verfügung aus freiem Willen verfasst haben und sich dabei über die Bedeutung der niedergeschriebenen Entscheidungen bewusst waren. Im Zweifelsfall wird letztlich immer ein Gericht darüber entscheiden müssen, ob Sie geschäftsfähig waren, aber mit dieser Klausel gibt es wenigstens schon einen Anhaltspunkt dafür, dass Sie im Vollbesitz Ihrer geistigen Kräfte waren, wie es im Juristendeutsch heißt.

Inhalte der Verfügung

Die Patientenverfügung soll dazu dienen, Ihr Selbstbestimmungsrecht als Patient bzw. Patientin umzusetzen. Damit die Patientenverfügung für den Arzt, den Bevollmächtigten oder den Betreuer in der jeweiligen Situation aussagefähig ist, sollten Sie möglichst genau beschreiben, für welche Zustände Sie eine Entscheidung treffen wollen. Für den Fall, dass die aktuelle Situation nicht auf die in der Patientenverfügung beschriebene passt, können auch allgemeine Wertvorstellungen Anhaltspunkte für Ihren Willen liefern.

Grundsätzlich gibt es zwei verschiedene Ausgangslagen:

1. Es gibt Menschen, die – aus welchen Gründen auch immer – das Bedürfnis haben, **für eventuell eintretende Notfälle** Vorsorge zu treffen. Das Spektrum der möglichen Situationen ist breit und es wird kaum möglich sein, für jeden Einzelfall genaue Wünsche zu formulieren. Umso wichtiger ist es in diesem Fall, eine allgemeine Beschreibung der persönlichen Vorstellungen zu geben, damit der Arzt davon den Patientenwillen für einzelne Situationen ableiten kann.

2. Es gibt Menschen, die **bereits von einer schweren Krankheit betroffen sind,** zum Beispiel Aids oder Krebs, und sich damit auseinandersetzen müssen. Hier werden sich vermutlich recht klare Vorstellungen zu möglichen Behandlungen, deren Nebenwirkungen und Grenzen ergeben. Dann ist eine sehr konkrete Verfügung möglich. Versuchen Sie, die Situationen, für die die Verfügung gelten soll, genau zu bezeichnen. Geben Sie dafür Ihre Therapiewünsche auch bezüglich Umfang und Dauer der einzelnen Maßnahmen an und ebenso, was nicht erfolgen soll. Wer schon eine eher allgemein gehaltene Verfügung verfasst hat und später mit einem konkreten medizinischen Problem konfrontiert ist, sollte seine Verfügung entsprechend ergänzen.

Mit Ihrer Patientenverfügung sollten Sie zwei unterschiedliche Bereiche abdecken: zum einen den Fall, dass Sie pflegebedürftig und langfristig auf medizinische Hilfe angewiesen sein werden, zum anderen den Sterbeprozess selbst. Gerade für den Fall der längerfristigen Behandlung und Pflege ist die Verfügung besonders wichtig, denn hier können Sie mit den medizinischen Maßnahmen vielleicht die Qualität des weiteren Lebens für viele Jahre bestimmen.

In den Textbausteinen auf den folgenden Seiten finden Sie die Behandlungssituationen, für die Sie vorab eine Regelung treffen sollten. Je konkreter Sie in Ihrer Patientenverfügung für möglichst viele Behandlungssituationen eine Vorentscheidung treffen, umso sicherer können Sie sein, dass Ihr so geäußerter Wille auch befolgt wird. Daneben sollten Sie aber auch noch ergänzende Angaben zu Ihren Werten, Wünschen und Vorstellungen machen, als zusätzliche Hilfe für den Arzt bei der Feststellung Ihres Willens. Anregungen für Formulierungen finden Sie ebenfalls auf den folgenden Seiten bzw. im Downloadbereich in unserem Portal.

Aufbewahrung/Hinterlegung

Die Verfügung sollte so aufbewahrt werden, dass sie bei Bedarf auch leicht gefunden wird, zum Beispiel bei den persönlichen Unterlagen. Weisen Sie Angehörige und Ärzte darauf hin, dass Sie eine Verfügung verfasst haben.

Bei anstehenden Entscheidungen sollte das **Original** vorgelegt werden können. Für Ihre eigenen Unterlagen und für eventuelle weitere Personen benötigen Sie **Kopien.** Sie sollten Ihre Verfügungen regelmäßig überprüfen und bei Bedarf ändern bzw. deren Aktualität durch eine erneute Unterschrift mit Datum bestäti-

3 Vollmachten, Verfügungen

gen. Denken Sie bei Änderungen daran, die vorherige Verfügung zu widerrufen (zum Beispiel durch Vermerk auf der neuen Verfügung, dass diese die vorherige Fassung ersetzen soll) und die alte Urkunde zu vernichten bzw. sich von Ihrem Bevollmächtigten zurückgeben zu lassen. Auch die bestätigte oder neue Verfügung sollte ein Zeuge erneut unterschreiben.

Vergessen Sie nicht, gegebenenfalls wieder Kopien an die von Ihnen gewählten Vertrauenspersonen zu geben. Und informieren Sie Vertrauenspersonen und behandelnde Ärzte insbesondere vor riskanten Eingriffen, dass eine Patientenverfügung vorliegt. Sie können Ihrem behandelnden Arzt auch eine Kopie der Verfügung geben, mit der Bitte, diese bei Ihren Krankenunterlagen zu verwahren.

Mit manchen Mustervordrucken ist die Möglichkeit verbunden, die **Patientenverfügung gegen Gebühr** an einer zentralen Stelle zu hinterlegen. Manchmal wird auch eine alljährliche Erinnerung angeboten, die Verfügung neu zu unterschreiben, um stets eine aktuelle Version vorlegen zu können. Ob Ihnen die Erinnerung die Gebühr wert ist oder ob Sie selbst an eine regelmäßige Überprüfung denken können, müssen Sie für sich entscheiden. Die Aufbewahrung in einem zentralen Archiv bietet den Vorteil, dass die Verfügung sicher untergebracht ist. Allerdings sollten Sie sich vergewissern, dass das Original der Verfügung bei Bedarf auch am Wochenende oder an Feiertagen innerhalb von 24 Stunden beim behandelnden Arzt oder einem Bevollmächtigten vorgelegt werden kann, und in Erfahrung bringen, wie das entsprechende Verfahren abläuft. Die Hinterlegung einer bloßen Patientenverfügung beim Gericht ist nicht möglich. Jedoch können in manchen Bundesländern Betreuungsverfügungen hinterlegt werden. Ist diese mit der Patientenverfügung kombiniert, gilt das für beide Verfügungen. Am besten erkundigen Sie sich beim zuständigen Amtsgericht. Außerdem können Sie Ihre Verfügung gegen Gebühr beim Notar hinterlegen.

Führen Sie eine Infokarte mit sich, auf der auf die Verfügung und den Aufbewahrungsort bei den persönlichen Papieren, zum Beispiel beim Personalausweis, hingewiesen wird.

So nähern Sie sich dem Thema

Vorstellungen, Wünsche, Werte – dies sind abstrakte Begriffe, die sich erst im Laufe der Zeit ganz individuell für den einzelnen Menschen mit Inhalt füllen. Sie beziehen sich auf viele Lebensbereiche, wie zum Beispiel Wohnen, Essen, das Verhältnis zu anderen Menschen, die Verwendung von Geld, die eigene Haltung zum Fortschritt in der Medizin und auch der Umgang mit dem Tod.

Welche Erfahrungen haben Sie selbst schon mit schwerwiegenden Krankheiten gemacht? Haben Sie Freunde oder Angehörige, die lebensbedrohlich erkrankt waren? Haben Sie schon einmal das Sterben und den Tod eines nahestehenden Menschen miterlebt? Welche guten und schlechten Erinnerungen haben Sie daran?

Gibt es in Ihrem persönlichen Umfeld Menschen, die geistig verwirrt, geistig oder körperlich behindert sind? Wo wären für Sie die Grenzen der Belastbarkeit sowohl für den Betroffenen als auch seine Angehörigen und Pflegepersonen? Gibt es in Ihrem Leben Grundsätze, die Ihnen besonders wichtig sind? Welche sind das?

Sind Sie religiös? Welche Folgen hat das für Ihr alltägliches Leben (zum Beispiel besonderes Essen, Verzicht auf Bluttransfusionen, Ablehnung von Organspenden, Verzicht auf lebenserhaltende Maßnahmen, kirchlicher Beistand beim Sterben)?

Was heißt für Sie »menschenwürdig leben«?
 Was heißt für Sie »menschenwürdig sterben«?

Damit Ihre Wünsche auch wirklich umgesetzt werden, sollten Sie Ihre vorsorgenden Verfügungen so aufsetzen, dass andere Menschen nachvollziehen können, was Sie möchten. Deshalb sollten Sie Ihre Anschauungen vom Leben und Sterben so konkret und anschaulich wie möglich beschreiben. Auf den folgenden Seiten finden Sie Fragen zu einzelnen Lebensbereichen. Sie sollen Ihnen helfen, sich mit den Themen Krankheit und Sterben auseinanderzusetzen. Welche weiteren Situationen wären in Ihrem Leben denkbar? Ergänzen Sie gegebenenfalls solche Aspekte auf den folgenden Seiten.

Vielleicht mögen Sie diese oder ähnliche Problemstellungen mit Familienmitgliedern und Freunden diskutieren. Sie sollten auch einen Arzt Ihres Vertrauens über medizinische Behandlungsmöglichkeiten und Krankheitsfolgen befragen. Diese Gespräche werden zum einen Ihnen selbst helfen, sich über Ihre Werte, Wünsche und Vorstellungen klar zu werden. Zum anderen ergibt sich so die Gelegenheit, späteren Betreuungspersonen Ihre Ansichten zu verdeutlichen sowie Wünsche und Wirklichkeit miteinander abzugleichen.

Für die Fragen nehmen Sie sich am besten die Zeit, sie schriftlich zu beantworten. Dann haben Sie bereits das Gerüst entwickelt, um eine Patientenverfügung, eine Vorsorgevollmacht oder eine Betreuungsverfügung zu verfassen. Wenn Sie Ihre Verfügungen nach einiger Zeit überprüfen, beantworten Sie die Fragen am besten noch einmal – ohne sich Ihre früheren Ausführungen vorher anzusehen. Die Antworten auf diese Fragen können in alle drei Formen der vorsorgenden Verfügung einfließen. Möchten Sie auch eine Vorsorge- und Betreuungsverfügung aufsetzen, dann sollten Sie sich auch mit den entsprechenden Abschnitten in diesem Buch (siehe Seite 24 ff.) beschäftigen.

Ihre persönlichen Vorstellungen

Medizinische Behandlung

⸱⸱⸱⟩ Möchten Sie auf jeden Fall von Ihrem Arzt und Ihren Angehörigen über die Diagnose einer lebensbedrohlichen Krankheit und die realistischerweise noch verbleibende Zeit aufgeklärt werden?

_____

_____

_____

⸱⸱⸱⟩ In welchen Fällen entbinden Sie Ärzte von ihrer Schweigepflicht?

_____

_____

_____

⸱⸱⸱⟩ Welche Personen sollen von den Ärzten über Ihren Gesundheitszustand informiert werden?

_____

_____

_____

⸱⸱⸱⟩ In welchen Situationen wünschen Sie auf jeden Fall den Einsatz aller vorhandenen Möglichkeiten der klassischen Medizin?

_____

_____

_____

⸱⸱⸱⟩ Welche Nebenwirkungen oder Spätfolgen einer Behandlung würden Sie akzeptieren, welche nicht?

_____

_____

_____

⋯⟩ Wann würden Sie einer Behandlung zustimmen, die unter Umständen
Ihren Tod zur Folge haben könnte?

_____

_____

_____

⋯⟩ Wann würden Sie einer Behandlung mit einem Medikament zustimmen,
das erst in der Testphase ist und noch nicht zugelassen wurde?

_____

_____

_____

⋯⟩ Bei welchen Leiden können Sie sich den Einsatz der sogenannten Alternativmedizin vorstellen? Wann könnte die Alternativmedizin für Sie auch
ein Ersatz für klassische Behandlungsmethoden sein?

_____

_____

_____

Pflegebedürftigkeit/Einzug ins Pflegeheim

⋯⟩ Wer soll Sie pflegen, falls Sie pflegebedürftig werden
(Angehörige, Freunde, Pflegedienst)?

_____

_____

_____

⋯⟩ Wo möchten Sie leben, falls klar ist, dass Sie für lange Zeit Pflege brauchen?

_____

_____

_____

_____

3 Vollmachten, Verfügungen

⋯⋗ Wann wäre für Sie der Zeitpunkt gekommen, in ein Heim umzuziehen? Gibt es ein bestimmtes Heim, in das Sie bevorzugt einziehen möchten? Was wäre Ihnen bei der Auswahl eines Heims besonders wichtig?

_____

_____

_____

⋯⋗ Was soll mit Ihrer Wohnung/Ihrem Haus geschehen, wenn Sie dort nicht mehr leben können? Was ist mit Ihren Möbeln und sonstigem Eigentum?

_____

_____

_____

_____

⋯⋗ Würden Sie dem Einsatz hochdosierter Schmerzmittel zustimmen, auch wenn das eventuell zu Bewusstseinstrübungen oder zu einem früheren Tod führt?

_____

_____

_____

_____

⋯⋗ Gibt es Situationen, in denen Sie sich vorstellen könnten, dass auf weitere Behandlungsmaßnahmen zur Verbesserung Ihres Gesundheitszustands verzichtet wird? Welche sind das konkret?

Beraten Sie sich hierzu mit einem Arzt.

_____

_____

_____

_____

···⟩ Welche Behandlung wünschen Sie, wenn Sie längere Zeit bewusstlos sind, unter starken Schmerzen leiden, sich im Endstadium einer unheilbaren, tödlichen Erkrankung befinden oder wenn Sie geistig so verwirrt sind, dass Sie nicht mehr wissen, wer Sie sind, wo Sie sich befinden, und Familie und Freunde nicht mehr erkennen?

\
\
\
\

···⟩ Wann soll die Behandlung in den genannten Fällen unterbleiben?

\
\
\
\

Lebensverlängernde Maßnahmen

···⟩ Gibt es Situationen, in denen Sie sich vorstellen könnten, dass auf weitere lebenserhaltende Maßnahmen wie künstliche Beatmung oder Ernährung mit einer Magensonde verzichtet wird? Welche Situationen sind das konkret?

\
\
\

···⟩ Können Sie sich vorstellen, dass man Ihr Sterben bewusst beschleunigt, indem man Ihnen Nahrung und Flüssigkeit entzieht? Welche Situationen sind das? Welche Nebenbedingungen müssten erfüllt sein (zum Beispiel Bekämpfung von Schmerz, Unterdrückung von Hunger- und Durstgefühl, Vermeidung von Angstzuständen)?

\
\

3 Vollmachten, Verfügungen

···⫶ Unter welchen Umständen wäre es für Sie akzeptabel, zum Beispiel durch Beruhigungsmittel, Bettgitter oder Gurte daran gehindert zu werden, sich selbst oder anderen Schaden zuzufügen?

_____

_____

_____

_____

Vorstellungen vom Sterben

···⫶ Welche Dinge würden Sie kurz vor Ihrem Tod gern geregelt wissen?

_____

_____

_____

_____

···⫶ Wo möchten Sie Ihre letzten Tage/Stunden gern verbringen?

_____

_____

···⫶ Wen möchten Sie in Ihren letzten Tagen/Stunden gern bei sich haben?

_____

_____

_____

_____

···⫶ Wünschen Sie kirchlichen Beistand beim Sterben?

_____

_____

Formulierungshilfen

Im Folgenden finden Sie Formulierungshilfen, die es Ihnen erleichtern sollen, Ihre eigene Verfügung so aufzuschreiben, dass alles für Sie Wichtige enthalten ist. Die Textbausteine sind nur als Formulierungshilfen gedacht und sollten an die eigenen Belange angepasst werden.

Selbstverständlich ist es ebenso sinnvoll, eine Patientenverfügung allein niederzuschreiben, wenn Sie – aus welchen Gründen auch immer – keiner Ihnen bekannten Person die Verantwortung für weitere Entscheidungen übertragen möchten oder niemand diese Aufgabe übernehmen mag. Allerdings können die Ärzte dann »nur« nach Ihrer Patientenverfügung handeln und müssen in Zweifelsfällen ohne die Vertretung durch eine von Ihnen bestimmten Vertrauensperson Ihren mutmaßlichen Willen ermitteln. Wir raten Ihnen daher, wenn möglich eine Vorsorgevollmacht mit der Befugnis zur Vertretung in medizinischen Angelegenheiten abzufassen.

Da nicht in allen Fällen eine solche Vollmacht die Einrichtung einer Betreuung überflüssig macht, ist es sinnvoll, immer auch eine Betreuungsverfügung aufzusetzen, also einen Wunschbetreuer zu benennen. So haben Sie für jeden Fall vorgesorgt und sichergestellt, dass immer eine Person Ihres Vertrauens über wesentliche Dinge nach Ihren Vorstellungen entscheiden kann.

Textbausteine für die Patientenverfügung

Vorbemerkung

Beschreiben Sie hier, welche Werte für Sie in Ihrem Leben wichtig sind. Fassen Sie dazu Ihre Antworten zu den Fragen »Ihre persönlichen Vorstellungen« (siehe Seite 72 ff.) zusammen.

> **!** Für alle vorgeschlagenen Textbausteine gilt: Sie sind nur als Formulierungshilfen gedacht und keinesfalls abschließend gemeint. Sie können alles, was Ihnen wichtig ist, zusätzlich festlegen oder auch Teile weglassen. Insbesondere können Sie auch positive Aussagen negativ umformulieren, wenn Sie genau dies gerade nicht wollen (zum Beispiel eine bestimmte Person auf keinen Fall zum Betreuer).

1. Einleitungssatz/Situationen, für die die Verfügung gelten soll

Für den Fall, dass ich ... (Vor- und Zuname), geboren am ... in ..., wohnhaft in ... (Anschrift) mich nicht selbst äußern kann, erkläre ich nachfolgend meine Wünsche zur Behandlung. Dies gilt für die nachfolgenden Situationen:

> Hinweis: Benennen Sie nur die Situationen, für die Sie Festlegungen treffen wollen. Wenn Sie für die einzelnen Situationen unterschiedliche Maßnahmen bestimmen wollen, teilen Sie Ihre Verfügung entsprechend auf.

Wenn ich mich am Ende des Lebens und unabwendbar im Sterbeprozess befinde ...

oder

wenn ich mich im Endstadium einer tödlich verlaufenden und unheilbaren Krankheit befinde, auch wenn der Sterbeprozess noch nicht unmittelbar begonnen hat, ...

> Hinweis: Für die beiden vorgenannten Situationen sollten Sie auf jeden Fall Regelungen hinsichtlich Ihrer medizinischen Behandlung in Ihre Patientenverfügung aufnehmen.

und/oder

wenn ich aufgrund einer Hirnschädigung voraussichtlich dauerhaft nicht mehr in der Lage sein werde, mit meiner Umwelt in Kontakt zu treten oder mit meinen Mitmenschen zu kommunizieren (Wachkoma), auch wenn es eine geringe Chance gibt, dass ich aus diesem Zustand aufwache, ...

> Hinweis: Nennen Sie die beiden vorgenannten Situationen nur, wenn Sie auch für den Fall des Wachkomas oder einer schweren Demenz Vorsorge treffen wollen.

und/oder

wenn ich infolge eines fortgeschrittenen Abbauprozesses im Gehirn (zum Beispiel Alzheimer-Krankheit) nicht mehr in der Lage bin, auf natürlichem Wege Nahrung und Flüssigkeit zu mir zu nehmen, obwohl ich von Pflegekräften umfangreich dabei unterstützt werde, ...

und/oder

wenn ich ...

> Hinweis: Nennen Sie weitere Situationen, in denen Sie Ihren Willen zur medizinischen Behandlung nicht mehr persönlich äußern können, für die Sie Behandlungsmaßnahmen festlegen wollen; nennen Sie besonders spezielle Krankheitssituationen, wenn absehbar ist, dass diese eintreten könnten.

2. Lebensverlängernde und -gefährdende Maßnahmen

In den oben beschriebenen Situationen möchte ich, dass jegliche lebensverlängernde Maßnahmen unterbleiben bzw. abgebrochen werden. Ich bitte jedoch um ausreichende Behandlung und Pflege, um mir Angst, Schmerzen, Atemnot, Hunger- und Durstgefühle und Übelkeit zu nehmen.

Ich möchte nicht, dass mein Leiden durch das Ausschöpfen aller intensivmedizinischen Möglichkeiten, auch die Gabe von Antibiotika bei Begleitinfektionen, verlängert wird.

oder

In den oben beschriebenen Situationen möchte ich, dass alles, was mit der modernen Medizin möglich ist, getan wird, um mein Leben zu erhalten bzw. zu verlängern. Ich möchte dies auch, wenn es belastend für mich ist, und auch dann, wenn eine dauerhafte Schädigung des Gehirns und deshalb der Verlust der Kommunikationsfähigkeit oder völlige Hilflosigkeit die Folge davon sein können. Meine Beschwerden wie Angst, Schmerzen, Atemnot, Hunger- und Durstgefühle und Übelkeit sollen so weit wie möglich gelindert werden.

3. Wiederbelebung

Falls mein Herz zum Stillstand gekommen ist, möchte ich in den zuvor genannten Situationen nicht mehr wiederbelebt werden.

oder

In den vorher beschriebenen Situationen wünsche ich Versuche einer Wiederbelebung.

4. Künstliche Ernährung und Flüssigkeitszufuhr

In den oben beschriebenen Situationen möchte ich, dass jegliche Zufuhr von Nahrung und Flüssigkeit über Sonden oder Infusionen unterbleibt. Ich weiß, dass ich dann nach einiger Zeit verhungern oder verdursten werde. Dies nehme ich in Kauf, wenn dadurch mein Leiden und das Sterben nicht unnötig verlängert werden. Ich wünsche aber eine begleitende Pflege, um mir Hunger- und Durstgefühle zu nehmen.

oder

In den vorgenannten Situationen wünsche ich die Gabe von Nahrung und Flüssigkeit auch über eine Sonde oder durch Infusionen. Dies soll so bald als nötig begonnen und bis zu meinem Tod weitergeführt werden.

5. Schmerzbehandlung

Ich möchte mit wirksamen Schmerzmitteln behandelt werden, um meine körperlichen Leiden so weit wie möglich zu bekämpfen. Dafür nehme ich Bewusstseinstrübungen und auch einen früheren Tod in Kauf.

oder

Ich wünsche eine Behandlung mit Schmerzmitteln. Aber hierdurch soll keine Minderung des Bewusstseins oder gar ein früherer Tod eintreten.

6. Künstliche Beatmung

In den zuvor genannten Situationen wünsche ich, dass keine künstliche Beatmung durchgeführt wird bzw. diese eingestellt wird. Ich wünsche mir jedoch eine Behandlung, um mir die Luftnot und Angst zu nehmen, auch mit bewusstseinstrübenden Medikamenten. Ich nehme dafür auch einen früheren Tod in Kauf.

3 Vollmachten, Verfügungen

oder

Ich wünsche eine künstliche Beatmung, wenn dies mein Leben erhalten bzw. verlängern kann.

7. Weitere medizinische Maßnahmen

Ich wünsche in den oben beschriebenen Situationen auch die Durchführung einer Organtransplantation, wenn dies hilft, mein Leben zu verlängern oder andere aufwendige Behandlungen, zum Beispiel eine Dialyse.

Ich stimme in den oben beschriebenen Situationen auch operativen Maßnahmen zu, wenn dadurch mein Leben verlängert werden kann. Ich möchte dies auch, wenn gesundheitliche Schäden, zum Beispiel der Brust, oder der Verlust eines Körperteils, zum Beispiel eines Beins, die Folge sein können.

Ich möchte mit den modernsten Mitteln der Medizin behandelt werden. Dazu gehört für mich auch der Einsatz von nicht zugelassenen Medikamenten, die sich noch in der Erprobungsphase befinden, sodass deren Nebenwirkungen und Wirkungsweisen noch nicht vollständig bekannt sind.

Neben den schulmedizinischen Behandlungsmethoden wünsche ich auch eine Behandlung mit alternativen Heilmethoden wie zum Beispiel Mistelinjektionen oder Akupunktur, sofern dies angebracht ist. Die alternativen Heilmethoden sollen die schulmedizinische Behandlung aber nicht ersetzen oder verzögern.

> Hinweis: Es kann auch die jeweils negative Formulierung verwendet werden.

8. Kommunikation und Information

Ich möchte, dass mein Hausarzt ... (Name, Anschrift, Telefon) hinzugezogen wird, wenn wesentliche Entscheidungen über meine weitere medizinische Behandlung anstehen. Wenn er im Notfall nicht erreichbar ist, dürfen die behandelnden Ärzte die aus ihrer Sicht erforderliche Behandlung unter Berücksichtigung meiner hier dargelegten Wünsche auch ohne seine ärztliche Einschätzung einleiten bzw. fortsetzen.

Wenn ich in der Lage bin, etwas zu verstehen, möchte ich, dass mich die behandelnden Ärzte verständlich und vollständig über meinen gesundheitlichen Zustand aufklären.

Ich entbinde die behandelnden Ärzte von ihrer Schweigepflicht gegenüber ... (Bevollmächtigten, Familienangehörigen, Lebenspartner/in, Kindern etc.).

9. Vorstellung vom Sterben

Meine letzten Tage/Stunden möchte ich, wenn irgend möglich, ... (zu Hause bei meiner Familie, in einem Hospiz etc.) verbringen. Ich möchte das auch, wenn dadurch möglicherweise mein Tod früher eintritt, weil dafür eine Behandlung abgebrochen werden muss.

Falls möglich, möchte ich mich persönlich von meinen Angehörigen und Freunden verabschieden. Deshalb bitte ich um Benachrichtigung von ... (Vor- und Zuname, Telefon), wenn absehbar ist, dass es mit meinem Leben zu Ende geht.

Da ich ein religiöser Mensch bin, möchte ich, dass ein Geistlicher der ... Religion/ Konfession mein Sterben begleitet.

Nach meinem Tod bin ich mit einer Obduktion einverstanden, wenn dadurch die Ursache meines Tods geklärt werden kann.

Wenn mein Hirntod festgestellt wurde, möchte ich meine Organe für eine Transplantation zur Verfügung stellen. Sind für die Transplantation

> Hinweis: Informationen zur Organspende finden Sie auf Seite 90.

medizinische Maßnahmen notwendig, die ich in dieser Verfügung ausgeschlossen habe, gehen meine Bereitschaft zur Organspende und die damit verbundenen Behandlungsmaßnahmen vor.

Ich möchte auf dem Friedhof ... begraben werden.

> **!** **Wichtig: Wenn Sie ausdrücklich nicht spenden wollen, sollten Sie vor allem auf Auslandsreisen einen Organspendeausweis bei sich tragen, da in einigen Ländern Europas eine ausdrückliche Verweigerung vorliegen muss, wenn keine Organe entnommen werden sollen. Der Organspendeausweis kann kostenlos über die Bundeszentrale für gesundheitliche Aufklärung bezogen werden: www.organspende-info.de**

10. Hinweis auf weitere Unterlagen

Ergänzend zu dieser Patientenverfügung habe ich eine Vorsorgevollmacht und/ oder eine Betreuungsverfügung erstellt.

Mein/e Bevollmächtigter/n ist/sind ... (Vor- und Zuname, Adresse, Telefon).

Mein/e Betreuer soll/en sein ... (Vor- und Zuname, Adresse, Telefon).

11. Schlussbemerkungen

Ich habe diese Patientenverfügung aus freiem Willen und ohne Druck von anderen erstellt.

Ich bin mir über die Inhalte dieser Patientenverfügung und deren Folgen bewusst.

3 Vollmachten, Verfügungen

12. Aufklärung/Beratung/Bestätigung der Einwilligungsfähigkeit

*Ich habe mich vor dem Schreiben dieser Patientenverfügung informiert bei ...
und beraten lassen durch ....*

*Ich habe mich vor der Erstellung dieser Patientenverfügung ärztlich beraten
lassen. Bezüglich der hier genannten Festlegungen verzichte ich auf eine weitere
ärztliche Beratung oder Aufklärung.*

Ort, Datum, Unterschrift des Verfassers

*Ich, ... (Name des Arztes), bestätige, dass ich mit Frau/Herrn ... (Vor- und Zuname)
am ... ein ausführliches Beratungsgespräch geführt habe. Dabei haben wir
die medizinischen Konsequenzen der Inhalte ihrer/seiner Patientenverfügung
besprochen.*

Ort, Datum, Unterschrift des Arztes

*Ich, ... (Vor- und Zuname, Arzt, Notar etc.), bestätige, dass Frau/Herr ... sich über
die Inhalte dieser Patientenverfügung und deren Konsequenzen bewusst und in
vollem Umfang einwilligungsfähig ist.*

Ort, Datum, Unterschrift

13. Aktualität

Diese Verfügung soll auch weiterhin gelten.

Datum, Unterschrift des Verfassers

*Diese Verfügung soll auch weiterhin gelten, allerdings mit folgenden Aus-
nahmen: ...*

Datum, Unterschrift des Verfassers

> Hinweis: Erneuern Sie die Patientenverfügung in regelmäßigen Abständen
> bzw. wenn gesundheitliche Veränderungen eingetreten sind oder größere
> medizinische Eingriffe bevorstehen.

Beratung

Beim Aufsetzen von gültigen Verfügungen und Vollmachten sind viele Details zu beachten. Wem die Lektüre dieses Buchs (und gegebenenfalls anderer Literatur) nicht ausreicht, kann sich auch in persönlichen Gesprächen beraten lassen. Abgesehen von dem von uns empfohlenen ausführlichen Gespräch mit einem Arzt Ihres Vertrauens bieten verschiedene Institutionen Beratung zu Patientenverfügungen, Vorsorgevollmachten und Betreuungsverfügungen an.

Betreuungsbehörden

Betreuungsbehörden (oder Betreuungsstellen) sind staatliche Einrichtungen, die einerseits die Betreuungsgerichte bei ihrer Arbeit unterstützen. Andererseits haben sie den gesetzlichen Auftrag, Betreuer zu gewinnen, diese bei ihren Aufgaben zu beraten und weiterzubilden. Auch wer kein Betreuer ist, erhält hier umfangreiche Informationen zum Thema Betreuungsverfügungen und Vollmachten.

Zu finden sind die Betreuungsbehörden in der Regel bei den Gesundheits- oder Sozialämtern der Kommunen. Die Beratung ist kostenlos.

> Betreuungsbehörden können Unterschriften auf Vorsorgevollmachten und Betreuungsverfügungen beglaubigen. Die Gebühren dafür betragen üblicherweise 10 Euro.

Betreuungsgerichte

Die Betreuungsgerichte sind eine gesonderte Abteilung der Amtsgerichte. Die dortigen Richter entscheiden zum Beispiel über die Einrichtung einer Betreuung. Zur Beratung sind die Betreuungsgerichte nur bei bereits bestehenden Betreuungen verpflichtet. Dennoch bieten die Rechtspfleger des Betreuungsgerichts oft auch über den verpflichtenden Rahmen hinaus kostenlose Hilfe und Beratung an oder verweisen an die zuständigen Stellen.

Betreuungsvereine

Betreuungsvereine sind als ehrenamtliche Vereine tätig, oft unter dem Dach großer Wohlfahrtsverbände. In erster Linie sollen sie ehrenamtliche Betreuer werben und sie bei ihrer Arbeit unterstützen. Daneben beraten sie rund um das Thema Betreuungsverfügung. Da gerade in letzter Zeit die Formulierung von Patientenverfügungen immer größeres Interesse erfährt, können viele Betreuungsvereine auch zu diesem Thema ausführlich beraten und Informationsmaterial zur Verfügung stellen. Die Arbeit der Betreuungsvereine wird staatlich gefördert. Die Beratung ist in der Regel kostenfrei. Adressen der Betreuungsvereine finden Sie im Telefonbuch.

Notare

Notare können zu Vollmachten und Verfügungen beraten. Da es bei Notaren keine Spezialisierung auf bestimmte Themengebiete gibt, ist es empfehlenswert, sich vor der Kontaktaufnahme nach Tätigkeitsschwerpunkten zu erkundigen oder auf Empfehlungen aus dem Bekanntenkreis zurückzugreifen. Sie können Ihre Vollmacht bzw. Verfügung notariell beglaubigen oder beurkunden lassen. Eine Beurkundung (die eine Beratung beinhaltet) ist vor allem dann erforderlich, wenn Regelungen zu Grundstücken oder Firmeneigentum zu treffen sind. Für die Leistungen des Notars fallen gesetzlich geregelte Gebühren an, die sich nach der Höhe des sogenannten Geschäftswerts richten, also dem Wert von dem, was beurkundet oder beglaubigt werden soll. Fragen Sie sicherheitshalber vorab nach den Kosten.

Verbände und Vereine

Die Selbstbestimmung bei der medizinischen Versorgung in den Fällen, in denen sich die Betroffenen selbst nicht äußern können, ist ein wichtiges Thema für viele Verbände und (Selbsthilfe-)Vereine. Wer im Internet recherchiert, findet eine Vielzahl von Angeboten mit Informationen und Musterformularen. Es sind vor allem Organisationen, die sich mit schweren Krankheiten, zum Beispiel Krebs oder Schlaganfall, befassen oder die direkt zum Umgang mit Sterben und dem Tod arbeiten. Eine persönliche individuelle Beratung bieten jedoch nur wenige an. Einige Hospizvereine oder auch Hospizeinrichtungen haben persönliche Beratungsangebote eingerichtet. Oder es gibt telefonische Auskünfte wie zum Beispiel beim Zentralarchiv des Deutschen Roten Kreuzes oder der Deutschen Hospiz Stiftung.

Die Sorgerechtsverfügung für Kinder

Wer minderjährige Kinder hat, macht sich sicher irgendwann Gedanken, wer sich um sie kümmert, wenn einem selbst ein Unglück geschieht. Für diesen Fall gibt es gesetzliche Regelungen, die dafür sorgen, dass Kinder nicht ohne einen Sorgeberechtigten bleiben. Sie können jedoch durch eine spezielle Verfügung Einfluss darauf nehmen. Wie solche Verfügungen im Todesfall aussehen müssen, ist im Bürgerlichen Gesetzbuch (BGB) vorgeschrieben. Allerdings gibt es keine Festlegungen für den Fall, dass Eltern nicht in der Lage sind, ihre elterliche Sorge auszuüben, etwa weil sie im Koma liegen. Für solche Fälle lässt sich eine Sorgerechtsverfügung zusätzlich auch in einer Vorsorgevollmacht aufnehmen. Diese ersetzt aber nicht die Sorgerechtsverfügung im Todesfall.

Rechtliche Grundlagen

Es ist gesetzlich genau vorgeschrieben, wer die elterliche Sorge (umgangssprachlich: Sorgerecht) übernimmt, wenn ein Elternteil stirbt. Eindeutig ist dies für eheliche Kinder eines verheirateten Paares. Stirbt ein Ehepartner, fällt das Sorgerecht dem verbleibenden Ehepartner zu. Sterben beide, muss das Familiengericht einen Vormund bestimmen. Hierauf haben die Eltern durch eine Sorgerechtsverfügung Einfluss. Gleiche Regelungen gelten, wenn die Eltern getrennt leben, aber ein gemeinsames Sorgerecht besteht.

> **Nehmen Sie die Sorgerechtsverfügung für Ihre minderjährigen Kinder unbedingt in Ihr Testament auf. Das gilt insbesondere für Alleinerziehende.**

Komplizierter wird es, wenn die Eltern getrennt leben und nur ein Elternteil, häufig die Mutter, das Sorgerecht hat. Verstirbt diese, muss das Amtsgericht prüfen, ob »es dem Wohl des Kinds dient«, wenn der überlebende Elternteil das Sorgerecht erhält. Hierzu muss das Gericht sich ein Bild von der familiären Situation machen und sowohl Angehörige als auch nach Möglichkeit das Kind befragen. Eine Sorgerechtsverfügung des verstorbenen Elternteils hat in diesem Fall ein großes Gewicht. Kommt das Gericht zu dem Entschluss, dass der verbleibende Elternteil das Sorgerecht nicht ausüben soll, wird ein Vormund bestellt.

> **Eltern nicht ehelicher Kinder können mit einer Sorgeerklärung beim Notar oder Jugendamt das gemeinsame Sorgerecht für ihre Kinder erklären.**

Die Vormundschaft gilt nur für Minderjährige. Sobald jemand volljährig wird, ist er selbst für sein Handeln verantwortlich. Gibt es Anhaltspunkte dafür, dass ein Volljähriger nicht selbst für sich handeln kann, wird ein Betreuungsverfahren eingeleitet (siehe Seite 53).

Alternativ zum Vormund kann auch eine sogenannte Pflegschaft eingerichtet werden. Anders als ein Vormund, der für alle Lebensbereiche entscheiden kann, gilt eine Pflegschaft nur für bestimmte Lebensbereiche, beispielsweise die Vermögenssorge oder Gesundheitssorge.

Sorgerechtsverfügung als Letzter Wille

Im Bürgerlichen Gesetzbuch ist geregelt, dass eine Sorgerechtsverfügung im Rahmen einer letztwilligen Verfügung, das heißt in der Regel einem Testament, erstellt werden kann. Das heißt, die Sorgerechtsverfügung muss entweder handschriftlich erstellt und unterschrieben werden oder sie muss notariell beurkundet sein.

> Überlegen Sie gemeinsam mit dem anderen Elternteil und Ihrem Kind, wer das Sorgerecht übernehmen soll. Prüfen Sie von Zeit zu Zeit, ob die von Ihnen als Vormund gewünschte Person weiterhin Ihr Vertrauen hat. Lebenssituationen können sich verändern, sodass alte Überlegungen eventuell revidiert werden müssen.

An eine Sorgerechtsverfügung im Todesfall muss sich das Amtsgericht halten, wenn es keinen zweiten Elternteil gibt und keine schwerwiegenden Gründe dagegen sprechen. Versterben beide Eltern nacheinander und haben sie verschiedene Personen in ihrer Sorgerechtsverfügung benannt, gilt die Sorgerechtsverfügung des zuletzt verstorbenen Elternteils.

Haben Kinder bereits das 14. Lebensjahr vollendet, können sie der Wahl eines Vormunds widersprechen. Insofern sollten ältere Kinder von der Sorgerechtsverfügung wissen und die Gelegenheit haben, über den Vormund mitzuentscheiden. Sonst kann es sein, dass die Sorgerechtsverfügung in der Praxis nutzlos ist.

Sorgerechtsverfügung in der Vorsorgevollmacht

Bisher gibt es keine gesetzliche Regelung dafür, dass Eltern bereits für die Zeit vor ihrem Tod, wenn sie selbst das Sorgerecht nicht mehr ausüben können, eine Sorgerechtsverfügung aufsetzen. Dennoch kann dies sinnvoll sein, etwa für Zeiten langer Krankheit. Eine solche Erklärung für Lebzeiten sollte sich an den Regeln für eine Sorgerechtserklärung im Todesfall orientieren. Wer seine Vorsorgevollmacht ohnehin vom Notar beurkunden lässt, kann die Sorgerechtserklärung mitbeurkunden lassen. Ansonsten erstellen Sie die Sorgerechtsverfügung handschriftlich auf einem gesonderten Blatt, das Sie mit Datumsangabe unterschreiben.

> **!** Wichtig: Die Sorgerechtsverfügung in der Vorsorgevollmacht gilt nur zu Lebzeiten. Für den Todesfall müssen Sie dies gesondert im Letzten Willen regeln.

Für das Gericht gibt es keine Verpflichtung, sich an eine Sorgerechtsverfügung für Lebzeiten zu halten. Allerdings muss es sehr genau prüfen, was dem Wohl des Kinds entspricht. Eine gut begründete Sorgerechtsverfügung bietet hier wichtige Anhaltspunkte.

Inhalte der Sorgerechtsverfügung

In der Sorgerechtsverfügung können Eltern festlegen, wer für die Kinder als Vormund bestimmt werden soll, wenn sie selbst ihr Sorgerecht nicht ausüben können.

Wichtig ist, nicht nur einfach die Namen der gewünschten Personen zu nennen. Insbesondere wenn die Sorgerechtsverfügung schon zu Lebzeiten gelten soll, aber auch für den Todesfall, sollte sie Gründe enthalten, warum eine bestimmte Person als Vormund gewählt wurde. Das Gericht muss entscheiden, ob die gewünschte Person als Vormund geeignet ist. Ausschlaggebend ist neben dem Willen der Eltern vor allem die persönliche Bindung zum Kind. Regelmäßige Kontakte und gemeinsame Unternehmungen sind daher wichtige Gründe für die Auswahl, ebenso wie ein gutes Verhältnis zwischen dem Kind und der gewünschten Person. Weitere Pluspunkte sind gute persönliche und wirtschaftliche Verhältnisse, die eine positive Entwicklung des Kinds unterstützen können.

> **Für die Auswahl des Vormunds steht das Wohl des Kinds an erster Stelle. Sorgerechtsverfügungen sollten daher Gründe enthalten, warum eine Person als Vormund für das Kind besonders geeignet ist.**

Muster

Für den Fall, dass ich, ... (Name, Adresse, Geburtsdatum), meine elterliche Sorge nicht wahrnehmen kann, bestimme ich für mein/e Kind/er, ... (Name, Geburtsdatum, ggf. Adresse) die folgende Person als Vormund: ... (Name, Adresse, Telefon)

Dies entspricht vor allem dem Wohl meines/r Kinds/er, weil ... (Gründe)

In einer Sorgerechtsverfügung sollte nach Möglichkeit nicht nur der Wunschvormund benannt sein, sondern auch noch eine oder mehrere Ersatzpersonen, falls die erstgenannte Person ausfällt oder sich ein über 14-jähriges Kind dagegen entscheidet. Auch hierfür sollten Gründe genannt sein.

Muster

Für den Fall, dass die erstgenannte Person nicht als Vormund eintreten kann, bestimme ich die folgenden Personen in absteigender Reihenfolge als Vormund:

1. Name, Adresse, Telefon:

_____

_____

Gründe:

_____

_____

2. Name, Adresse, Telefon:

_____

_____

Gründe:

_____

_____

Gibt es Personen, die auf keinen Fall die Vormundschaft übernehmen sollen, lassen sich diese über die Sorgerechtsverfügung ausschließen. Dies sollte ebenfalls mit einer Begründung untermauert werden.

Pflegschaft zur Vermögensverwaltung des Nachlasses

Für den Fall, dass minderjährige Kinder ein größeres Vermögen erben, kann im Testament ein Testamentsvollstrecker bestimmt werden. Weitere Informationen enthält der Abschnitt »Besondere Testamentsformen und Klauseln« (Seite 127 ff.).

Hinterlegung

Die Sorgerechtsverfügung muss dem Familiengericht im Original vorliegen. Ist sie Teil des Letzten Willens, wird sie entsprechend aufbewahrt und an das Gericht weitergeleitet. Wer ganz sichergehen will, kann die Sorgerechtsverfügung gegen eine geringe Gebühr bei vielen Gerichten direkt hinterlegen. Hinterbleiben

Sofern Sie das Original nicht bei Ihren Unterlagen verwahren, heben Sie dort wenigstens eine Kopie mit dem Hinweis auf den Hinterlegungsort des Originals auf. Auch der Wunschvormund sollte entweder das Original oder eine Kopie mit Angaben zum Hinterlegungsort erhalten.

nach einem Todesfall minderjährige Kinder ohne Sorgeberechtigte, ist das Gericht verpflichtet, nach einer Sorgerechtsverfügung zu recherchieren.

Für die Hinterlegung einer Sorgerechtsverfügung zu Lebzeiten gelten die gleichen Möglichkeiten wie für die Hinterlegung von Vorsorgevollmachten (siehe Seite 42). Das Spektrum reicht von der Aufbewahrung zu Hause an einer gut zugänglichen Stelle über die Aufbewahrung bei privaten Vertrauenspersonen oder beim Notar bis zur Hinterlegung in öffentlichen Registern. Wichtig ist vor allem, dass die Sorgerechtsverfügung im Fall der Fälle tatsächlich ans Gericht gelangt. Ob ein privates Arrangement ausreicht oder ob kostenpflichtige Angebote sinnvoll sind, hängt vor allem vom sozialen Netzwerk des Verfügenden ab.

Der Vormund

Der Vormund wird vom Familiengericht bestellt. Abgesehen von wenigen Ausnahmefällen wird es nur einen Vormund bestellen, der allein sowohl die Personen- als auch Vermögenssorge übernimmt. Um seinen Aufgaben gerecht zu werden, muss der Vormund geeignet sein. Das heißt, er muss selbst wenigstens volljährig und geschäftsfähig sein.

Wenn eine Sorgerechtsverfügung vorliegt, muss das Gericht sich daran halten. Gibt es keine solche Verfügung, muss das Gericht den mutmaßlichen Willen der Eltern ermitteln. Dazu sollen nahe Angehörige und das Kind befragt werden. Ausschlaggebend für die Entscheidung sind die persönlichen Bindungen des Kinds zum möglichen Vormund sowie dessen wirtschaftliche und persönliche Verhältnisse.

Das Gericht wird zunächst versuchen, eine private, ehrenamtlich tätige Person als Vormund zu finden. Gibt es diese im Umfeld des Kinds nicht bzw. lehnt diese die Übernahme aus guten Gründen ab, muss das Gericht nach Alternativen suchen. Ähnlich wie bei der gesetzlichen Betreuung können auch bei der Vormundschaft berufsmäßige Vormünder oder anerkannte Vereine die Vormundschaft übernehmen. In Einzelfällen wird die Vormundschaft auch durch das Jugendamt übernommen.

Vormünder haben vergleichbare Rechte und Pflichten wie gesetzliche Betreuer (siehe Seite 54 ff.). Sie haben Anspruch auf die gleiche Vergütung ihrer Tätigkeit. Dafür müssen sie dem Gericht regelmäßig Bericht erstatten. Genauso wie Betreuer müssen Vormünder für zahlreiche Entscheidungen die Genehmigung des Gerichts einholen.

Organspende

Mit dem eigenen Tod anderen Menschen das Leben oder die Linderung schlimmer Krankheiten schenken – das ist eine Idee, die viele Menschen über eine Organspende nachdenken lässt. Mittlerweile sind es nicht mehr nur Nieren, Herz, Leber und Lunge, sondern auch Bauchspeicheldrüse, Darm, Teile der Haut oder die Hornhaut der Augen, Gehörknöchelchen bis hin zu Sehnen und Knochengewebe, die von einem Menschen zum anderen übertragen werden können.

Viele Deutsche könnten sich eine Organspende nach ihrem Tode vorstellen. Tatsächlich kommt es bei uns aber viel seltener als in anderen europäischen Ländern zu einer Spende. Das liegt unter anderem an unterschiedlichen gesetzlichen Voraussetzungen. So können etwa in Österreich oder Spanien jedem Verstorbenen Organe entnommen werden, es sei denn, es liegt eine ausdrückliche Verbotserklärung vor. In Deutschland kann es nur dann zu einer Organentnahme nach dem Tod kommen, wenn der Verstorbene dem zu Lebzeiten ausdrücklich zugestimmt hat oder die Angehörigen damit einverstanden sind.

Wer sich also dazu entschließt, Organe zu spenden, muss dies ausdrücklich kundtun. Die am weitesten verbreitete Lösung dafür ist ein sogenannter Organspendeausweis. Es handelt sich dabei um eine schriftliche Erklärung, ob und in welchem Umfang Organe entnommen werden dürfen. Man kann dabei festlegen, dass nur bestimmte Organe transplantiert werden dürfen. Auch wenn sich die Bezeichnung »Ausweis« sehr offiziell anhört, ist eine besondere Form für diese Erklärung nicht vorgeschrieben. Die Bundeszentrale für gesundheitliche Aufklärung (BzgA) bietet nicht nur einen Ausweis an, sondern auch ein kostenloses Beratungstelefon für alle Fragen rund um die Organspende an (0800/90 40 400).

> **Den Organspendeausweis der Bundeszentrale für gesundheitliche Aufklärung finden Sie in der hinteren Umschlagklappe dieses Buchs. Sie können ihn bequem heraustrennen.**

Jeder Mensch kann seine Bereitschaft zur Organspende erklären. Eine ärztliche Untersuchung ist dazu ebenso wenig erforderlich wie körperliche Gesundheit.

Basis für die Regelungen in Deutschland ist das Transplantationsgesetz. Dort ist auch geregelt, wann die Organe entnommen werden dürfen, wie also der Tod des Spenders festzustellen ist.

Seit dem 1. November 2012 gilt ein neues Organspendegesetz. Als wichtigste Neuerung beinhaltet es die Pflicht für Krankenkassen und private Versicherungsunternehmen regelmäßig ihre Versicherten anzuschreiben um eine Entscheidung zum Thema »Organspende« zu bitten und ihnen Informationsmaterial zuzusenden. Niemand muss dieser Bitte nachkommen, eine Entscheidung bleibt freiwillig. Es gibt auch keine Rückmeldepflicht oder Listen mit Organspendern. Auf der neuen elektronischen Gesundheitskarte wird die Entscheidung derzeit ebenso wenig registriert. Alle alten Spenderausweise bleiben weiterhin gültig.

Alle Festlegungen sind jederzeit abzuändern: einfach die Bescheinigung oder den »Organspendeausweis« vernichten und einen neuen aufsetzen.

Übrigens: Auch wer nicht Organspender werden möchte, sollte darüber nachdenken, eine entsprechende Erklärung mit sich zu führen. Sie ist zum einen das klare Signal an die Ärzte, dass eine Zustimmung durch Angehörige nicht in Betracht kommt, zum anderen ist wegen der anderen Voraussetzungen in manchen Ländern ohne eine solche Erklärung die Organentnahme die Regel. Und dies gilt auch für Verstorbene, die eigentlich aus Deutschland kommen.

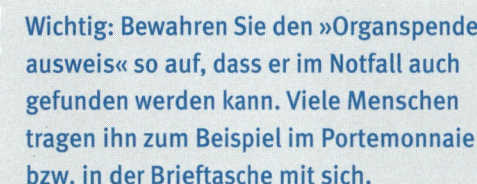 Wichtig: Bewahren Sie den »Organspendeausweis« so auf, dass er im Notfall auch gefunden werden kann. Viele Menschen tragen ihn zum Beispiel im Portemonnaie bzw. in der Brieftasche mit sich.

Regelungen für die Bestattung

Sterben ist ein Thema, das viele von uns am liebsten meiden. Die Beschäftigung mit dem eigenen Tod wird häufig verdrängt. Nur wenige Menschen legen genau fest, was nach ihrem Ableben geschehen soll. Allenfalls wird in Gesprächen beiläufig erwähnt, dass eine Erd- oder Urnenbestattung gewünscht wird. Richtige Vorsorge für den Ernstfall, der manchmal schneller eintritt, als man sich das selbst wünscht, trifft kaum jemand.

Zu einer solchen Vorsorge gehört nicht nur die Festlegung der Bestattungsart, sondern auch Hilfe für Angehörige, die die Beerdigung organisieren müssen. Wer nach einem plötzlichen Todesfall schon einmal miterlebt hat, was alles schnell geregelt werden muss, weiß, dass nahe Angehörige oft damit überfordert sind, wichtige Unterlagen zu finden und an Termine zu denken, die unbedingt einzuhalten sind. Insbesondere Personen, die nicht im selben Haushalt wie der Verstorbene leben, suchen oft lange nach Dokumenten, die für die Vorbereitung der Bestattung oder auch für die Regelung von Geldangelegenheiten dringend benötigt werden. Wer soll über den Tod benachrichtigt werden? Wo sind das Familienstammbuch, der Rentenbescheid, die Lebensversicherungspolice? Gibt es einen Bestattungsvertrag? Das sind nur ein paar Fragen, die auf eine schnelle Antwort warten, die Sie selbst nicht mehr geben können.

Helfen Sie deshalb Ihrem (Ehe-)Partner, Ihren Kindern oder auch anderen, diese Situation zu meistern. Wir helfen Ihnen mit der Liste ab Seite 92, an die wichtigsten Dinge zu denken.

Wichtig! Bitte denken Sie daran, dass die Liste schnell gefunden werden muss, damit sie wirklich von Nutzen ist. Sie sollten daher Familienmitglieder oder Freunde rechtzeitig informieren, dass es eine solche Liste gibt, und ihnen zeigen, wo sie aufbewahrt wird.

Da sich die in der Aufstellung gemachten Angaben im Lauf der Zeit ändern können, empfehlen wir Ihnen, die Seiten einmal im Jahr zu überprüfen und eventuell zu korrigieren. Über den Download in unserem Portal können Sie sich die Liste jederzeit neu ausdrucken.

Einige Punkte dieser Checkliste (zum Beispiel zu bestehenden Lebensversicherungen) finden Sie in zum Teil ausführlicherer Form auch in anderen Kapiteln dieses Buchs. Da im Todesfall viele Informationen schnell benötigt werden, empfehlen wir Ihnen, diese Basisangaben auch hier zu machen.

3 Vollmachten, Verfügungen

Checkliste von (eigener Vorname, Name):

_____

Für die Beantragung der Sterbeurkunde müssen außer dem
Totenschein je nach Familienstand
folgende Bescheinigungen beim
Standesamt vorgelegt werden:

Mein **Personalausweis** befindet sich in aller Regel:

⋯⟩ **Ledige**
   Geburtsurkunde und Personalausweis des/der Verstorbenen

_____

_____

⋯⟩ **Verheiratete**
   Heiratsurkunde (Familienstammbuch) und Personalausweis des/der Verstorbenen

_____

Das **Familienstammbuch** (Heiratsurkunde) liegt:

⋯⟩ **Eingetragene Lebenspartner**
   Partnerschaftsurkunde,
   Personalausweis
   des/der Verstorbenen

_____

_____

⋯⟩ **Geschiedene**
   Heiratsurkunde (Familienstammbuch), Personalausweis
   des/der Verstorbenen und
   Scheidungsurteil

Das **Scheidungsurteil** ist zu finden:

_____

⋯⟩ **Verwitwete**
   Heiratsurkunde (Familienstammbuch), Personalausweis
   des/der Verstorbenen und
   Sterbeurkunde oder Todes-
   erklärung für den schon
   verstorbenen Ehegatten

_____

_____

_____

_____

Bestattungsverfügung

Ich wünsche eine

Mit einer solchen Verfügung legen
Sie fest, wie Sie bestattet werden
möchten. Angehörige sind an
Ihre Verfügung gebunden, sofern
nicht Gesetze oder Verordnungen
Ihrem Wunsch widersprechen.
Eine testamentarische Verfügung
ist nicht notwendig.

☐ Erdbestattung (Sarg)

☐ Feuerbestattung (Urne)

☐ »halbanonyme« Bestattung
   (Bestattung in Gemeinschaftsgräbern mit
   Gestaltungselementen wie Stelen mit Namen usw.)

☐ anonyme Bestattung

☐ Seebestattung (bitte handschriftlich Begründung eintragen)

Für eine **Seebestattung** ist es in einigen Bundesländern notwendig, dass die Ordnungsbehörde eine Ausnahmegenehmigung erteilt. Bestatter stellen den Antrag mit der Angabe von stichhaltigen Gründen. Das Antragsverfahren wird vereinfacht, wenn Sie Ihren Wunsch schon zu Lebzeiten handschriftlich unter Angabe von Ort, Datum, Unterschrift und einer Begründung festgehalten haben.

_____

_____

_____

_____

_____

_____

_____

Ort/Datum   Unterschrift

_____

Ich möchte bestattet werden in einem

Reihengräber werden »der Reihe nach« vergeben, die Nutzungszeit kann in aller Regel nicht verlängert werden. Bei den teureren **Wahlgräbern** kann ein freies Grab ausgewählt werden.

☐ Reihengrab
(nicht bei anonymer/halbanonymer Bestattung)

☐ Wahlgrab
(nicht bei anonymer/halbanonymer Bestattung)

☐ anderen Grab
(zum Beispiel Urnennische, Baumgrab)

3 Vollmachten, Verfügungen

_____

_____

_____

_____

_____

_____

_____

Es besteht ein Grabnutzungsvertrag mit der

Falls für Sie ein Grab genutzt werden soll, in dem bereits ein Angehöriger beerdigt wurde, gibt es einen Nutzungsvertrag mit dem Friedhofsträger. Dort finden Sie Angaben darüber, wann die Nutzung ausläuft. Falls Sie die Urkunde nicht mehr finden sollten, fragen Sie bei der Friedhofsverwaltung nach. Klären Sie, ob Sie in diesem Grab beerdigt werden dürfen. Bitte tragen Sie unbedingt die Grabnummer ein.

☐ Stadt/Gemeinde:

_____

☐ Kirchengemeinde:

_____

Grabnr.: _____

auf dem Friedhof: _____

_____

Die Urkunde/Bestätigung dieses Vertrags befindet sich

_____

_____

Falls möglich, möchte ich in diesem Grab beerdigt werden.

Es besteht ein Bestattungsvertrag mit dem Bestattungsunternehmer:

Schon zu Lebzeiten einen Bestattungsvertrag abzuschließen ist nicht notwendig. Falls ein solcher Vertrag existiert, sollten Sie hier genaue Angaben machen, damit nicht ein anderer Bestattungsunternehmer beauftragt wird.

Name: _____

Telefon: _____

Anschrift: _____

_____

Der Vertrag befindet sich:

_____

_____

Auf den Vertrag sind Zahlungen in Höhe von

_____ Euro geleistet worden.

☐   Ich möchte beerdigt werden in einem:

☐ Kiefernsarg   ☐ Eichensarg

☐ Ökosarg   ☐ Sonstiges

Anmerkungen:

_____

_____

_____

Ich möchte – falls zulässig – in folgender Kleidung beerdigt werden:

**Bitte beachten Sie:
Alle Materialien müssen
vergänglich sein.**

_____

_____

_____

_____

_____

Es soll

☐ eine kirchliche

☐ eine nicht kirchliche

☐ keine Trauerfeier stattfinden.

Für die Gestaltung der Trauerfeier habe ich folgende Wünsche (zum Beispiel
Lieder, Musikstücke, Texte, Personen, die eine Rede halten sollen):

_____

_____

_____

_____

_____

_____

_____

_____

_____

Folgende Personen sollen von meinem Tod benachrichtigt werden:

Name	Straße	PLZ	Ort	Telefon

Falls der Platz nicht reicht:

Eine vollständige Liste mit Anschriften befindet sich:

_____

_____

_____

Anzeige in der Zeitung

Es soll

☐ eine   ☐ keine

Anzeige in folgender/n Zeitung/en erscheinen:

_____

_____

_____

Um eine fehlerhafte Namen-schreibung oder den Abdruck eines falschen Bestattungs-termins zu vermeiden, sollte der Anzeigentext schriftlich an die Zeitung gegeben werden.

Spenden

Statt Blumen- oder Kranzspenden bitte ich um eine Spende an folgende gemeinnützige Institution:

_____

_____

_____

Damit die empfangende Orga-nisation die Spende zuordnen kann, ist nicht nur ein Stichwort erforderlich, beispielsweise »Beerdigung Karl Müller, Alt-stadt«, sondern auch vorab die Benachrichtigung des künftigen Spendenempfängers!

Konto:

_____

bei/Bankleitzahl:

_____

Mein **Testament** ist hinterlegt bei/im:

_____

_____

_____

Hinweise zur Abfassung des Testaments finden Sie im Kapitel »Nachlassvorsorge«, ab Seite 101.

Der Nachlass ist durch einen **Erbvertrag** geregelt. Der Vertrag wurde bei Notar

_____

geschlossen und ist hinterlegt bei:

_____

_____

Nähere Informationen zum Erb-vertrag finden Sie auf Seite 120.

3 Vollmachten, Verfügungen

_____

_____

Es besteht eine **Lebensversicherung** in Höhe
von Euro

_____

bei:

_____

_____

_____

Informationen zu bestehenden Versicherungsverträgen finden Sie auch im Kapitel »Versicherungen« ab Seite 206. Wir empfehlen Ihnen, zumindest die wichtigen Informationen zu einer eventuell bestehenden Lebens- oder Unfallversicherung auch hier einzutragen, da die Versicherungsunternehmen eine schnelle Benachrichtigung im Todesfall erwarten.

Laut Versicherungsbedingungen ist die Versicherungsgesellschaft innerhalb
eines Zeitraums von 48 Stunden von meinem Tod zu unterrichten!

Als Begünstigte/r ist benannt:

_____

Die Versicherungspolice hat die Nummer

_____

Bitte prüfen Sie von Zeit zu Zeit, ob der oder die Begünstigte weiterhin das Geld aus der Police erhalten soll. Gerade nach einer Scheidung kann es wichtig sein, dies zu ändern!

und befindet sich bei/im:

_____

_____

_____

Es besteht eine **Unfallversicherung** in Höhe von Euro

_____

bei:

_____

_____

_____

Laut Versicherungsbedingungen ist die Versicherungsgesellschaft innerhalb
eines Zeitraums von 48 Stunden von meinem Tod zu unterrichten.

Die Versicherungspolice hat die Nummer

_____

und befindet sich bei/im:

_____

_____

_____

Sollte mein Tod durch einen Unfall in einem Fahrzeug oder Flugzeug eingetreten sein und die Fahrkarte, der Flugschein oder die Tankrechnung wurden mit einer meiner Kreditkarten bezahlt, besteht – gegebenenfalls – eine Unfallversicherung durch die Kreditkartengesellschaft. Die Vertragsunterlagen befinden sich bei/im:

_____

_____

_____

Meine **Krankenversicherung** hat die Versicherungsnummer:

_____

bei:

_____

_____

_____

Meine Versicherungsnummer bei der

☐ Deutschen Rentenversicherung Bund
   (früher: Bundesversicherungsanstalt für Angestellte, BfA)

☐ Deutschen Rentenversicherung Land (zum Beispiel Nord, Hessen, Schwaben …;
   früher: Landesversicherungsanstalt)

   hier Region eintragen: _____

☐ Deutschen Rentenversicherung Knappschaft-Bahn-See

   lautet:

_____

Informationen zu **Girokonten, Spar- und Darlehensverträgen, Aktien, Leasing-verträgen** usw. finden sich ab Seite 156 in diesem Buch.

Mein **Vermieter**

_____

_____

_____

ist unter folgender Telefonnummer zu erreichen:

_____

Notizen

_____

_____   Raum für weitere persönliche Notizen und Hinweise zum Beispiel zu Grabpflege, Grabstein etc.

_____

_____

_____

_____

_____

_____

_____

_____

_____

_____

_____

_____

_____

NACHLASSVORSORGE 4

4 Nachlassvorsorge

Die Grundlagen des Erbrechts

Wenn ein Erblasser selbst keine Regelungen getroffen hat, gilt automatisch das gesetzliche Erbrecht. Dieses hat jedoch seine Tücken und kann nicht nur Streit unter den Erben, sondern auch mit dem Finanzamt auslösen. Es ist also ratsam, rechtzeitig zu planen, um diese Probleme sowie auch Ärger mit eventuell missliebigen Pflichtteilsberechtigten zu vermeiden. Es empfiehlt sich, nach Möglichkeit Vermögen schon zu Lebzeiten zu übertragen oder ein Testament (siehe Seite 118) oder einen Erbvertrag (siehe Seite 120) zu erstellen. Vergewissern Sie sich, dass in zivil- und steuerrechtlicher Hinsicht alles wasserdicht ist. Welche Fallstricke es gibt und worauf Sie unbedingt achten sollten, zeigt Ihnen dieses Kapitel.

> **! Wichtig:** Derzeit gilt der Grundsatz, dass deutsche Staatsangehörige nach deutschem Recht beerbt werden. Dies ändert sich mit Inkrafttreten der EU-Erbrechtsreform Mitte 2015: Dann gilt das Recht des Ortes, an dem der Erblasser einen gewöhnlichen Aufenthaltsort hatte.

Die gesetzliche Erbfolge

Die gesetzliche Erbfolge tritt nur dann ein, wenn der Erblasser weder ein Testament noch einen Erbvertrag hinterlassen hat bzw. diese ungültig sind oder alle testamentarischen Erben ausfallen. Die Erbschaft muss dabei nicht ausdrücklich durch eine Erklärung angenommen werden, die gesetzlichen Erben treten automatisch an die Stelle des Verstorbenen, das heißt, ihnen gehört nun dessen gesamtes Vermögen. Nur wenn sie die Erbschaft nicht annehmen wollen, weil beispielsweise der Erblasser und damit die Erbschaft überschuldet ist, müssen entsprechende Maßnahmen eingeleitet werden (siehe Seite 108).

> **Kein Testament:** Die gesetzliche Erbfolge tritt ein.

Entscheidend bei der gesetzlichen Erbfolge ist die verwandtschaftliche Nähe zum Verstorbenen. Das Gesetz teilt dabei die Verwandten des Verstorbenen in verschiedene Ordnungen ein:

- **Erben 1. Ordnung:** Abkömmlinge des Erblassers, also Kinder, Enkel, Urenkel etc.
- **Erben 2. Ordnung:** Eltern des Erblassers und deren Abkömmlinge, also neben den Eltern auch Geschwister, Neffen, Nichten etc.
- **Erben 3. Ordnung:** Großeltern des Erblassers und deren Abkömmlinge, also neben den Großeltern auch Onkel, Tanten, Cousin, Cousine etc.
- **Erben 4. Ordnung:** Urgroßeltern des Erblassers und deren Abkömmlinge.
- **Erben 5. Ordnung:** Ururgroßeltern des Erblassers und deren Abkömmlinge.
- und so weiter

Entsprechend diesen Ordnungen wird nun bestimmt, wer Erbe ist. Zunächst werden nur die Verwandten der 1. Ordnung als Erben berücksichtigt. Ein Verwandter der 1. Ordnung schließt die Verwandten der nachfolgenden Ordnungen aus, das heißt, Verwandte der 2. Ordnung können nur dann erben, wenn es keine Erben der 1. Ordnung gibt, also keine Kinder, Enkelkinder etc. Ver-

> **Der Verwandtschaftsgrad entscheidet.**

wandte der 3. Ordnung erben nur, wenn es keine Verwandte der 2. Ordnung gibt, etc.

Innerhalb der Verwandtschaftsordnungen wird nach einzelnen Stämmen aufgeteilt. So bildet in der 1. Ordnung jedes Kind einen Stamm, wobei jeder Stamm zu gleichen Teilen erbt. Auch hier gilt, dass der näher verwandte Abkömmling aus einem Stamm den entfernteren von der gesetzlichen Erbfolge ausschließt.

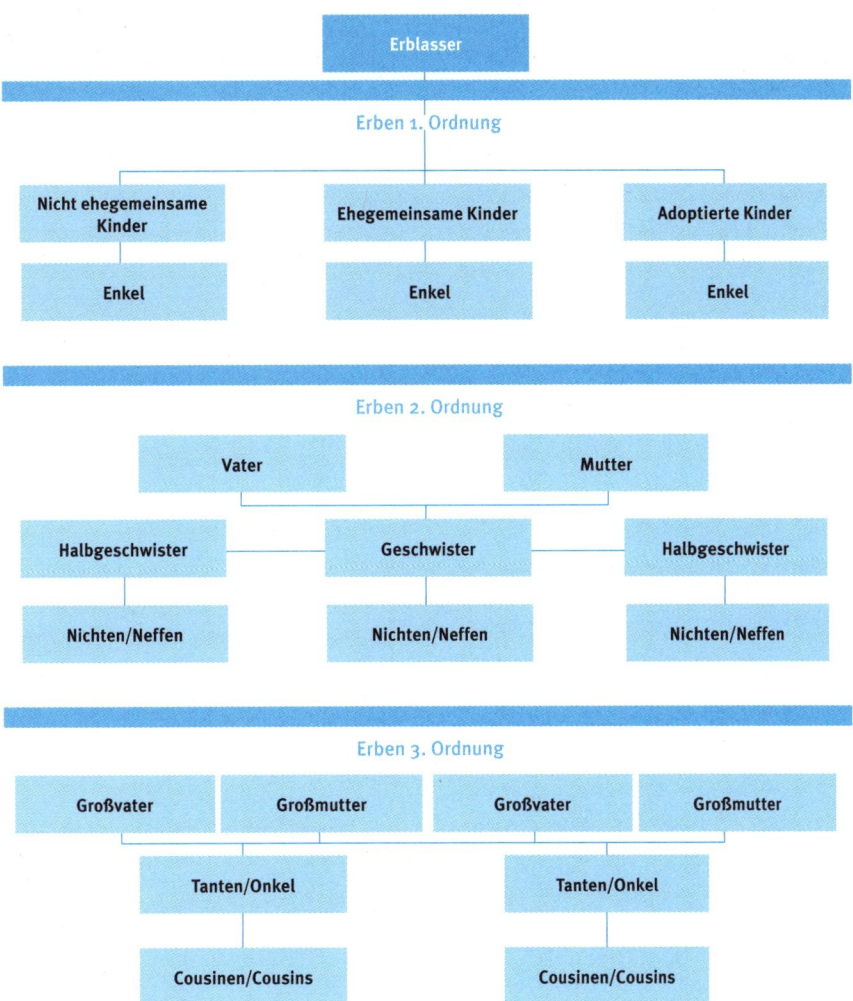

Beispiel: Großvater Engel verstirbt, ohne dass er ein Testament gemacht hat. Er hinterlässt seine Ehefrau, mit der er keinen notariellen Ehevertrag abgeschlossen hat, sowie seine Tochter mit drei Kindern. Sein Sohn ist bei einem Autounfall schon vor Jahren tödlich verunglückt und hinterlässt zwei Kinder.

Das Erbe verteilt sich so: Die Ehefrau erbt aufgrund des Ehegattenerbrechts die eine Hälfte des Nachlasses. Die andere Hälfte geht an die beiden Stämme der Kinder: Der Stamm der Tochter, in diesem Fall sie selbst, bekommt ein Viertel. Sie schließt also ihre drei Kinder von der Erbfolge aus. Der Stamm des vorverstorbenen Sohnes bekommt auch ein Viertel. Hier erben dann seine beiden Kinder zu je einem Achtel für ihren verstorbenen Vater.

Wenn also der Verstorbene keine Anordnung hinterlassen hat, wie der Nachlass konkret aufgeteilt werden soll, dann müssen sich nun die Erben darüber einig werden. Die unterschiedlichsten Interessen können aufeinanderstoßen, denn klar ist aufgrund der gesetzlichen Erbfolge nur, wer erbt und welchen Anteil, nicht jedoch, wer welche Nachlassgegenstände erhält und wie diese zu bewerten sind. Enthält der Nachlass beispielsweise ein Haus, so kommt es häufig vor, dass ein Teil der Erben das Haus umgehend verkaufen möchte, ein anderer es lieber selbst nutzen würde, während Dritte eine Vermietung für sinnvoll erachten. Aber auch bei kleineren Erbschaftsgegenständen kann es zu großen Zwistigkeiten kommen: Wer bekommt den Familienschmuck, wer welche Möbel? Ein Gegenstand ist in der Regel nicht teilbar, nur ein Erbe kann diesen jeweils als Ganzes bekommen. Andere Erben werden deshalb auf einem Verkauf bestehen, um den Erlös aufzuteilen. Der Zusammenhalt der Familie wird auf eine harte Probe gestellt, Streit ist nahezu programmiert. Je mehr Erben vorhanden sind, desto komplizierter wird die Situation bei der gesetzlichen Erbfolge.

> **Tipp**
> Wenn Sie als Erblasser bei gesetzlicher Erbfolge mit Problemen rechnen, dann empfiehlt es sich dringend, eine vorausschauende testamentarische oder erbvertragliche Vorsorge zu treffen.

> Bei Erbunwürdigkeit gelten strenge gesetzliche Voraussetzungen.

Nur bei Erbunwürdigkeit eines Erben kann das gesetzliche Erb- und auch Pflichtteilsrecht bzw. eine testamentarische Erbeinsetzung entfallen. Die Voraussetzungen dafür sind gesetzlich geregelt. Demnach ist erbunwürdig,

⟶ wer den Erblasser vorsätzlich und widerrechtlich getötet oder zu töten versucht hat,

⟶ wer diesen in einen Zustand versetzt hat, in dessen Folge er bis zu seinem Tod unfähig war, ein Testament zu errichten oder aufzuheben, wer den Erblasser vorsätzlich und widerrechtlich gehindert hat, ein Testament oder Erbvertrag zu errichten oder aufzuheben,

⟶ wer den Erblasser durch arglistige Täuschung oder widerrechtlich durch Drohung dazu bestimmt hat, ein Testament/einen Erbvertrag zu errichten oder aufzuheben, oder

⟶ wer sich gegenüber dem Erblasser eines strafbaren Urkundendelikts, wie Urkundenfälschung oder Urkundenunterdrückung, schuldig gemacht hat.

Die Erbunwürdigkeit tritt nicht automatisch ein, sondern muss innerhalb eines Jahres ab Kenntnis von der Erbunwürdigkeit eines Erben, Vermächtnisnehmers oder Pflichtteilsberechtigten gerichtlich geltend gemacht werden.

Das Ehegattenerbrecht

Grundlegende Voraussetzung für das Erbrecht des Ehegatten ist, dass die Ehe mit dem Erblasser im Zeitpunkt Erbfalles noch besteht. Die Ehe darf weder rechtskräftig geschieden, aufgehoben noch für nichtig erklärt worden sein. Hatte der Verstorbene die Scheidung bereits beantragt bzw. einem Scheidungsantrag zugestimmt, dann ist das Ehegattenerbrecht ausgeschlossen.

> ⚡ Achtung! Lebten die Ehegatten im Todeszeitpunkt lediglich getrennt, sei es im gesetzlich vorgeschriebenen Trennungsjahr oder weil sie sich noch nicht zur Scheidung entschlossen haben, besteht weiterhin ein Anspruch auf den gesetzlichen Erbteil. Dieser Anspruch besteht auch dann fort, wenn die Scheidung vonseiten des Gerichts abgelehnt wurde.

Wie viel der Ehegatte erbt, richtet sich einerseits danach, zu welcher Erbenordnung die nach gesetzlicher Erbfolge miterbenden Verwandten gehören, und andererseits nach dem Güterstand, in dem die Ehegatten lebten. Grundsätzlich leben alle Ehegatten im Güterstand der Zugewinngemeinschaft. Jede Abänderung bedarf eines notariellen Vertrages.

Wie viel erbt der Ehegatte, wenn Kinder da sind? Die Grundregel lautet: Neben Verwandten der 1. Ordnung (Kinder des Verstorbenen) erbt der überlebende Ehegatte zu ¼. Die anderen ¾ gehen an die Kinder des Erblassers.

Bei Gütergemeinschaft

Beispiel: Herr und Frau Fuchs sind im Güterstand der Gütergemeinschaft verheiratet und haben zwei Kinder. Wenn einer der Ehegatten verstirbt, erbt der andere ¼ des Vermögens und jedes Kind ⅜.

Bei Gütertrennung

Bestand zwischen den Ehegatten eine notariell vereinbarte Gütertrennung, so erbt der Ehegatte neben ein oder zwei miterbenden Kindern zu gleichen Teilen, das heißt, neben einem Kind bekommt er ½, neben zwei Kindern ⅓ des Nachlasses. Bei drei oder mehr Kindern bleibt es bei der Grundregel, das heißt einem Erbteil von ¼.

Beispiel: Hatten Herr und Frau Fuchs Gütertrennung vereinbart, würde der längstlebende Ehegatte ebenso wie beide Kinder ⅓ des Nachlasses beanspruchen können.

Bei Zugewinngemeinschaft

Bestand zum Zeitpunkt des Erbfalls eine Zugewinngemeinschaft, wird der sogenannte Zugewinnausgleich in der Regel durch eine Erhöhung des Erbteils durchgeführt: Im Fall einer Zugewinngemeinschaft erbt der Ehegatte automatisch ein weiteres Viertel und damit neben Erben 1. Ordnung, das heißt den Kindern, die Hälfte des Nachlasses, die anderen Erben teilen sich die andere Hälfte.

> **Tipp**
> **Die Zugewinngemeinschaft ist für Ehegatten erbrechtlich gesehen vorteilhaft.**

Beispiel: Ohne Ehevertrag besteht automatisch Zugewinngemeinschaft, ein Ehegatte erbt daher mit der Quote ½ , jedes der beiden Kinder bekommt ¼!

Wenn keine Kinder da sind, aber Eltern und/oder Geschwister, dann erbt der Ehegatte so viel: Gibt es neben dem Ehegatten nur Erben der 2. Ordnung (Eltern und Geschwister), so erbt er ½ des Nachlasses. Bei Zugewinngemeinschaft erhöht sich der Erbteil um ¼, sodass der Ehegatte letztlich ¾ des Vermögens erbt.

Beispiel: Hatten die Eheleute Fuchs keine Kinder, erbt ein Ehegatte mit der Quote ¾, die Eltern des Verstorbenen sind Erben 2. Ordnung und bekommen ¼, wenn keine notarielle Vereinbarung über einen Güterstand abweichend von der Zugewinngemeinschaft getroffen wurde.

Wie viel erbt der Ehegatte, wenn die Ehe kinderlos ist und es keine Eltern und Geschwister mehr gibt? Leben keine Erben 1. oder 2. Ordnung, dann kommen die Erben 3. Ordnung zum Zuge. Dabei nehmen Großeltern im Gegensatz zu ihren Abkömmlingen eine Sonderstellung ein. Neben Großeltern wird der Ehegatte Erbe zu ½, im Fall der Zugewinngemeinschaft bekommt er ¾ des Erbes. Abkömmlinge der Großeltern (Onkel, Tante, Cousin, Cousine) sind vom Erbe ausgeschlossen, ihr Erbteil fällt voll und ganz an den Ehegatten.

Beispiel: Hatten die Eheleute Fuchs keine Kinder und sind auch die Eltern und Großeltern des verstorbenen Ehegatten vorverstorben, erbt ein Ehegatte alles, auch wenn der Verstorbene noch Onkel und Tante hatte.

Der überlebende Ehegatte erbt alles, wenn es neben ihm nur Verwandte der 4., 5. oder noch entfernterer Ordnung gibt.

Der sogenannte Voraus

Zusätzlich zu seinem Erbteil hat der überlebende Ehegatte einen Anspruch auf den »Voraus«, also auf alle zum ehelichen Haushalt gehörenden Gegenstände vom Besteck bis zur Stereoanlage sowie auf die Hochzeitsgeschenke. Erbt der Ehegatte neben Verwandten der 1. Ordnung, ist dieser Anspruch allerdings beschränkt auf die Gegenstände, die zur Führung eines angemessenen Haushalts erforderlich sind.

Die Erbengemeinschaft

Gibt es mehr als einen Erben, spricht man von einer Erbengemeinschaft. Damit steht das Vermögen des Erblassers mit allen Rechten und Pflichten nicht nur einem, sondern mehreren Personen gemeinschaftlich zu. Die Folge ist, dass das Nachlassvermögen gemeinschaftlich verwaltet und nach Begleichung aller Nachlassverbindlichkeiten unter den Miterben aufgeteilt wird.

Erstes Problem: die Verwaltung des Nachlasses bis zur Aufteilung

Der Nachlass muss während der Dauer der Erbengemeinschaft von allen gemeinschaftlich verwaltet werden. Dabei gilt der Grundsatz, dass alle Miterben ein gleiches Mitspracherecht haben. Alle Miterben sind verpflichtet, an allen Maßnahmen, die zur ordnungsgemäßen Verwaltung des Nachlasses erforderlich sind, mitzuwirken. Verweigert sich ein Miterbe, kann er zur Mitwirkung gerichtlich verpflichtet werden. Zu den ordentlichen Verwaltungsmaßnahmen gehören alle Maßnahmen der laufenden Verwaltung, wie zum Beispiel der Abschluss von Mietverträgen, die Beauftragung eines Handwerkers für Reparaturen an Nachlassgegenständen, das Beitreiben von Nachlassschulden etc. Nur bei unaufschiebbaren Notmaßnahmen kann auch ein Erbe allein handeln, wenn etwa Gefahr für den Nachlass droht.

> ⚡ Vorsicht! Bei Erbengemeinschaften besteht Konfliktpotenzial.

Beispiel: Die Erbengemeinschaft der Geschwister Klaus, Peter und Gabi verwaltet im Nachlassvermögen des Vaters ein Mietshaus. Während sich Klaus und Gabi im Urlaub befinden, bricht ein Wasserrohr. Peter beauftragt umgehend einen Installateur mit der Beseitigung des Schadens und in diesem Zusammenhang dann auch mit einer Komplettrenovierung des Badezimmers.

Die Beseitigung des Wasserschadens durfte von Peter allein in Auftrag gegeben werden, weil es sich hier um eine Notmaßnahme handelt. Die anschließende Renovierung des Bades stellt jedoch keine Notmaßnahme dar, hier hätten zunächst alle Miterben gefragt werden müssen, ob sie der Renovierung zustimmen.

Für die Durchführung einer ordnungsgemäßen Verwaltungsmaßnahme reicht es aus, wenn die Mehrheit der Erben hier zustimmt. Bei einer Abstimmung zählt jedoch nicht die Anzahl der Miterben, sondern deren jeweilige Erbanteile.

Beispiel: Aufgrund eines Testaments wurde bestimmt, dass die Ehefrau ⅔ des Nachlasses erhalten soll, die beiden Kinder jeweils ⅙. Hier verfügt die Ehefrau innerhalb der Erbengemeinschaft also auch über ⅔ der »Stimmen« und kann ordnungsgemäße Verwaltungsmaßnahmen daher allein ergreifen.

> **Tipp**
> Unterschiedliche Interessen in einer Erbengemeinschaft führen regelmäßig zu Streit und gerichtlichen Auseinandersetzungen. Daher sollten Sie als Erblasser Erbengemeinschaften bei der Testamentsgestaltung nach Möglichkeit vermeiden oder zumindest einen Testamentsvollstrecker berufen, der sich gewissermaßen als Vertreter des Erblassers darum kümmert, dass alle testamentarisch festgelegten Regelungen auch erfüllt werden (siehe Seite 127).

Während die Erbengemeinschaft den Nachlass verwaltet, fließen alle Einnahmen und Erträge in den Nachlass. Es besteht der Grundsatz, dass diese Einnahmen erst bei der abschließenden Verteilung des Nachlasses den Erben entsprechend ihren Erbquoten herausgegeben werden. Besteht jedoch eine Erbauseinandersetzung, die länger als ein Jahr andauert, kann zum Schluss eines jeden Kalenderjahrs die Verteilung der Erträge abzüglich aller Kosten von jedem Miterben verlangt werden. Sonstige Maßnahmen, wie beispielsweise der Verkauf von Nachlassgegenständen, können nur einstimmig erfolgen, da dies vorbereitende Maßnahmen zur Auflösung der Erbengemeinschaft sind.

Zweites Problem: die Auflösung der Erbengemeinschaft

Besteht eine Erbengemeinschaft aufgrund gesetzlicher Erbfolge, so ist zwar geregelt, mit welcher Quote jeder Erbe am Nachlass beteiligt ist, nicht jedoch, wie die einzelnen Vermögensbestandteile des Nachlasses aufgeteilt werden.

Beispiel: Die Kinder Julia, Jan und Björn werden gesetzliche Erben ihrer verwitweten Mutter. Rechtlich werden jetzt die drei Kinder Miteigentümer des Hauses ihrer Mutter und Miteigentümer an jedem einzelnen Nachlassbestandteil. Das heißt, jedes einzelne Möbelstück und jedes einzelne Messer, jede Gabel, jeder Löffel gehört den Kindern zu gleichen Teilen. Die weitere Verteilung der einzelnen Gegenstände muss daher immer einstimmig zwischen den drei Miterben erfolgen. Bei unterschiedlichen Interessen ist hier Streit programmiert.

Will ein Erbe aus der Erbengemeinschaft aussteigen, so kann er dies, indem er seinen kompletten Erbteil veräußert oder auch verschenkt. Für den Fall eines Erbteilsverkaufs steht den Miterben zunächst ein Vorkaufsrecht zu. Kein Mitspracherecht haben Miterben aber für den Fall, dass ein Erbteil verschenkt wird.

Ist eine einvernehmliche Aufteilung des Nachlasses und damit Auflösung der Erbengemeinschaft zwischen den Miterben nicht durchführbar, besteht nur die Möglichkeit, dass alle Gegenstände verkauft werden. Kann man sich selbst über einen Verkauf nicht einigen, so kann der Nachlass nur noch durch eine Teilungsversteigerung veräußert werden. Besteht dann der Nachlass ausschließlich aus Geldvermögen, kann dieses, nach Abzug aller Kosten, entsprechend der Erbquote unter den Erben verteilt werden.

Tipp für Erblasser
Streit in der Erbengemeinschaft können Sie durch eine juristisch einwandfreie Regelung unter Berücksichtigung von Vermächtnissen, Teilungsanordnungen oder auch einer Testamentsvollstreckung vermeiden.

Problemloser gestaltet sich eine Auflösung der Erbengemeinschaft, wenn der Erblasser durch Testament oder Erbvertrag juristisch einwandfrei und ausdrücklich geregelt hat, wie sein Vermögen zu verteilen ist.

Die Haftung der Erben

Mit dem Erbe bekommen die Erben nicht nur Vermögen und es werden ihnen zahlreiche Rechte eingeräumt, sondern sie müssen auch für die Verbindlichkeiten des Erblassers geradestehen. Auf die Erben kommen drei verschiedene Arten von Schulden zu:

Tipp für Erben
Bevor die Erbengemeinschaft aufgelöst wird, müssen zunächst alle Nachlassverbindlichkeiten und Schulden beglichen werden. Nur der Überschuss kann verteilt werden. Wird der Nachlass verteilt, bevor alle Schulden feststehen, besteht die Gefahr, dass Sie als Erbe mit Ihrem Privatvermögen haften müssen.

- Hatte der Erblasser zu Lebzeiten Schulden, beispielsweise wegen Rückzahlung von Darlehensverträgen, Bestellungen bei Versandhäusern oder aber geschäftlicher Verbindlichkeiten, so nennt man dies »Erblasserschulden«. Für diese Schulden haftet das gesamte ererbte Nachlassvermögen.
- Des Weiteren werden im Zusammenhang mit einem Erbfall immer Schulden entstehen durch die anfallenden Beerdigungskosten, Kosten für Traueranzeigen, Danksagungen etc. Diese Schulden nennt man »Erbfallschulden«. Auch diese müssen aus dem Nachlassvermögen heraus beglichen werden.
- Eine dritte Art von Verbindlichkeiten entsteht, wenn die Erbengemeinschaft im Rahmen der Verwaltung des Nachlasses Verbindlichkeiten eingeht, beispielsweise wenn Handwerker beauftragt werden, um ein im Nachlass befindliches Haus reparieren zu lassen.

Es liegt nun im Interesse der Erben, kein Risiko einzugehen und insbesondere auch nicht für einen überschuldeten Nachlass mit ihrem persönlichen, nicht ererbten Vermögen für Verbindlichkeiten geradezustehen.

Wer sich als Erbe unvorsichtig verhält, der kann gegebenenfalls mit seinem eigenen Privatvermögen für ererbte Schulden haften. Im Rahmen einer Erbengemeinschaft gilt, dass alle Erben gemeinschaftlich für Nachlassverbindlichkeiten haften. Solange der Nachlass nicht aufgeteilt ist, sieht es das Gesetz nicht vor, dass ein Erbe mit seinem persönlichen Vermögen Nachlassverbindlichkeiten begleichen muss. Die persönliche Haftung trifft einen Miterben erst nach der Teilung des Nachlasses.

Tipp
Im Erbfall ist unbedingt erforderlich, dass Sie als Erbe sich umgehend ein Bild über die Vermögenswerte im Nachlass machen und eine Vermögensübersicht in Form eines Verzeichnisses erstellen. Dieses sollte alle Guthaben und Schulden umfassen.

Stellt sich heraus, dass das Erbe überschuldet ist, kann als erste Schutzmaßnahme das Erbe binnen einer Frist von in der Regel sechs Wochen ab Erbfall ausgeschlagen werden, am besten direkt gegenüber dem Nachlassgericht selbst. Grundsätzlich gilt zudem, dass Ansprüche gegen den Erben vor Ablauf dieser Ausschlagungsfrist nicht geltend gemacht werden können. Reicht die Sechs-Wochen-Frist für die Ausschlagung nicht aus, um sich ein Bild über den Nachlass zu machen, kann man als Erbe zudem mit der Dreimonatseinrede die Begleichung von Nachlassverbindlichkeiten bis Ablauf von drei Monaten ab Erbfall zunächst verweigern.

Zeigt sich danach, dass der Nachlass möglicherweise überschuldet ist, so sollte der Erbe ein Aufgebotverfahren beim Nachlassgericht beantragen. Das Aufgebotverfahren ist ein Mittel, um die Haftung des Erben zu beschränken. Die Haftung wird damit auf den Nachlass beschränkt, sodass eine Haftung mit dem Privatvermögen ausgeschlossen ist.

Ein Aufgebotverfahren kann nur innerhalb eines Jahres ab Annahme der Erbschaft beantragt werden. Im Rahmen des Aufgebotverfahrens werden alle Gläubiger aufgefordert, ihre Forderungen gegenüber dem Nachlass anzumelden. Dadurch kann sich der Erbe einen Überblick darüber verschaffen, ob der Nachlass tatsächlich überschuldet ist. Während der Dauer dieses Verfahrens muss der Erbe keine Nachlassverbindlichkeiten begleichen.

Sinn und Zweck des Aufgebotverfahrens ist es, innerhalb einer gerichtlich gesetzten Frist alle Gläubiger des Nachlasses zu ermitteln. Ein Versäumnis dieser Frist führt für einen Gläubiger allerdings nicht dazu, dass seine Forderung erlischt. Jedoch kann dem zu spät kommenden Gläubiger die Erschöpfungseinrede entgegengehalten werden und der Erbe muss diesem nicht mehr zahlen, als noch im Nachlass vorhanden. Sein eigenes Vermögen wird dadurch geschützt und kann von einem Gläubiger nicht angegriffen werden.

Vermutet der Erbe zunächst, dass der Nachlass werthaltig ist, und stellt sich später die Überschuldung heraus, kann der Erbe eine unterlassene Ausschlagung anfechten. Er muss dies innerhalb einer Frist von sechs Wochen ab dem Zeitpunkt tun, zu dem er von der Verschuldung erfährt.

Droht eine Überschuldung des Nachlasses, kann auch eine Nachlassinsolvenz beim zuständigen Insolvenzgericht, also dem Amtsgericht am Wohnort des Verstorbenen, beantragt werden. Mit einem Insolvenzverfahren erreicht der Erbe ebenfalls eine Beschränkung der Haftung

Tipp
Statt die Erbschaft auszuschlagen, kann es sinnvoller sein, ein Nachlass-Insolvenzverfahren zu beantragen.

4 Nachlassvorsorge

auf das Nachlassvermögen. Wird das Nachlass-Insolvenzverfahren abgelehnt, weil der Nachlass nicht genügend Werte enthält, so hat der Erbe die Möglichkeit, die Dürftigkeitseinrede zu erheben. Damit erreicht er auch, dass er nicht mit seinem eigenen Vermögen für Schulden des Verstorbenen haftet.

Als weiteres Mittel der Haftungsbeschränkung besteht die Möglichkeit, beim Nachlassgericht die Nachlassverwaltung zu beantragen. Dafür ist aber erforderlich, dass der Nachlass zumindest für die Deckung der Kosten der Nachlassverwaltung ausreicht. Das Nachlassgericht bestimmt in diesem Fall einen Nachlassverwalter, der sich fortan anstelle des Erben um den Nachlass kümmert und insbesondere alle Schulden ermittelt und begleicht. Der Nachlassverwalter steht unter der Aufsicht des Nachlassgerichts und muss gegebenenfalls für einzelne Geschäfte eine Genehmigung einholen. Hat er den Nachlass abgewickelt, so übergibt er das dann noch vorhandene Vermögen an die Erben. Stellt er jedoch fest, dass der Nachlass zahlungsunfähig bzw. überschuldet ist, muss er umgehend das Nachlass-Insolvenzverfahren beantragen.

Wichtig ist, dass bei allen Haftungsbeschränkungen wirklich nichts aus dem Nachlass entnommen werden darf.

Pflichtteilsrecht

Der Pflichtteil ist der Teil des Erbes, der dem Ehegatten, Kindern und – falls keine Kinder oder Enkel vorhanden sind – auch den Eltern des Verstorbenen zusteht, falls diese enterbt wurden. Adoptierte und nicht eheliche Kinder haben ebenfalls einen Pflichtteilsanspruch, genauso der gleichgeschlechtliche eingetragene Lebenspartner.

Der Pflichtteilsberechtigte hat einen Anspruch auf die Hälfte dessen, was ihm am Vermögen des Verstorbenen nach gesetzlicher Erbfolge zustehen würde. Ein Mitspracherecht, was mit dem Nachlass geschieht, hat er nicht. Ebenso wenig hat er ein Recht darauf, bestimmte Gegenstände zu erhalten. Er bekommt lediglich seinen halben Erbteil in Geld ausgezahlt, nachdem die Beerdigungskosten und die Schulden des Erblassers beglichen sind.

> ⚡ Achtung! Der Pflichtteilsanspruch verjährt, wenn der Pflichtteilsberechtigte ihn nicht innerhalb von drei Jahren ab dem Ende des Jahres, in dem der Erbfall eintrat und er von dem Erbfall Kenntnis erlangt hat, geltend macht.

Beispiel: Die Mutter ist vorverstorben. Als der Vater verstirbt, vererbt er seiner Lebensgefährtin per Testament sein Haus im Wert von 260.000 Euro, sein Auto im Wert von 30.000 Euro und sein ganzes Geldvermögen in Höhe von 120.000 Euro. Die Beerdigung kostet 10.000 Euro. Der einzige Sohn, der bei gesetzlicher Erbfolge das ganze Vermögen allein geerbt hätte, geht leer aus. Er bekommt aber seinen Pflichtteil, der die Hälfte des Werts des gesamten Erbes nach Begleichung der Beerdigungskosten ausmacht. Damit kann er von der Lebensgefährtin 200.000 Euro fordern.

Es ist nur in seltenen, gesetzlich genau vorgeschriebenen Fällen möglich, einem Pflichtteilsberechtigten seinen Anspruch zu entziehen und ihn damit vom Erbe ganz auszuschließen. Dies geht bei einem pflichtteilsberechtigten Kind nur, wenn es

····⟩ dem Erblasser, dem Ehegatten des Erblassers, einem anderen Abkömmling oder einer dem Erblasser ähnlich nahestehenden Person nach dem Leben trachtet,

····⟩ sich eines Verbrechens oder eines schweren vorsätzlichen Vergehens gegen eine der oben bezeichneten Personen schuldig macht,

····⟩ die dem Erblasser gegenüber gesetzlich obliegende Unterhaltspflicht böswillig verletzt oder

····⟩ wegen einer vorsätzlichen Straftat zu einer Freiheitsstrafe von mindestens einem Jahr ohne Bewährung rechtskräftig verurteilt wird und die Teilhabe des Abkömmlings am Nachlass deshalb für den Erblasser unzumutbar ist. Gleiches gilt, wenn die Unterbringung des Abkömmlings in einem psychiatrischen Krankenhaus oder in einer Entziehungsanstalt wegen einer ähnlich schwerwiegenden vorsätzlichen Tat rechtskräftig angeordnet wird.

Entsprechende Entziehungsgründe gelten auch für die Eltern des Erblassers oder dessen Ehegatte.

Um einem Pflichtteilsberechtigten den Pflichtteil wirksam zu entziehen, genügt es nicht, in einem Testament kurz auf die Verfehlung des Pflichtteilsberechtigten hinzuweisen. Vielmehr muss eine detaillierte Schilderung erfolgen. Am besten ist es, wenn das Vergehen oder Verbrechen bei der Staatsanwaltschaft bzw. Polizei aktenkundig gemacht wird.

> **Vorsicht! Bei der Pflichtteilsentziehung gelten strenge Voraussetzungen.**

Das ist aber keine unwiderrufliche Entscheidung. Lag zunächst ein Pflichtteilsentziehungsgrund vor und wurde dieser durch den Erblasser für wirksam erklärt, kann er im Nachhinein unwirksam geworden sein, wenn der Erblasser dem Pflichtteilsberechtigten wieder verziehen hat.

Ergänzend zu dem Pflichtteilsanspruch, dessen Wert sich aus dem im Erbfall noch vorhandenen Nachlass berechnet, steht dem Pflichtteilsberechtigten ein sogenannter Pflichtteilsergänzungsanspruch zu. Dieser umfasst nicht nur das im Erbfall vorhandene Vermögen, sondern auch Vermögen, das der Erblasser bereits zu seinen Lebzeiten verschenkt hat. Auf Vermögen, das früher als zehn Jahre vor dem Tod verschenkt wurde, kann jedoch nicht mehr zurückgegriffen werden, es sei denn die Schenkung ist an den Ehegatten erfolgt oder es handelte sich um keine »echte« Schenkung, weil der Erblasser die verschenkte Sache auch nach der Schenkung noch vollumfänglich selbst nutzte.

Im Weiteren gilt:
Im ersten Jahr nach der Schenkung reduziert sich der Pflichtteilsanspruch um 10 Prozent, im zweiten Jahr um 20 Prozent, im dritten Jahr um 30 Prozent usw., bis dann nach 10 Jahren ein Pflichtteilsergänzungsanspruch nicht mehr besteht.

Beispiel: Der Witwer Peter Schlau hat einen Sohn und eine Tochter. Seinem Sohn hat er im Jahr 2003 200.000 Euro geschenkt. Als er im Jahr 2010 verstirbt, tritt zwar die gesetzliche Erbfolge ein, sein Sohn und seine Tochter erben also je zur Hälfte. Im Nachlass befindet sich jedoch kein Vermögen mehr. Die Tochter kann nun ihren Pflichtteilsergänzungsanspruch fordern. Dieser ist der hälftige Anteil ihrer gesetzlichen Quote, also ¼. Die Basis für ihre Pflichtteilsberechnung be-

trägt damit 50.000 Euro. Allerdings reduziert sich der Anspruch um 70 Prozent für jedes vergangene Jahr ab der Schenkung. Ihr Zahlungsanspruch beträgt daher lediglich 15.000 Euro.

Wäre der Witwer Peter Schlau vor dem 1. Januar 2010 verstorben, hätte seine Tochter einen Anspruch auf Auszahlung der vollen 50.000 Euro. Denn die gesetzliche Vorschrift der Reduzierung des Pflichtteilsanspruchs um 10 Prozent pro Jahr ab Schenkung gilt nur für Erbfälle ab dem 1. Januar 2010.

> Hinweis: Pflichtteilsergänzungsansprüche berechnen sich verschieden, je nachdem ob der Erbfall vor oder nach dem 1. Januar 2010 eingetreten ist.

Erbschaftsteuer

Die Steuerklassen (§ 15 ErbStG)

Die Erbschaft- und Schenkungsteuerbelastung richtet sich nach der Steuerklasse eines Erwerbers und innerhalb dieser nach der Höhe des steuerpflichtigen Erwerbs. Auf diese Weise wird die Steuerbelastung nach der Verwandtschaftsnähe und innerhalb der Steuerklasse nach der Höhe des steuerlichen Erwerbs abgestuft. Das heißt, ganz allgemein ist der Freibetrag umso höher, je näher das Verwandtschaftsverhältnis zwischen Erbe und Erblasser ist. Nach dem persönlichen Verhältnis des Erwerbers zum Erblasser oder Schenker werden drei Steuerklassen unterschieden.

Steuerklasse I:
- der Ehegatte bzw. der eingetragene Lebenspartner,
- die Kinder und Stiefkinder,
- die Abkömmlinge der Kinder und Stiefkinder,
- die Eltern und Voreltern bei Erwerben von Todes wegen,

Steuerklasse II:
- die Eltern und Voreltern, soweit sie nicht zur Steuerklasse I gehören,
- die Geschwister,
- die Abkömmlinge ersten Grades von Geschwistern,
- die Stiefeltern,
- die Schwiegerkinder,
- die Schwiegereltern,
- der geschiedene Ehegatte,

Steuerklasse III:
alle übrigen Erwerber und Zweckzuwendungen.

Die Steuersätze (§ 19 ErbStG)

Die jeweiligen Steuersätze sind im Erbschaftsteuergesetz festgelegt (§ 19). Der Steuersatz hängt vom Wert des steuerpflichtigen Erwerbs und von der Steuerklasse ab.

Wert des steuerpflichtigen Erwerbs bis einschließlich	Prozentsatz in der Steuerklasse		
	I	II	III
75.000 €	7	15	30
300.000 €	11	20	30
600.000 €	15	25	30
6.000.000 €	19	30	30
13.000.000 €	23	35	50
26.000.000 €	27	40	50
über 26.000.000 €	30	43	50

Stand: 1. Januar 2010

Persönliche Freibeträge (§ 16 ErbStG)

Freibeträge im Überblick		
Erwerber	bis 31.12.2008	seit 1.1.2009
Ehegatten	307.000 €	500.000 €
Eingetragene Lebenspartner	5.200 €	500.000 €
Kinder	205.000 €	400.000 €
Weitere Abkömmlinge (Enkel)	51.200 €	200.000 €
Übrige Erwerber der Steuerklasse I	51.200 €	100.000 €
Erwerber der Steuerklasse II	10.300 €	20.000 €
Erwerber der Steuerklasse III	5.200 €	20.000 €
Beschränkt Steuerpflichtige	1.200 €	2.000 €

Besonderer Versorgungsfreibetrag (§ 17 ErbStG)

Dem überlebenden Ehegatten und dem Partner einer eingetragenen Lebensgemeinschaft wird neben dem persönlichen Freibetrag von 500.000 Euro noch ein besonderer Versorgungsfreibetrag von 256.000 Euro gewährt. Dieser Freibetrag wird um den Kapitalwert der Versorgungsbezüge gekürzt, die nicht der Erbschaftsteuer unterliegen.

> **Tipp**
> Ehegatten und eingetragene Lebenspartner können bis zu 756.000 Euro steuerfrei erben.

Auch Kindern des Erblassers wird ein Versorgungsfreibetrag gewährt, und zwar in folgender Höhe von:

- 52.000 Euro bei einem Alter bis zu 5 Jahren,
- 41.000 Euro bei einem Alter von mehr als 5 bis 10 Jahren,
- 30.700 Euro bei einem Alter von mehr als 10 bis 15 Jahren,
- 20.500 Euro bei einem Alter von mehr als 15 bis 20 Jahren,
- 10.300 Euro bei einem Alter von mehr als 20 Jahren bis zur Vollendung des 27. Lebensjahrs.

4 Nachlassvorsorge

Dieser Versorgungsfreibetrag gilt – anders als die persönlichen Freibeträge – nur für den Erwerb von Todes wegen und nicht bei Übertragung zu Lebzeiten und wird nur unbeschränkt steuerpflichtigen Erwerbern, das heißt Inländern, gewährt.

Beispiel: Die Witwe Krause, 73 Jahre alt, erbt von ihrem Ehemann ein Gesamtvermögen von 600.000 Euro. Sie erhält weiterhin eine gesetzliche Hinterbliebenenrente von 15.000 Euro jährlich. Die Rente ist nicht steuerpflichtig. Der Jahreswert der Rente wird nach den gesetzlichen Vorschriften ermittelt, und zwar indem man ihn mit einem sogenannten Vervielfältiger von 7,962 kapitalisiert. Es ergibt sich ein Kapitalwert in Höhe von 119.430 Euro. Der Versorgungsfreibetrag von Frau Krause beträgt 256.000 Euro. Hierauf muss sie sich den Kapitalwert der Rente mit 119.430 Euro anrechnen lassen. Es bleibt ihr somit ein Versorgungsfreibetrag in Höhe von 136.570 Euro. Zusammen mit ihrem persönlichen Freibetrag in Höhe von 500.000 Euro überschreiten die Freibeträge die Erbschaft um 36.570 Euro. Frau Krause muss daher keine Erbschaftsteuer zahlen.

Weitere Erbschaftsteuerberechnungen finden Sie auf Seite 124 ff.

Steuerbefreiungen

Das Erbschaftsteuergesetz sieht für bestimmte Vermögensanfälle, wie zum Beispiel bei der Übertragung sogenannter üblicher Gelegenheitsgeschenke, eine Befreiung, Teilbefreiung oder betragsmäßige Freistellung vor. Diese Befreiungen sind im Erbschaftsteuergesetz (§ 13) geregelt. Sie sind, sofern sie nicht von vornherein zu einer völligen Freistellung der Erwerbs führen (wie die in den Absätzen 1 Nr. 4 a, 11–18 ErbStG), bei der Ermittlung des zu versteuernden Erwerbs abzuziehen (§ 10 Abs. 1 Nr. 1 ErbStG). Dabei ist jede Befreiungsvorschrift für sich anzuwenden (§ 13 Abs. 3 ErbStG), das heißt, die Freibeträge werden kumuliert.

Die Befreiungen werden ohne Antrag des Steuerpflichtigen vom Finanzamt beachtet und kommen auch bei beschränkter Steuerpflicht in Betracht, das heißt auch bei im Ausland lebenden Personen. Zu beachten ist jedoch, dass sich die Befreiungsregelungen auch auf die Abzugsfähigkeit von Nachlassverbindlichkeiten auswirken, die man durch den Erwerb der im Folgenden genannten steuerbegünstigten Gegenstände eingeht.

Steuerfrei sind:
- Hausrat einschließlich Wäsche und Kleidungsstücke, und zwar bei Personen der Steuerklasse I bis zu einem Betrag von 41.000 Euro;
- andere bewegliche Gegenstände, die nicht zum Hausrat gehören (etwa Kraftfahrzeuge, Tiere, Sportgeräte, Musikinstrumente, Uhren, Schmuck) bei Personen der Steuerklasse I bis zu einem Betrag von 12.000 Euro;
- Personen der übrigen Steuerklassen haben einen Freibetrag für Hausrat, Wäsche, Kleidungsstücke und andere bewegliche Gegenstände von 12.000 Euro. Allerdings ist in allen vorstehenden Fällen die Steuerbefreiung dann nicht gegeben, wenn es sich um Gegenstände handelt, die zum land- und forstwirtschaftlichen Vermögen, zum Grundvermögen oder zum Betriebsvermögen gehören. Die Steuerbefreiung gilt auch nicht für Zahlungsmittel, Wertpapiere, Münzen, Edelmetalle, Edelsteine und Perlen;
- bestimmte Kulturgüter (Grundbesitz, Kunstgegenstände, Kunstsammlungen, wissenschaftliche Sammlungen, Bibliotheken und Archive etc.),

deren Erhalt im öffentlichen Interesse liegt, in Höhe von 60 Prozent ihres Werts oder gänzlich, sofern zum Beispiel der Steuerpflichtige bereit ist, den Gegenstand der Denkmalpflege zu unterstellen;

⋯⋗ die Übertragung eines zu eigenen Wohnzwecken genutzten Familienheims an den Ehegatten, wenn es noch weitere zehn Jahre durch ihn genutzt wird. Erbende Abkömmlinge haben dabei zu beachten, dass lediglich eine Steuerbefreiung bis 200 Quadratmeter Wohnfläche möglich ist. Darüber hinausgehende Flächen sind anteilsmäßig zu versteuern.

⋯⋗ die »üblichen Gelegenheitsgeschenke«. Es handelt sich um Geschenke zu Weihnachten oder auch zu anderen Anlässen wie Geburtstag, bestandenem Examen, Jubiläen. Die meisten dieser Geschenke übersteigen ohne Zweifel nicht den Bereich des »Üblichen« nach Art und Werthaltigkeit. Dennoch ist in der Praxis häufig fraglich, was ein übliches Gelegenheitsgeschenk ist. Schenkt etwa ein Vater seiner Tochter zum bestandenen Examen eine Eigentumswohnung mit einem Verkehrswert von 100.000 Euro, so überschreitet dies den Rahmen des noch »üblichen« Gelegenheitsgeschenks, und zwar auch dann, wenn es sich um einen sehr vermögenden Haushalt bzw. Schenker handelt. Generell kann man sagen, dass Grundstücke nicht mehr unter den Begriff des üblichen Gelegenheitsgeschenks fallen. Die Grenze, bei der noch »Üblichkeit« anzunehmen sei, lässt sich etwa bei den Freibeträgen für Hausrat, Kleidung etc. ziehen.

> Hinweis: Zusätzlich zu persönlichen Freibeträgen der Ehefrau bzw. des eingetragenen Lebenspartners und der Kinder kann auch das Familienwohnheim steuerfrei übergehen.

Die steuerliche Bewertung des übertragenen Vermögens

Wenn Vermögen den Besitzer wechselt, auch durch Erbschaft, ist das ein steuerlich relevanter Vorgang – was aber nicht unbedingt heißt, dass man tatsächlich immer zur Kasse gebeten wird, weil nicht alles gleich behandelt wird. Im Einzelnen gelten folgende Gesetze:

⋯⋗ für die Bewertung des Vermögens nach dem Erbschaftsteuergesetz (§ 12 Abs. 1) grundsätzlich die allgemeinen Vorschriften des Bewertungsgesetzes (BewG). Nach dem Bewertungsgesetz (§ 9 Abs. 1) ist grundsätzlich der gemeine Wert, das heißt der Verkaufs- oder Verkehrswert des zu bewertenden Vermögensgegenstandes, anzusetzen;

⋯⋗ die besonderen Regeln für den Erwerb von Grundbesitz (§ 12 Abs. 3 BewG) oder

⋯⋗ die besonderen Regeln für Betriebsvermögen (§ 12 Abs. 5 BewG) oder

⋯⋗ andere abweichende Vorschriften.

Für die Wertermittlung maßgebend ist (nach § 11 BewG) – von Ausnahmen abgesehen – der Zeitpunkt der Entstehung der Steuer. Das ist im Erbfall der Tod des Erblassers (§ 9 Abs. 1 Nr. 1 ErbStG). Spätere wertbeeinflussende Ereignisse (zum Beispiel Kursschwankungen von Wertpapieren zwischen Stichtag und Veranlagung) sind also erbschaftsteuerlich nicht zu berücksichtigen. Eine abweichende Steuerfestsetzung oder ein Erlass kommen nur in besonders gelagerten Ausnahmefällen in Betracht.

Sonstige Vermögensgegenstände

Zu den Vermögensgegenständen, die nach dem gemeinen Wert anzusetzen sind, gehören insbesondere Schmuck, Hausrat, Wäsche, Kleidung, Kunstgegenstände, Sammlungen, Münzen, Edelmetalle, Edelsteine, Perlen und alle sonstigen beweglichen Gegenstände.

Börsenorientierte Wertpapiere, das heißt Wertpapiere, die am Stichtag an einer deutschen Börse zum amtlichen Handel zugelassen sind, werden nach dem Börsengesetz (§ 11 Abs. 1) mit dem niedrigsten am Stichtag für sie im amtlichen Handel notierten Kurs angesetzt.

Nicht notierte Anteile, das heißt Anteile an Kapitalgesellschaften (zum Beispiel GmbH), für die kein Kurswert vorliegt, sind mit dem gemeinen Wert anzusetzen (§ 11 Abs. 2 BewG). Der gemeine Wert leitet sich aus Verkäufen ab, die im gewöhnlichen Geschäftsverkehr und in zeitlicher Nähe zum Stichtag erfolgen, jedoch nicht länger als ein Jahr zurückliegen. Lässt sich ein gemeiner Wert nicht aus den Verkäufen ableiten, die weniger als ein Jahr zurückliegen, so ist dieser nach dem sogenannten Stuttgarter Verfahren zu schätzen.

Kapitalforderungen und Schulden sind mit ihrem Nennwert zu bewerten (§ 12 Abs. 1 ErbStG).

Grundbesitz

Der Wert unbebauter Grundstücke bestimmt sich regelmäßig nach ihrer Fläche und den Bodenrichtwerten. Die Bodenrichtwerte werden durch die Gutachterausschüsse der Kommunen nach dem Baugesetzbuch ermittelt. Der Wert eines unbebauten Grundstücks wird durch die Multiplikation der Fläche mit dem Bodenrichtwert pro Quadratmeter ermittelt.

Der Verkehrswert bebauter Grundstücke wird dem gegenüber je nach der Grundstücksart auf Grundlage des Vergleichs-, des Ertrags- oder des Sachwertverfahrens ermittelt. Das Vergleichswertverfahren gilt dabei für Wohnungs- und Teileigentum sowie für Ein- und Zweifamilienhäuser. Es zieht für die Wertbestimmung Kaufpreise von gleichartigen Immobilien heran. Wenn es keine vergleichbaren Kaufpreise gibt, wird das Sachwertverfahren angewendet. Dabei wird auf Grundlage des Substanzwerts der steuerlich maßgebende Wert ermittelt. Bei Renditeobjekten wie Miet-, Wohn- oder Geschäftsgrundstücken wird demgegenüber das Ertragswertverfahren angewendet. Der Verkehrswert wird auf Grundlage des Bodenwerts, des Ertrags sowie nach Art und Alter des Gebäudes berechnet.

Ist der Steuerpflichtige der Auffassung, dass der durch das Finanzamt ermittelte Verkehrswert zu hoch angesetzt ist, kann er durch Vorlage eines Verkehrswertgutachtens einen niedrigeren Verkehrswert dem Finanzamt nachweisen.

Nachlassverbindlichkeiten

Ist der Wert des Nachlasses dann ermittelt, so sind nach § 10 Abs. 5 ErbStG Nachlassverbindlichkeiten abzuziehen, bevor der Steuerwert endgültig ermittelt ist. Abzuziehen sind insbesondere:

- ⋯⊱ alle Schulden des Erblassers, beispielsweise aus Darlehen, offene Rechnungen etc.,
- ⋯⊱ Verbindlichkeiten aus Vermächtnissen und Auflagen, die in seinem Testament angeordnet wurden, bzw. der Wert der gegen den Nachlass geltend gemachten Pflichtteils- und Erbersatzansprüche,
- ⋯⊱ Kosten der Bestattung, Kosten eines angemessenen Grabdenkmals, Kosten der üblichen Grabpflege mit ihrem Kapitalwert. Hierbei wird ohne weiteren Nachweis ein Betrag von 10.300 Euro abgezogen.

4 Nachlassvorsorge

Testament und Erbvertrag

Testierfreiheit und Testierfähigkeit

Unbeschränkt testierfähig wird man mit Vollendung des 18. Lebensjahrs, das heißt, man kann dann jede mögliche Testamentsform ohne Einschränkung für sich auswählen. Ein Minderjähriger ab 16 Jahren kann zwar auch testieren, allerdings nur unter Hinzuziehung eines Notars. Minderjährige unter 16 Jahren können weder ein Testament noch einen Erbvertrag wirksam erstellen. Grundsätzlich ist jeder Mensch testierfähig, es sei denn, er leidet an einer krankhaften Störung des Geisteszustands, einer Geistesschwäche oder einer Bewusstseinsstörung. Ältere Testamentsverfasser, bei denen im Nachhinein Streit über die Testierfähigkeit entstehen könnte, sollten dem vorbeugen, indem sie ein fachärztliches neurologisches Gutachten über ihre Testierfähigkeit erstellen lassen.

! Wichtig: Um ein wirksames Testament oder einen Erbvertrag zu erstellen, dürfen Sie in Ihrer Testierfreiheit nicht eingeschränkt sein und müssen außerdem testierfähig sein.

Wenn Sie also testierfähig sind, dürfen Sie nach freiem Ermessen entscheiden, ein Testament zu errichten. Eingeschränkt wird dieser Grundsatz jedoch durch das Pflichtteilsrecht (siehe Seite 110). Dieses kann nur dann ausgeschlossen werden, wenn ein Pflichtteilsberechtigter pflichtteilsunwürdig ist. Eine weitere Einschränkung findet sich im Gesetz: Danach bestehen bei Personen, von denen Sie abhängig sind, Ausnahmen. Insbesondere Bewohner eines Alten- oder Pflegeheims dürfen dort beschäftigte Mitarbeiter nicht in ihrem Testament oder Erbvertrag bedenken. Eine weitere Einschränkung gilt, wenn eine wechselbezügliche Verfügung in einem Erbvertrag (siehe Seite 120) oder einem gemeinschaftlichen Testament (siehe Seite 120) besteht und diese bindend geworden ist. Bei einem Erbvertrag gilt diese Bindungswirkung für wechselbezügliche Verfügungen sofort, bei gemeinschaftlichen Testamenten erst dann, wenn einer der Ehegatten verstorben ist.

Beispiel: Die Eheleute Müller errichten ein wirksames gemeinschaftliches Testament, in dem sie sich gegenseitig als Alleinerben und ihre gemeinsamen beiden Kinder als Schlusserben einsetzen. Als Frau Müller verstirbt, heiratet Herr Müller ein zweites Mal. Er kann jetzt kein neues Testament errichten und seine zweite Ehefrau zu seiner Erbin bestimmen. Aufgrund einer gesetzlichen Auslegungsregel ist die gegenseitige Erbeinsetzung der Ehegatten und die anschließende Erbeinsetzung der Kinder nämlich wechselbezüglich und damit nicht mehr abänderbar. Das Testament der Eheleute Müller wurde bindend, Herr Müller hat damit seine Testierfreiheit verloren. Dies lässt sich jedoch durch eine Freistellungsklausel (siehe Seite 131) vermeiden.

Die Person, die erben soll, muss von Ihnen als Testamentsverfasser selbst benannt werden. Es ist nicht möglich, dass Sie die Bestimmung des Erben einer dritten Person, zum Beispiel Ihrem Ehegatten, überlassen. Eine Ausnahme hiervon ist nur sehr begrenzt für den Fall möglich, dass die Gestaltungsvariante des Bestimmungsvermächtnisses (siehe Seite 122) gewählt wird.

Testamentsformen

Mindestvoraussetzung für eine wirksame Testamentserrichtung ist, dass Sie ihr Testament mit der Hand geschrieben und auch unterschrieben haben. Außerdem sollten Sie den Tag, den Monat und das Jahr der Errichtung sowie den Ort angeben, an dem das Testament niedergeschrieben wurde. Auch sollten Sie eine Überschrift wie beispielsweise »Dies ist mein Letzter Wille« oder »Mein Testament« wählen, um eindeutig klarzustellen, dass es sich hier nicht bloß um eine Notiz handelt.

> **Mindestvoraussetzung für ein formgültiges Testament: Es muss handgeschrieben und unterschrieben sein.**

Sie haben auch die Möglichkeit, ein Testament durch einen Notar errichten zu lassen. Dieses wird dann automatisch in amtliche Verwahrung genommen. In notarieller Form können insbesondere auch Minderjährige ab 16 Jahren, Lese- und Schreibunkundige sowie Blinde ein Testament errichten. Auch Schreib- und Sprechunfähige haben die Möglichkeit, vor dem Notar ein Testament zu errichten. Haben Sie ein notarielles Testament angefertigt, kann dieses unter Umständen im Erbfall einen Erbschein (siehe Seite 136) ersetzen.

Wenn Todesgefahr für den Erblasser besteht, so gelten die Vorschriften für die Errichtung eines handschriftlichen Testaments oder notariellen Testaments nicht mehr. Es gelten statt dessen folgende Sonderformen:

- **Bürgermeistertestament:** Ist zu befürchten, dass der Erblasser verstirbt, bevor ein Notar hinzugezogen werden kann, so kann das Testament auch von dem Bürgermeister der Gemeinde, in dem sich der Erblasser gerade aufhält, beurkundet werden. Bei der Beurkundung durch den Bürgermeister müssen zwei Zeugen anwesend sein.
- **Drei-Zeugen-Testament:** Droht der Erblasser an einem Ort zu versterben, an dem ein Notar nicht oder nur unter erheblichen Schwierigkeiten herbeigezogen werden kann und auch kein Bürgermeistertestament errichtet werden kann, oder aber wenn Todesgefahr droht, dann reicht eine mündliche Erklärung des Letzten Willens vor drei Zeugen. Dabei ist jedoch zu beachten, dass jemand, der im Testament bedacht wird, nicht selbst Zeuge sein kann.
- **Seetestament:** Wer sich während einer Seereise an Bord eines deutschen Schiffes außerhalb eines inländischen Hafens befindet, kann sein Testament durch eine mündliche Erklärung vor drei Zeugen errichten. Anschließend muss eine Niederschrift erfolgen.

Hat jemand unter den genannten Annahmen ein Nottestament abgefasst, so verliert dieses die Gültigkeit, wenn er drei Monate nach Errichtung noch weiterlebt und zwischenzeitlich in der Lage war, ein ordentliches Testament abzufassen.

Ehegattentestament (siehe Beispiel II und III, Seite 143 ff.)

Ehepartner und auch eingetragene gleichgeschlechtliche Lebenspartner haben die Möglichkeit, ein gemeinschaftliches Testament zu errichten. Wenn Sie ein gemeinschaftliches Testament mit Ihrem Ehegatten handschriftlich verfassen möchten, so geschieht dies, indem einer von Ihnen beiden das Testament eigenhändig handschriftlich abfasst und unterschreibt, ebenso unterschreibt der andere Gatte, am besten mit dem Zusatz: »Dies ist auch mein Letzter Wille«.

Daneben ist natürlich auch die Errichtung des gemeinschaftlichen Testaments durch einen Notar möglich.

Andere Personen haben die Möglichkeit, einen notariellen Erbvertrag zu schließen, um ähnliche Wirkungen wie bei einem gemeinschaftlichen Testament zu erreichen.

Zwischen einem gemeinschaftlichen und zwei einzelnen, von jedem Ehegatten selbst geschriebenen Testamenten besteht folgender Unterschied: Will ein Ehepartner das Testament abändern, so geht dies immer nur in Abstimmung und Absprache mit dem anderen Ehegatten. Widerspricht der andere einer Änderung, dann bleibt nur die Möglichkeit, einen Widerruf notariell beurkunden zu lassen und dem anderen Ehegatten diesen Widerruf förmlich durch den Gerichtsvollzieher zustellen zu lassen. Damit wird das gemeinschaftliche Testament unwirksam. Eine heimliche Abänderung ist also nicht möglich. Gemeinsam getroffene Verfügungen im Testament, die wechselbezüglich sind, die ein Ehegatte also nur deswegen getroffen hat, weil auch der andere sie vorgenommen hat, kann der länger lebende Ehegatte nicht mehr allein abändern. Dies nennt man Bindungswirkung. Der zuerst verstorbene Ehegatte hat also eine gewisse Sicherheit, dass der andere kein neues Testament abfasst und die zunächst gemeinsam bestimmten Erben dann leer ausgehen.

> Hinweis: Ehegattentestamente können immer nur von beiden Eheleuten abgeändert werden!

Beispiel: Die Eheleute verfassen unter anderem wie folgt ihr Testament: »Wir setzen uns gegenseitig zu Vollerben ein. Wenn der Letzte von uns verstorben ist, dann sollen Schlusserben unsere gemeinsamen Kinder werden.« Die hier getroffene Verfügung ist nach gesetzlicher Vermutung eine wechselbezügliche Verfügung und wird damit bindend, sobald der erste Erbfall der beiden Eheleute eintritt. Diese Bindungswirkung kann dann äußerst problematisch werden, wenn sich die eingesetzten Erben gegenüber dem länger lebenden Ehegatten als undankbar erweisen und sich von ihm abwenden. Dieser hat dann keine Möglichkeit mehr, das einmal abgefasste Ehegattentestament zu ändern. Um hier Missverständnisse und Probleme zu vermeiden, sollte immer ausdrücklich geregelt werden, ob eine Bindungswirkung von den Ehegatten gewollt ist oder ob der länger lebende Ehegatte Änderungen am Testament noch vornehmen darf.

Erbvertrag

Ein Erbvertrag ist ein mit dem Erblasser geschlossener Vertrag über ein zukünftiges Erbrecht. Während ein Testament zu Lebzeiten jederzeit geändert oder aufgehoben werden kann, ist eine lebzeitige Änderung beim Erbvertrag nicht möglich. Bei einem Ehegattentestament besteht die zusätzliche Einschränkung, dass dieses nur nach Einverständnis mit dem Ehegatten erfolgen kann. Allerdings gibt es hier die Möglichkeit, das Testament zu widerrufen. Wer jedoch sicherstellen möchte, dass eine lebzeitige Änderung oder Aufhebung nicht mehr möglich ist, der kann einen Erbvertrag schließen. Ein Erbvertrag kann nur in notarieller Form bei gleichzeitiger Anwesenheit beider Vertragspartner vor einem Notar geschlossen werden.

> Bei einem Erbvertrag ist die notarielle Beurkundung zwingend vorgeschrieben.

Die Bindungswirkung kann in einem Erbvertrag nur bei einer Erbeinsetzung, einer Vermächtnisanordnung oder einer Auflagenanordnung eintreten. Andere Verfügungen wie Teilungsanordnungen, Pflichtteilsentziehungen oder Testamentsvollstreckungen können zwar vertraglich aufgenommen werden, sie unterliegen jedoch nicht einer Bindungswirkung. Sie sind daher jederzeit frei widerrufbar.

Erbverträge können als einseitig oder zweiseitig verpflichtende Verträge abgeschlossen werden. Beim einseitigen Erbvertrag wird beispielsweise ein Erbe eingesetzt, der die Erbeinsetzung annimmt, sich selbst umgekehrt aber nicht dazu verpflichtet, auch eine Erbeinsetzung vorzunehmen. Bei einem zweiseitig verpflichtenden Erbvertrag hingegen setzen beide Vertragspartner sich gegenseitig als Erben ein.

Ein Erbvertrag garantiert nicht, dass das Versprochene im Erbfall dann auch tatsächlich noch vorhanden ist. Der Erblasser wird nicht daran gehindert, zu Lebzeiten sein Vermögen zu verschenken. Allerdings darf er dies nur, sofern hier ein lebzeitiges Eigeninteresse (siehe Seite 151) besteht. Ansonsten muss der Beschenkte dem Vertragserben die Sache wieder herausgeben.

Gestaltungsmodelle für Testamente und Erbverträge

Bei der Gestaltung eines Testaments sollten Sie Ihre individuellen Gegebenheiten, Ihre persönlichen, finanziellen und familiären Umstände berücksichtigen. Es ist wenig hilfreich, die familiäre Situation in ein bestimmtes Testamentsmodell zu pressen oder gar ein vorgefertigtes Formular blindlings zu übernehmen. Ändert sich die familiäre oder wirtschaftliche Situation beispielsweise durch die Geburt von Kindern oder durch einen Hauskauf, dann muss dies in die Testamentsgestaltung einfließen.

> ⚡ **Achtung! Niemals vorgefertigte Formulare einfach verwenden.**

Bei der Gestaltung des Testaments ist es empfehlenswert, eine Erbengemeinschaft zu vermeiden und einen Alleinerben zu bestimmen. Dies bedeutet aber nicht, dass andere Angehörige nichts vom Erbe abbekommen können. Denn es gibt es noch weitere Möglichkeiten, seinen Nachlass zu verteilen, nämlich mit Vermächtnissen.

Vermächtnisse

Mit der Anordnung eines Vermächtnisses können Sie einzelne Positionen aus Ihrem Vermögen bestimmten Personen zuordnen. Ihr Vermächtnisnehmer hat dann einen Anspruch darauf, dass er den Vermächtnisgegenstand erhält. Er wird aber nicht Teil der Erbengemeinschaft mit den daraus entstehenden Rechten und Pflichten und auch nicht im Erbschein (siehe Seite 136) aufgeführt. Ein Mitspracherecht über die Verteilung des Nachlasses im Übrigen hat der Vermächtnisnehmer also nicht. Sein Vorteil liegt aber darin, dass er eine Einigung der Erbengemeinschaft wegen der Nachlassverteilung nicht abwarten muss, sondern sein Vermächtnis

> **Tipp**
> **Vermächtnisse eignen sich besonders, um einzelne Zuwendungen auszusprechen, zum Beispiel auch an gemeinnützige Organisationen.**

sofort nach dem Erbfall von den Erben einfordern kann. Wollen Sie einer Person also unangenehme Pflichten eines Erben (wie zum Beispiel Abwicklung des Nachlasses mit den Miterben) oder auch Pflichtteilsberechtigten nicht aufbürden oder umgekehrt vermeiden, dass die Person Mitspracherechte in der Erbengemeinschaft erlangt, so ist es sinnvoll, hier entsprechende Vermächtnisse anzuordnen. Dabei sollten Sie immer einen Ersatzvermächtnisnehmer benennen, der das Vermächtnis für den Fall bekommt, dass der zuerst genannte Vermächtnisnehmer im Erbfall bereits verstorben ist.

Befindet sich ein testamentarisch angeordnetes Vermächtnis nicht mehr in Ihrem späteren Nachlass, dann hat der Vermächtnisnehmer grundsätzlich kein Recht, dieses zu erhalten. Etwas anderes gilt nur, wenn Sie ausdrücklich ein sogenanntes Verschaffungsvermächtnis angeordnet haben. Ein solches Verschaffungsvermächtnis verpflichtet den Erben, das Vermächtnis für den Vermächtnisnehmer wieder zurückzukaufen bzw. den Wert des Vermächtnisses zu ersetzen! Sofern vom Vermächtnisnehmer auch Pflichtteilsansprüche geltend gemacht werden, kann der Erbe das Vermächtnis anteilsmäßig kürzen, um die Pflichtteilsforderung zu erfüllen.

> **!** **Wichtig:** Soll der Vermächtnisnehmer an der Pflichtteilslast nicht beteiligt werden, müssen Sie dies ausdrücklich im Testament anordnen!

In steuerlicher Hinsicht eignen sich Vermächtnisse gut als Steuersparmodell, mit dem Sie Personen jeweils in Höhe ihrer erbschaftsteuerlichen Freibeträge etwas zuwenden können.

Es gibt unterschiedliche Arten von Vermächtnissen:

- **Gattungsvermächtnis:** Dem Vermächtnisnehmer wird nicht ein bestimmter Gegenstand, sondern nur eine bestimmte Art von Gegenstand zugewandt, zum Beispiel ein Auto oder ein Grundstück.
- **Geldvermächtnis:** Der Vermächtnisnehmer bekommt einen einmaligen Geldbetrag zugewandt.
- **Grundstücksvermächtnis:** Dem Vermächtnisnehmer wird ein Grundstück, bebaut oder unbebaut, zugewandt.
- **Wohnungsrechtvermächtnis:** Der Vermächtnisnehmer bekommt das Recht, eine Wohnung oder ein Haus zu bewohnen. Hier sollten Sie auf alle Fälle auch regeln, wer die laufenden Nebenkosten tragen soll und ob gegebenenfalls »Miete« an den Eigentümer zu zahlen ist.
- **Nießbrauchsvermächtnis:** Der Vermächtnisnehmer hat, wenn er das Haus oder die Wohnung nicht selbst bewohnt, neben dem Wohnrecht auch das Recht, zum Beispiel Mieteinnahmen aus einer Wohnung einzuziehen.
- **Rentenvermächtnis:** Der Vermächtnisnehmer erhält eine dauerhafte Rente aus dem Nachlass. Hier sollten Sie auf alle Fälle auch regeln, wie lange die Rente läuft und ob sie insgesamt durch einen Höchstbetrag begrenzt ist.
- **Vorausvermächtnis:** Hier bekommt ein Erbe zusätzlich zu seinem Erbteil etwas zugewandt. Einen Ausgleich für das gegenüber Miterben mehr Erhaltene muss er dabei nicht zahlen, es sei denn, dies ist testamentarisch so geregelt.
- **Bestimmungsvermächtnis:** Der Erblasser kann es einer dritten Person überlassen, welche von mehreren in Frage kommenden Personen ein Vermächtnis erhalten soll.

> Vermächtnisse eignen sich für die Weitergabe der unterschiedlichsten Vermögensbestandteile.

Entscheiden Sie sich dennoch für die Einsetzung einer Erbengemeinschaft, so sollten Sie unbedingt die weitere Verteilung des Nachlasses ordnen. Dies können Sie zum einen wiederum durch Vermächtnisse regeln oder durch eine sogenannte Teilungsanordnung. Mit einer Teilungsanordnung legen Sie in Ihrem Testament fest, wie einzelne Gegenstände, aber auch Immobilien aus Ihrem Nachlass unter den Miterben verteilt werden sollen. Sofern Sie eine Teilungsanordnung ohne weitere Erklärungen hierzu bestimmen, muss der Empfänger dann einen Ausgleich an andere Miterben zahlen, wenn der ihm zugeteilte Nachlass mehr wert ist, als ihm ansonsten nach der gesetzlichen Erbquote zustehen würde.

Beispiel: Der verwitwete Vater setzt seine drei Kinder zu gleichen Teilen als Erben ein. Die Tochter soll sein Einfamilienhaus bekommen im Wert von 400.000 Euro, die beiden Söhne erhalten jeweils einen Bausparvertrag über 100.000 Euro. Die Tochter hat hier am gesamten Nachlasswert von 600.000 Euro mehr als das Drittel bekommen, das ihr wertmäßig als gesetzlichem Erbe zustehen würde. Bei einer Teilungsanordnung muss sie den erhaltenen Wertvorteil mit jeweils 100.000 Euro an ihre Brüder ausgleichen.

Um Auslegungsfragen und Streit unter Ihren Erben zu vermeiden, sollten Sie bei der testamentarischen Verteilung Ihres Vermögens auf verschiedene Miterben unbedingt regeln, ob für den Fall einer wertmäßigen Ungleichbehandlung ein Ausgleich unter den Miterben zu erfolgen hat oder nicht. Ist die Bevorteilung eines Erben von Ihnen gewollt, so empfiehlt sich das Gestaltungsinstrument des Vorausvermächtnisses. Sprechen Sie einem Miterben dagegen durch eine Teilungsanordnung etwas zu, kann dieser die zugeteilte Sache nur im Einverständnis mit den anderen Miterben aus dem Nachlass entnehmen. Im Zweifel muss er aber warten, bis sich die Erben über die Verteilung des gesamten Nachlasses einig sind. Wenn Sie das also vermeiden wollen, wählen Sie besser das Gestaltungsinstrument des Vorausvermächtnisses.

> **Achten Sie auf juristisch einwandfreie Formulierungen, um Streit zu vermeiden.**

Ehegattentestamente (siehe Beispiel II und III, Seite 143 ff.)

Geht es Ihnen insbesondere um die Absicherung Ihres Ehegatten, dann bieten sich die drei folgenden Gestaltungsmodelle für gemeinschaftliche Testamente an: das Berliner Testament, die Vor- und Nacherbschaft sowie die Nießbrauchslösung. Alle Modelle folgen demselben Grundschema: Zunächst bestimmen Sie die erbrechtlichen Folgen für den Fall, dass der Erste von Ihnen beiden verstirbt. Dies wird in aller Regel eine gegenseitige Erbeinsetzung sein, das heißt, Sie und Ihr Ehegatte setzen einander zum Erben des anderen ein. Dann können Sie in einem zweiten Schritt noch bestimmen, was passieren soll, wenn der länger lebende Ehegatte dann nachverstirbt. Typisch für das Ehegattentestament ist, dass gemeinsame Kinder dann Erben werden.

1. Das Berliner Testament (siehe Beispiel II, Seite 143 ff.)

Dieses in der Praxis oft benutzte Testamentsgestaltungsmodell, bei dem Ehegatten zum Vollerben und ehegemeinsame Kinder oder Dritte als Schlusserben eingesetzt werden, wird in der Regel dann gewählt, wenn das Hauptmotiv der

Testierenden die Absicherung und Versorgung des Ehepartners ist. Oft genutzt wird diese Gestaltungsmöglichkeit bei jungen Familien. Vorsicht ist jedoch geboten, wenn die Familie aus dem Testament heraus-wächst, das heißt die Familie selbst oder das Vermö-gen größer wird. Dann droht nämlich nicht nur der Zugriff durch die Erbschaftsteuer, der längstlebende Ehegatte kann sich zudem noch in der Falle der Bin-dungswirkung befinden. Ein Gestaltungsrisiko beim Berliner Testament besteht darin, dass Freibeträge der Erbschaftsteuer, die zu-gunsten der Kinder gegenüber dem zuerst versterbenden Ehegatten bestehen, verschenkt werden. Ist nämlich lediglich der Ehegatte als Alleinerbe eingesetzt, so trägt er allein die gesamte erbschaftsteuerliche Last.

> **Mit dem Berliner Testament wird in der Regel der Ehegatte abgesichert – aber bei größeren Vermögen ist Vorsicht geboten.**

Beispiel: Der Familienvater hat ein Vermögen von einer Million Euro und hinter-lässt bei seinem Versterben seine Ehefrau, mit der er in Zugewinngemeinschaft lebte, sowie zwei Kinder aus dieser Ehe. Gemäß dem Berliner Testament wird seine Ehefrau Alleinerbin und die ehegemeinsamen Abkömmlinge Schlusserben.

Erbschaftsteuerberechnung:

Erblasservermögen	*1.000.000 €*
abzüglich persönlicher Ehegattenfreibetrag	*– 500.000 €*
abzüglich Versorgungsfreibetrag	*– 256.000 €*
zu versteuernder Erwerb	*= 244.000 €*

Der Erwerb von 244.000 Euro ist mit 11 Prozent Erbschaftsteuer, also 26.840 Euro zu versteuern.

Hätte der Erblasser beide Abkömmlinge im ersten Erbfall in Höhe des geltenden Erbschaftsteuerfreibetrags von 400.000 Euro – beispielsweise durch ein Ver-mächtnis – bedacht, wäre keine Erbschaftsteuer angefallen. Klug wäre es also gewesen, die bei der Ehefrau steuerlich noch relevanten 244.000 Euro auf beide Kinder testamentarisch zu verteilen.

Verstirbt die Ehefrau kurze Zeit später, dann ergibt sich folgende Erbschaftsteu-erberechnung pro Abkömmling im zweiten Erbfall:

Erblasservermögen:	*973.160 €*
davon ½ pro Abkömmling:	*486.580 €*
./. persönlicher Freibetrag:	*– 400.000 €*
zu versteuernder Erwerb:	*= 86.580 €*

Bei 11 Prozent Erbschaftsteuer bedeutet dies eine weitere Steuerlast pro Ab-kömmling in Höhe von 9.523,80 Euro. Das Vermögen des vorverstorbenen Vaters wird damit insgesamt mit 45.887,60 Euro besteuert.

Wäre das Berliner Testament stattdessen um eine Vermächtnisanordnung erwei-tert worden, so wäre auch im Erbfall der Mutter keine Erbschaftsteuer angefallen; Steuerersparnis: 45.887,60 Euro.

2. Die Vor- und Nacherbschaft (siehe Beispiel III, Seite 144)

In diesem Fall setzen sich die Eheleute gegenseitig zu Vorerben und beispielsweise gemeinsame Kinder jeweils zu Nacherben ein. Der Effekt ist, dass eine starke Familienbindung des Vermögens unter gleichzeitiger wirtschaftlicher Absicherung des Ehepartners erzielt werden kann. Lässt man alle gesetzlich möglichen Beschränkungen des Vorerben bestehen, dann erreicht man, dass dieser zwar das gesamte Erbe nutzen und Einnahmen hieraus für sich verwenden kann, die Substanz aber für die Kinder erhalten bleibt.

Das Modell der Vor- und Nacherbschaft kann natürlich auch außerhalb von gemeinschaftlichen Testamenten genutzt werden.

Gibt es innerhalb der Familie Probleme mit einem Kind, weshalb dessen Pflichtteil möglichst gering gehalten werden soll, dann sind die Anordnung einer Vorerbschaft zugunsten des Ehepartners und die Nacherbeinsetzung übriger Kinder ein geeignetes Gestaltungsmittel, um Pflichtteilsforderungen zu verkürzen.

Beispiel: Vater und Mutter haben ein Vermögen von je 100.000 Euro. Sie setzen sich gegenseitig in einem Ehegattentestament zu Vorerben und ihre beiden Töchter zu Nacherben ein. Ihr Sohn bekommt ausdrücklich nichts. Die Eltern leben in dem gesetzlichen Güterstand der Zugewinngemeinschaft, haben also keinen Ehevertrag geschlossen.

Verstirbt der erste Ehegatte, dann erhält der Sohn seinen Pflichtteil mit der Quote $\frac{1}{12}$ aus 100.000 Euro, also 8.333,33 Euro. Im zweiten Erbfall erhält der Sohn dann ebenfalls seinen Pflichtteil aus dem Vermögen des Längstlebenden mit der Quote $\frac{1}{6}$, also 16.666,66 Euro. Sein Pflichtteil nach beiden Eltern beträgt also insgesamt knapp 25.000 Euro.

> **Tipp**
> Da der Ehegatte als beschränkter Vorerbe praktisch nur Verwalter des Vermögens für seine Kinder ist, ihm also keine Gegenstände aus der Erbschaft persönlich gehören, kann es mitunter sinnvoll sein, dieses System zu durchbrechen. Soll der Ehegatte bestimmte Dinge zu seinem persönlichen Eigentum erhalten, dann kann dies im Wege eines zusätzlichen Vorausvermächtnisses erfolgen. Vorsicht! Da die Nacherben manchmal lange warten müssen, ehe sie Erben werden, stellt sich für sie immer die Frage, ob sie nicht besser ihren Pflichtteil gleich geltend machen. Diesem kann der Testamentsverfasser versuchen durch Pflichtteilsstrafklauseln sowie Vermächtnisanordnungen vorzubeugen.

Anders würde es aussehen, wenn die Eltern statt einer Vor- und Nacherbschaft sich gegenseitig als Vollerben und ihre beiden Töchter als Schlusserben eingesetzt hätten, also das sogenannte Berliner Testament (siehe Seite 143) gewählt hätten. Hier berechnet sich der Pflichtteil wie folgt: Verstirbt der erste Ehegatte, erhält der Sohn auch hier seinen Pflichtteil mit der Quote $\frac{1}{12}$ aus 100.000 Euro, also in Höhe von 8.333,33 Euro. Beim zweiten Erbfall allerdings wird sein Pflichtteil höher: Das Vermögen des Längstlebenden erhöht sich um das ererbte Vermögen des Ehegatten auf 191.666,67 Euro, und daraus beträgt $\frac{1}{6}$ Pflichtteil dann 31.944,45 Euro. Insgesamt erhält der Sohn hier also einen Pflichtteil in Höhe von 40.277,77 Euro.

Der Grund für den geringeren Pflichtteilsanspruch bei der Vor- und Nacherbschaft liegt darin, dass das ererbte Vermögen nicht mit dem eigenen Vermögen

4 Nachlassvorsorge

des Vorerben verschmilzt, sondern als Sondervermögen vom Vermögen des Vorerben getrennt bleibt. Wegen dieser Auswirkung wird das gemeinschaftliche Ehegattentestament mit Vor- und Nacherbschaft auch als »Trennungslösung« bezeichnet.

Gestaltungshinweis: Eine Vor- und Nacherbschaft hilft auch, das Vermögen eines Ehepartners vor Pflichtteilsansprüchen von Kindern aus erster Ehe oder unehelichen Kindern des anderen Ehepartners zu schützen.

> **Tipp**
> Sollen bei Patchworkfamilien die Kinder des anderen Ehegatten nicht miterben, kann dies durch die Beschränkung mit Vor-/Nacherbschaft des Ehepartners zugunsten des eigenen Kinds erreicht werden.

Beispiel: Der Ehemann und Ehefrau haben je ein Vermögen von 100.000 Euro. Sie haben ein gemeinsames Kind und der Ehemann hat außerdem ein uneheliches Kind, zu dem er keinen Kontakt hat. Wählen beide das Berliner Testament und verstirbt die Ehefrau vor dem Ehemann, erhöht sich dessen Vermögen auf 200.000 Euro. Wenn er nun verstirbt, hat das uneheliche Kind einen Pflichtteilsanspruch mit der Quote ¼ und damit im Wert von 50.000 Euro. Wird der Ehemann dagegen Vorerbe der Ehefrau und Nacherbe das ehegemeinsame Kind, dann bekommt das nicht eheliche Kind seinen Pflichtteil nur aus dem Vermögen von 100.000 Euro des Ehemanns, also 25.000 Euro.

In steuerlicher Hinsicht ist jedoch zu beachten, dass sowohl der Vorerbe als auch der Nacherbe das ererbte Vermögen jeweils voll versteuern müssen. Eine vergleichbare rechtliche Wirkung mit einer steuerlich günstigeren Wirkung hat dem gegenüber das Nießbrauchsmodell.

3. Das Nießbrauchsmodell

Bei diesem Modell wird der Ehegatte kein Erbe, ihm wird aber eine – je nach Ausgestaltung mehr oder weniger umfangreiche – wirtschaftliche Absicherung aus dem Nachlass zugesprochen. Erbe werden beispielsweise die Kinder, der Ehegatte erhält den Nießbrauch an Teilen oder auch an dem gesamten Nachlass. Nießbrauch bedeutet, dass das Recht eingeräumt wird, sämtliche Nutzungen aus einer Sache, die zum Eigentum eines anderen gehört, hier den Kindern, zu ziehen. Das können neben Zinsen und Dividenden der Erlös aus einer vermieteten Wohnung oder aber das Recht zur eigenen Nutzung eines Hauses sein. Um dem Ehegatten diese Vorteile zu gewähren, kann ein entsprechendes Nießbrauchsvermächtnis angeordnet werden.

> **Tipp**
> Damit der Ehegatte möglichst unproblematisch sein Nutzungsrecht erhält, sollte er auch zum Testamentsvollstrecker ernannt werden, um sich das jeweilige Nutzungsrecht selbst einräumen zu können.

Anstelle der Einräumung eines Nießbrauchs kann dem Ehegatten auch eine zusätzliche regelmäßige Rentenzahlung oder ein Wohnrecht mit Vermächtnis zugesprochen werden. Sinnvoll ist dieses Modell gegenüber der Vor- und Nacherbschaft aus steuerlicher Sicht: Während der Vorerbe, der letztlich auch nur die Nutzung am Nachlassvermögen hat, dieses dennoch voll versteuern muss, gilt beim Nießbrauchsmodell, dass lediglich die gezogenen Nutzungen zu versteuern sind.

Besondere Testamentsformen und Klauseln

Das Behinderten- und Bedürftigentestament
(siehe Beispiel IV, Seite 146)

Unter dem Begriff Behinderten- und Bedürftigentestament versteht man eine ganz spezielle Testamentsgestaltung, mit der insbesondere Eltern von behinderten oder überschuldeten Kindern Vorsorge treffen können, damit der Erbteil ihres Kinds nicht vom Sozialhilfeträger oder Gläubigern in Anspruch genommen wird. Denn in diesem Fall wird das Kind in der Regel von seiner Erbschaft keinen Nutzen haben, wenn es diese an den Sozialhilfeträger oder Gläubiger abgeben muss. Mit einer speziellen Konstruktion von Vor- und Nacherbschaft oder auch Nießbrauchslösung können die Eltern sicherstellen, dass dem Kind nicht das Vermögen selbst, sondern lediglich der Nutzen daraus zufließt. Ergänzt wird diese Konstruktion durch die Anordnung einer Testamentsvollstreckung, mit der Anordnung an den Testamentsvollstrecker, die Nutzungen an der Vorerbschaft dem Kind zukommen zu lassen. Konkret wird mit dem Behindertentestament erreicht, dass das Kind selbst kein Vermögen erhält, ihm aber regelmäßig Geldbeträge für Dinge überlassen werden, die von der Sozialhilfe nicht übernommen würden, wie beispielsweise aufwendige Hilfsmittel, längere Kuren, Reisen etc. Nach derzeitiger Rechtsprechung ist es für den Sozialhilfeträger nicht möglich, statt der Vorerbschaft des Kinds hier das Erbe auszuschlagen und stattdessen den Pflichtteil zu verlangen. Er hat auch keine Möglichkeit, das Kind zu zwingen, das Erbe auszuschlagen, um so den Pflichtteil überleiten zu können.

> Vorsicht! Verschenken die Eltern bereits zu Lebzeiten ihr Vermögen, besteht trotz Abfassung eines Behindertentestaments für den Sozialhilfeträger die Möglichkeit, hier Pflichtteilsergänzungsansprüche geltend zu machen.

Die Anordnung einer Testamentsvollstreckung
(siehe Beispiel IV, Seite 146)

Ordnen Sie eine Testamentsvollstreckung an, dann wird der Testamentsvollstrecker bei Ihrem Erbfall quasi Ihr Vertreter, der sich darum kümmert, dass alle testamentarisch festgelegten Regelungen, wie Vermächtnisse, Auflagen etc., auch erfüllt werden. Zum Testamentsvollstrecker können Sie nur jemanden bestimmen, der volljährig und geschäftsfähig ist. Im Rahmen einer Testamentsvollstreckung unterscheidet man zwei Aufgabenbereiche: Zum einen können Sie den Testamentsvollstrecker damit beauftragen, dafür zu sorgen, dass der Nachlass entsprechend Ihren Wünschen auf alle Erben, Vermächtnisnehmer etc. verteilt wird. Dies nennt man Abwicklungsvollstreckung. Sie können den Testamentsvollstrecker zum anderen aber auch damit beauftragen, den Nachlass für einen längeren Zeitraum zu verwalten. Eine solche Dauervollstreckung oder Verwaltungsvollstreckung darf aber maximal 30 Jahre andauern.

Wenn Sie einen Testamentsvollstrecker berufen wollen, müssen Sie dies in Ihrer letztwilligen Verfügung regeln. Im Rahmen der Testamentseröffnung erfährt das Nachlassgericht davon, dass hier eine Testamentsvollstreckung Ihrerseits gewünscht ist, und fordert daraufhin den im Testament benannten Testamentsvollstrecker auf, sein

> **Tipp**
> Sprechen Sie mit dem zukünftigen Testamentsvollstrecker dessen Tätigkeit ab.

4 Nachlassvorsorge

Amt anzunehmen. Es besteht keine Verpflichtung, das Amt als Testamentsvollstrecker anzunehmen. Wenn Sie daher Wert darauf legen, dass eine bestimmte Person das Amt des Testamentsvollstreckers übernimmt, müssen Sie das bereits vorab mit dieser Person klären. Welche Befugnisse der Testamentsvollstrecker im Einzelnen haben soll, können Sie ebenfalls im Testament festlegen. Grundsätzlich ist der Testamentsvollstrecker berechtigt, den gesamten Nachlass in Besitz zu nehmen und im Folgenden dann über den Nachlass zu verfügen. Er hat den Nachlass ordnungsgemäß zu verwalten, das heißt, er muss sein Amt gewissenhaft und sorgfältig führen und das ihm anvertraute Vermögen nicht nur erhalten, sondern möglichst auch vermehren. Schenkungen darf der Testamentsvollstrecker nicht vornehmen, es sei denn, es handelt sich um Anstandsschenkungen. Auch darf der Testamentsvollstrecker keine Geschäfte mit sich selbst schließen, dass heißt, er darf selbst keine Gegenstände aus dem Nachlass käuflich erwerben.

Damit sich die Erben einen Überblick über den Nachlass verschaffen können, muss der Testamentsvollstrecker unverzüglich ein Nachlassverzeichnis erstellen. Während der gesamten Testamentsvollstreckung ist er den Erben auskunfts- und rechenschaftsverpflichtet. Fügt er den Erben vorsätzlich oder fahrlässig Schaden zu, so ist er zu einem entsprechenden Ersatz auch aus seinem Privatvermögen verpflichtet. Für seine Tätigkeit erhält der Testamentsvollstrecker eine Vergütung, die bei einer Abwicklungsvollstreckung zwischen 1 Prozent und 5 Prozent des Nachlasswerts beträgt und bei einer Dauervollstreckung zwischen $\frac{1}{3}$ Prozent und $\frac{1}{2}$ Prozent vom Wert des Nachlasses pro Jahr bzw. bis zu 4 Prozent der laufenden Einkünfte aus dem Nachlass. Um Streit zwischen Erben und Testamentsvollstrecker wegen einer Vergütung zu vermeiden, sollten Sie die Vergütung im Testament ausdrücklich regeln. Wenn Sie einen Testamentsvollstrecker einsetzen wollen, denken Sie an Folgendes:

- ⋯⟩ Vergewissern Sie sich, dass der Testamentsvollstrecker das Amt annimmt.
- ⋯⟩ Benennen Sie dennoch fürsorglich Ersatzpersonen, die alternativ als Testamentsvollstrecker in Frage kommen.
- ⋯⟩ Vergewissern Sie sich, dass der Testamentsvollstrecker alle Fähigkeiten mitbringt, die sein Amt erfordert.
- ⋯⟩ Regeln Sie die Vergütungsfrage bereits im Testament, um Streit zu vermeiden.
- ⋯⟩ Treffen Sie juristisch klar und eindeutig formulierte Anweisungen.

Pflichtteilsstrafklausel
(siehe Beispiel II und III, Seite 143 ff.)

Pflichtteilsstrafklauseln sollen pflichtteilsberechtigte Schlusserben in gemeinschaftlichen Testamenten, in aller Regel also Kinder, von der Geltendmachung ihres Pflichtteils beim Vorversterben eines Ehegatten abhalten. Eine Pflichtteilsstrafklausel droht damit, dass Schluss- oder Nacherben ihre Erbenstellung verlieren, wenn sie im ersten Erbfall, indem sie zunächst enterbt sind, ihren Pflichtteil fordern. Wirkungsvoll ist es, zudem noch Vermächtnisse anzuordnen, die nur dann zu erfüllen sind, wenn der Pflichtteil nicht gefordert wird. Hinweis: Wenn Sie mit Pflichtteilsproblemen vonseiten ehe-

> Hinweis: Ist gewiss, dass ein Pflichtteil gefordert wird, müssen weitere Gestaltungen zur Vermeidung eines hohen Pflichtteils und zum Schutz der Erben durchgeführt werden.

gemeinsamer Abkömmlinge rechnen, ist eine Vor- und Nacherbeneinsetzung emp-fehlenswert. Hierdurch stellen Sie sicher, dass es keine zweifache Beteiligung des Pflichtteilsberechtigten am Nachlass des vorversterbenden Ehegatten gibt.

Ersatzerbenregelung
(siehe Beispiele ab Seite 142)

Sie sollten für jeden Erben, den Sie bestimmen, immer auch eine Ersatzerben-regelung treffen, um klarzustellen, wer einen Erben ersetzen soll, wenn dieser im Erbfall beispielsweise bereits vorverstorben ist. Dies beugt Auslegungs-problemen und damit Rechtsstreitigkeiten unter den Erben vor. Der Ersatzerbe wird immer nur dann Erbe, wenn der an erster Stelle eingesetzte Erbe nicht mehr Ihr Erbe werden kann.

Wird kein Ersatzerbe benannt, so erfolgt Anwachsung, das heißt, der Erbteil der übrigen Miterben vergrößert sich entsprechend ihrer Erbquote. Anwachsung bedeutet, dass sich ein feststehender Erbteil nochmals erhöht. Dies ist beispiels-weise dann der Fall, wenn ein Miterbe bereits vor dem Erbfall verstorben ist, ein Miterbe die Erbschaft ausge-schlagen (siehe Seite 109 f.) oder einen Erbverzicht erklärt hat. In diesem Fall erhöht sich der Erbteil der verbliebenen Erben um den Erbteil des weggefallenen Erben entsprechend ihrer Anteile. Eine Anwachsung tritt aber nur dann ein, wenn der Erblasser diese in einem Testament nicht aus-geschlossen bzw. wenn er Ersatzerben für den Wegfall eines Erben benannt hat.

> **Tipp**
> Sorgen Sie auch für unwahr-scheinliche Fälle vor und benennen Sie Ersatzerben.

Beispiel: Herr Kaiser ist Witwer und hat zwei Töchter und einen Sohn. In seinem Testament setzt er seine beiden Töchter als Miterben zu gleichen Anteilen ein. Als er bei einem Autounfall gemeinsam mit einer seiner Töchter verstirbt, wird die andere Tochter von Herrn Kaiser Alleinerbe, da ihr der hälftige Miteigentumsan-teil ihrer Schwester angewachsen ist. Dem Sohn verbleibt sein Pflichtteil.

Auflagen

Mit einer Auflage können Sie in ihrem Testament dem Erben oder Vermächtnis-nehmer eine Verpflichtung auferlegen, beispielsweise die Grabpflege zu über-nehmen, sich um ein Haustier zu kümmern oder ein Grundstück in Ordnung zu halten. Auch können Sie einer ansonsten nicht erbberechtigten Personenver-einigung so etwas auferlegen, zum Beispiel einem Stammtisch oder einem Kaffeekränzchen. Dabei hat aber derjenige, der einen Vorteil durch die Auflage erlangt, keine Möglichkeit, diese zu erzwingen. Er ist darauf angewiesen, dass Erben oder Miterben die Erfüllung der Auflage verlangen oder dass im Testament eine Person bestimmt ist, die für den Vollzug der Auflage zu sorgen hat. Wird die Auflage nicht erfüllt, stehen dem Begünstigten keine Schadensersatzansprüche zu! Um daher zu gewährleisten, dass eine Auflage auch erfüllt wird, sollten Sie unbedingt einen Testamentsvollstrecker im Testament eingesetzten, der sich um die Erfüllung kümmert. Auch sollten Sie an Sanktionsmöglichkeiten denken,

> **Tipp**
> Wer eine Auflage bestimmt, der sollte unbedingt auch einen Testamentsvollstrecker einsetzen.

wenn der mit der Auflage Verpflichtete dieser nicht nachkommt, so zum Beispiel dessen eigene Erb- oder Vermächtniseinsetzung unter die Bedingung zu stellen, dass er die Auflage auch vollzieht. Unwirksam ist eine Auflage, die gegen die guten Sitten verstößt, so zum Beispiel wenn angeordnet wird, Straftaten zu begehen. Soll ein Begünstigter auf jeden Fall seine Zuwendung erhalten, ist zu überlegen, ob nicht die Anordnung eines Vermächtnisses sinnvoller ist.

Bedingungen

In einem Testament können Sie anordnen, dass eine Zuwendung oder eine Erbeinsetzung nur unter einer bestimmten Bedingung erfolgt, zum Beispiel eine nahestehende Person aufzunehmen, ein Tier zu versorgen, einer wohltätigen Organisation zu spenden etc. Hier gilt wie bei der Auflage, dass der Begünstigte keinen Anspruch auf eine Vollziehung der Bedingung hat. Allerdings ist der Druck auf den mit der Bedingung beschwerten Erben oder Vermächtnisnehmer wesentlich höher als bei einer Auflage, da er selbst nur dann in den Genuss seiner eigenen Zuwendung kommt, wenn er die ihm auferlegte Bedingung erfüllt hat. Weigert er sich, entfällt auch seine Begünstigung.

Wiederverheiratungsklausel
(siehe Beispiel III, Seite 145 f.)

Mit einer Wiederverheiratungsklausel soll vermieden werden, dass der länger lebende Ehegatte wieder heiratet und der neue Ehegatte oder auch Kinder aus dieser Ehe dann pflichtteilsberechtigt werden. Dies würde bei einer ursprünglichen Alleinerbeinsetzung der Ehepartner aus erster Ehe nämlich dazu führen, dass der neue Ehepartner bzw. Kinder aus dieser zweiten Ehe an dem Nachlassvermögen des zuerst verstorbenen Ehegatten über den Pflichtteilsanspruch partizipieren. Eine Wiederverheiratungsklausel soll also die Beeinträchtigung des Nachlassvermögens des zuerst versterbenden Ehegatten zu Lasten der Schlusserben schützen. Möglich ist hier beispielsweise, den Ehegatten nur so lange als Alleinerben einzusetzen, bis dieser sich wiederverheiratet, und dann den Schlusserben in diesem Zeitpunkt ein Vermächtnis auf die Herausgabe des gesamten Erbes oder auch ihres gesetzlichen Erbteils einzuräumen.

> Hinweis: In juristischen Kreisen wird diskutiert, ob Klauseln wie die Wiederverheiratungsklausel gegebenenfalls sittenwidrig sind. Die Gerichte gehen aber derzeit nicht davon aus.

Haben Ehepartner einander zu Vor- und Nacherben eingesetzt, dann ist der lebende Ehegatte nur Nutznießer des verstorbenen. Es ist also ausgeschlossen, dass Dritte mit Pflichtteilsansprüchen daran teilhaben. Haben Ehepartner sich zu befreiten Vorerben eingesetzt, kann eine Wiederverheiratungsklausel dergestalt aufgenommen werden, dass der noch lebende Ehegatte bei Wiederheirat unbefreiter Vorerbe wird oder der Nacherbfall dann schon eintritt. Ist Ihr Ehegatte also Nießbraucher Ihres Nachlasses, so kann ihm dieser bei Wiederheirat entzogen werden.

Katastrophenklausel

(siehe Beispiel II, Seite 144)

Versterben Sie und Ihr Ehegatte gleichzeitig, ist die gegenseitige Erbeinsetzung in einem gemeinschaftlichen Testament gegenstandslos. Jeder von Ihnen wird gemäß gesetzlicher Erbfolge von seinen nächsten Verwandten beerbt, es sei denn, es ist eine entsprechende Anordnung im Testament getroffen worden. Problematisch wird es aber insbesondere dann, wenn Sie und Ihr Ehegatte kurz nacheinander versterben: Dann treten zwei Erbfälle ein. Um hier Unklarheiten und Auslegungsfragen zu vermeiden, muss für diese Fälle klar geregelt sein, wie Ihre Erbfolge sein soll.

Freistellungsklausel

Eine übliche Formulierung für Eheleute lautet beispielsweise »Wir setzen uns gegenseitig zu Vollerben ein. Wenn der Letzte von uns verstorben ist, dann sollen Schlusserben unsere gemeinsamen Kinder werden.«

Diese Verfügung entspricht dem Wortlaut nach einer wechselbezüglichen Verfügung mit der Folge, dass eine Bindungswirkung eintritt. Das bedeutet, dass nach dem Versterben des ersten Ehegatten der länger lebende Ehegatte dieses Testament nicht mehr abändern kann. Dies wird von Ehegatten oft gewünscht, um sicherzustellen, dass beispielsweise neue Lebenspartner oder Ehegatten testamentarisch keine Ansprüche stellen können. Ist diese Rechtsfolge jedoch nicht gewünscht und soll der länger lebende Ehegatte frei sein und von der gemeinsamen Erbeinsetzung der Kinder zu Schlusserben abweichen dürfen, so muss dies ausdrücklich geregelt werden. Hier bietet sich der ausdrückliche Hinweis im Testament an, dass der länger lebende Ehegatte jederzeit wieder neu testieren darf. Will man vermeiden, dass in diesem Fall auch Familienfremde erben können, beispielsweise neue Lebenspartner oder Ehegatten, kann die Befreiung von der Bindungswirkung wieder eingeschränkt werden. Sinnvoll ist beispielsweise eine Einschränkung dahingehend, dass Schlusserben immer nur gemeinsame Kinder der Eheleute sein dürfen, die Höhe der jeweiligen Erbteile aber veränderbar ist.

Rechtsanwälte, Notare, Gebühren

Bei der Abfassung von Testamenten empfiehlt es sich, erbrechtskundigen Rat einzuholen. Informationen finden Sie auch im Internet, zum Beispiel unter www.erbrecht.de. Gleiches gilt, falls Erbstreitigkeiten bereits eingetreten sind.

> Einziges überprüfbares Kriterium bei der Auswahl eines Erbrechtsberaters: der Fachanwalt für Erbrecht.

Die Einschaltung eines Notars ist immer dann erforderlich, wenn eine notarielle Beurkundungspflicht besteht, so zum Beispiel bei Erbverträgen. Da Anwälte im Gegensatz zu Notaren jedoch nicht zur Neutralität verpflichtet sind, können sie die Interessen ihres Mandanten, zum Beispiel des Erblassers, bei der Gestaltung von Testamenten und Erbverträgen weitaus detaillierter herausarbeiten, als dies Notare aufgrund ihrer Stellung als Amtsperson von Gesetzes wegen dürfen. Unabhängig von der Frage, ob ein Rechtsanwalt oder Notar als Berater hinzugezogen wird, sollten Sie darauf achten, dass dieser über spezielle Kenntnisse gerade auf dem Gebiet des Erbrechts verfügt, damit er Sie optimal beraten kann. Während Notare bei ihrer Beratung an die Kostenordnung gebunden sind, dürfen Rechtsanwälte vom Rechtsanwaltsvergütungsgesetz (RVG) durch Honorarvereinbarung abweichen.

> **Tipp**
> Bevor Sie einen Rechtsanwalt beauftragen, sollten Sie stets auch die Frage der Gebühren ansprechen, um gegebenenfalls durch Honorarvereinbarung eine von den Gebühren des Rechtsanwaltsvergütungsgesetzes (RVG) abweichende Vereinbarung zu treffen. Ein erstes Beratungsgespräch in erbrechtlichen Angelegenheiten darf bei einem Rechtsanwalt nach RVG maximal 243,60 Euro kosten. Dieses beinhaltet die Erteilung eines mündlichen oder schriftlichen Rats, nicht jedoch bereits die erste Ausarbeitung eines Testaments oder Vertragsentwurfs.

Bei der Ausarbeitung von Testamenten und Verträgen fallen über die Erstberatungsgebühr hinausgehende Gebühren an, ebenso wenn ein Rechtsanwalt im Namen des Mandanten Schriftsätze an dritte Personen verfasst. Rechtsschutzversicherungen zahlen bislang keine vorsorgende Beratung beispielsweise für eine Testamentserrichtung. Ist jedoch ein Erbfall eingetreten, so bieten zahlreiche Versicherer an, die Kosten eines ersten Beratungsgesprächs durch einen Rechtsanwalt zu übernehmen. Die Kosten einer Erstberatung betragen maximal 243,60 Euro.

Hinweis: Ein erstes Beratungsgespräch umfasst lediglich die Erteilung eines Rats oder einer Auskunft durch einen Rechtsanwalt, nicht aber ein Tätigwerden darüber hinaus, beispielsweise das Abfassen von Schriftsätzen bzw. die Erstellung eines Testaments.

Einige Rechtsschutzversicherer übernehmen in Erbstreitigkeiten zwar nicht die vollen Rechtsanwaltsgebühren, aber durchaus höhere Pauschalen. Policen mit einer vollen Deckung aller Kosten bezüglich Gericht und Rechtsanwälten werden jedoch kaum angeboten. Die Gebühren für eine Amtshandlung des Nachlassgerichts, aber auch für die Tätigkeit eines Notars oder Rechtsanwalts im Zusammenhang mit der Erstellung eines Testaments bzw. die Kosten eines Rechtsanwalts im Rahmen einer streitigen Erbauseinandersetzung bestimmen sich immer nach dem Geschäftswert, um den es bei der

> **Tipp**
> Es steht Ihnen frei, sich durch einen Rechtsanwalt oder Notar beraten zu lassen – wichtig ist für Sie, dass Ihr juristischer Berater ein Spezialist auf seinem Rechtsgebiet ist.

jeweiligen Amtshandlung bzw. Beratungshandlung geht. Dabei ist für Nachlassgericht und Notare die Kostenordnung maßgeblich. Die Gebühren des Rechtsanwalts richten sich nach dem RVG.

Der Übersicht über die Kostenordnung können Sie entnehmen, wie hoch eine volle Notargebühr bei welchem Geschäftswert ist. Geschäftswert ist in aller Regel der Wert Ihres Vermögens zum Zeitpunkt der Testaments- oder Vertragserrichtung.

Beispiel: Hat der Testamentsverfasser ein Vermögen von 100.000 Euro, beträgt auch der Geschäftswert 100.000 Euro und damit eine volle Gebühr 207 Euro.

Die unterschiedlichen Tätigkeiten eines Notars oder des Nachlassgerichts lösen jeweils verschieden hohe Gebühren aus, wie aus den folgenden Übersichten zu entnehmen ist.

Übersicht über mögliche Gebühren bei Erstellung eines notariellen Testaments:
- Notarielles Einzeltestament: $\frac{1}{1}$ Gebühr
- Erstellung eines Erbvertrages oder gemeinschaftlichen Testaments: $\frac{2}{1}$ Gebühr
- Widerruf eines gemeinschaftlichen Testaments oder Aufhebung eines Erbvertrags: $\frac{1}{2}$ Gebühr
- Anfechtung oder Rücktritt vom Erbvertrag: $\frac{1}{2}$ Gebühr
- Beurkundung eines Erbverzichts: $\frac{2}{1}$ Gebühr

Übersicht über die Gebühren des Nachlassgerichts:
- Hinterlegungsgebühr: $\frac{1}{4}$ Gebühr
- Testamentseröffnungsgebühr: $\frac{1}{4}$ Gebühr
- Erteilung eines Erbscheins: $\frac{1}{1}$ Gebühr
- Anordnung/Aufhebung einer Nachlasspflegschaft: $\frac{1}{4}$ Gebühr

Beispiel: Die Eheleute Michel lassen ein notarielles Testament anfertigen und geben an, dass sie jeder ein Vermögen von rund 125.000 Euro, beide zusammen also 250.000 Euro, haben. Hierbei entstehen nach der Kostenordnung $\frac{2}{1}$ Gebühren für die Anfertigung des Ehegattentestaments und damit in Höhe von 864 Euro sowie für die Hinterlegung $\frac{1}{4}$ Gebühr in Höhe von 108 Euro. Für den Fall, dass einer der Eheleute das Testament widerrufen würde, weil er es nicht mehr gelten lassen will, würde $\frac{1}{2}$ Gebühr in Höhe von 216 Euro anfallen. Ist in dem Testament vorgesehen, dass die Eheleute jeweils Alleinerben des anderen werden, so bemisst sich die Gebühr im Erbfall des Ehegatten nach dem Wert von 125.000 Euro. Die Gebühr für eine Testamentseröffnung beträgt $\frac{1}{2}$. Diese kostet mithin 113,40 Euro. Der Erbschein selbst kostet 226,80 Euro.

Übersicht über die Notar- und Nachlassgerichtsgebühren					
Bei einem Geschäftswert bis ... €	beträgt eine volle Gebühr ... €	Bei einem Geschäftswert bis ... €	beträgt eine volle Gebühr ... €	Bei einem Geschäftswert bis ... €	beträgt eine volle Gebühr ... €
1.000	10	250.000	432	640.000	1.017
2.000	18	260.000	447	650.000	1.032
3.000	26	270.000	462	660.000	1.047
4.000	34	280.000	477	670.000	1.062
5.000	42	290.000	492	680.000	1.077
8.000	48	300.000	507	690.000	1.092
11.000	54	310.000	522	700.000	1.107
14.000	60	320.000	537	710.000	1.122
17.000	66	330.000	552	720.000	1.137
20.000	72	340.000	567	730.000	1.152
23.000	78	350.000	582	740.000	1.167
26.000	84	360.000	597	750.000	1.182
29.000	90	370.000	612	760.000	1.197
32.000	96	380.000	627	770.000	1.212
35.000	102	390.000	642	780.000	1.227
38.000	108	400.000	657	790.000	1.242
41.000	114	410.000	672	800.000	1.257
44.000	120	420.000	687	810.000	1.272
47.000	126	430.000	702	820.000	1.287
50.000	132	440.000	717	830.000	1.302
60.000	147	450.000	732	840.000	1.317
70.000	162	460.000	747	850.000	1.332
80.000	177	470.000	762	860.000	1.347
90.000	192	480.000	777	870.000	1.362
100.000	207	490.000	792	880.000	1.377
110.000	222	500.000	807	890.000	1.392
120.000	237	510.000	822	900.000	1.407
130.000	252	520.000	837	910.000	1.422
140.000	267	530.000	852	920.000	1.437
150.000	282	540.000	867	930.000	1.452
160.000	297	550.000	882	940.000	1.467
170.000	312	560.000	897	950.000	1.482
180.000	327	570.000	912	960.000	1.497
190.000	342	580.000	927	970.000	1.512
200.000	357	590.000	942	980.000	1.527
210.000	372	600.000	957	990.000	1.542
220.000	387	610.000	972	1.000.000	1.557
230.000	402	620.000	987		
240.000	417	630.000	1.002		

Die Rechtsanwaltsgebühren nach dem RVG sind ähnlich wie die der Kostenordnung aufgebaut, enthalten aber in der Regel höhere Sätze. Im Gegensatz zu Notaren ist es Rechtsanwälten jedoch erlaubt, Gebührenvereinbarungen mit Mandanten in Testaments- und Vertragsberatungsfragen abzuschließen. Wie oben dargestellt, darf ein Rechtsanwalt für ein erstes Beratungsgespräch nicht mehr als 243,60 Euro verlangen. Für Sie empfiehlt es sich daher immer, vor einer über eine Erstberatung hinausgehenden Beauftragung eines Rechtsanwalt die Gebührenfrage wegen dann anfallender Honorare in einer schriftlich fixierten Vereinbarung zu regeln. Bei streitigen Gerichtsverfahren muss Sie Ihr Rechtsanwalt über die Kosten entsprechend aufklären. Bei einer Klage mit einem Streitwert von beispielsweise 100.000 Euro muss derjenige, der diese Klage beim Landgericht anhängig macht, zunächst 2.568 Euro Gerichtskosten zahlen. Das Kostenrisiko für denjenigen, der diesen Rechtsstreit vor dem Landgericht verliert, umfasst neben den Gerichtskosten auch die Kosten für die beide Seiten vertretenden Anwälte. Hier fallen Gesamtkosten in Höhe von 10.671,90 Euro an, Gebühren für Sachverständigengutachten und die Vernahme von Zeugen kommen im Einzelfall noch hinzu.

Was bei Eintritt eines Erbfalls passiert

Mit einem Todesfall tritt automatisch immer der Erbfall ein. Entgegen einer weit verbreiteten Auffassung muss das Erbe jedoch nicht angenommen werden (siehe Seite 102). Mit dem Erbfall gehen automatisch alle Rechte und Pflichten, die dem Erblasser zustanden, auf die Erben über. Wer Erbe wird, bestimmt entweder die gesetzliche Erbfolge oder die testamentarischen/erbvertraglichen Anordnungen des Erblassers. Der Todesfall muss durch einen Arzt bestätigt werden, der dann einen Totenschein ausstellt. Mit diesem ist

> Hinweis: Ein Erbe muss nicht ausdrücklich angenommen werden, Erbe wird man automatisch.

der Todesfall dem örtlichen Standesamt spätestens am nächsten Werktag anzuzeigen. Das Standesamt stellt dann eine Sterbeurkunde aus. Parallel hierzu muss die Beerdigung geregelt werden. Dies geschieht in den meisten Fällen mithilfe eines Bestattungsinstituts. Außerdem müssen die Träger von Lebens- und Unfallversicherungen, die der Erblasser abgeschlossen hatte, binnen 48 Stunden mit einem eingeschriebenen Brief und beigefügter Sterbeurkunde über den Todesfall informiert werden. Die gesetzliche Rentenversicherung bzw. sonstige Versicherungsträger müssen ebenfalls wegen einer Witwen- bzw. Waisenrente im Lauf einer Woche unter Vorlage einer Sterbeurkunde benachrichtigt werden.

Findet sich ein Testament, so ist dieses unverzüglich, das heißt spätestens ein bis zwei Tage nach Auffindung dem Nachlassgericht zu übergeben. Hier besteht eine Ablieferungspflicht. Wer ein Testament vernichtet, macht sich strafbar. Alle Bankunterlagen des Erblassers müssen gesichtet werden und sämtliche zugunsten dritter Personen bestehenden Vollmachten müssen widerrufen werden. Demgegenüber sind entsprechende Verträge, die der Erblasser zu eigenen Gunsten abgeschlossen hatte, möglichst schnell anzunehmen und die Auszahlung zu veranlassen. Auch aus Haftungsgründen ist es wichtig, sich möglichst schnell einen Überblick über den Nachlass zu verschaffen. Am besten erstellen Sie hierzu ein Nachlassverzeichnis, das alle Aktiva und Passiva, soweit bekannt, aufzeigt.

Versicherungsverträge des Erblassers, wie beispielsweise Kfz-, Haftpflicht-, Hausratversicherung sowie Bauspar- oder Leasingverträge etc., müssen gekündigt werden. Gleiches gilt für Vereinsmitgliedschaften, Abonnements, öffentlich-rechtliches sowie Privatfernsehen, Stadtwerke, Telefon etc. Dazu gehören auch Daueraufträge. Bestand zum Beispiel ein Mietvertrag über Wohnraum, so können Ehegatten, Lebenspartner und andere Familienangehörige, die mit dem Verstorbenen das Mietobjekt gemeinsam bewohnten, automatisch in den Mietvertrag eintreten. Wollen sie dies nicht, so besteht ein Sonderkündigungsrecht, das jedoch binnen eines Monats geltend gemacht werden muss.

Nachlassgericht und Erbscheinverfahren

Das Nachlassgericht ist für alle Nachlassangelegenheiten, wie beispielsweise die Verwahrung von Testamenten und die Erteilung des Erbscheins, zuständig.

> In allen Bundesländern außer Baden-Württemberg ist das Nachlassgericht das Amtsgericht.

Bei einem Erbfall ist das Nachlassgericht zuständig, an dem der Erblasser seinen letzten Wohnsitz hatte. Grundsätzlich sind die Amtsgerichte Nachlassgerichte. Eine Ausnahme stellt das Land Baden-Württemberg dar, dort übernehmen die Notariate diese Funktion.

Bei einem Sterbefall wird das Nachlassgericht automatisch vom Standesamt benachrichtigt. Das Nachlassgericht überprüft dann, ob ein Testament des Erblassers hinterlegt ist und informiert die ihm bekannten Angehörigen des Erblassers von dem Erbfall. Für den Fall, dass ein Testament hinterlegt ist bzw. nach dem Erbfall abgegeben wird, bestimmt das Nachlassgericht einen Termin zur Eröffnung der letztwilligen Verfügung. Dieser geschieht in der Regel frühestens sechs Wochen nach dem Erbfall. Damit soll allen Beteiligten die Möglichkeit gegeben werden, in den Unterlagen des Erblassers noch nach Testamenten zu forschen und diese dem Nachlassgericht vorzulegen. Die Testamentseröffnung selbst erfolgt meist schriftlich, das heißt, allen in Betracht kommenden testamentarischen Erben sowie den gesetzlichen Erben wird ein Testament in Abschrift übersandt.

Besonderheiten bestehen bei der Eröffnung eines gemeinschaftlichen Testaments oder eines Erbvertrags: Hier werden nur die Teile verkündet, die den Erbfall des zuerst Verstorbenen betreffen. Im Interesse des Längerlebenden wird sein Teil des gemeinschaftlichen Testaments oder Erbvertrages nicht miteröffnet. In der Praxis sieht dies dann oftmals so aus, dass den testamentarischen und gesetzlichen Erben ein Testament in Kopie übersandt wird, bei dem die Verfügungen des Längerlebenden abgedeckt sind.

Wenn das Testament eröffnet ist bzw. kein Testament vorhanden ist und die gesetzliche Erbfolge gilt, nimmt das Nachlassgericht Erbscheinanträge entgegen. Ein Erbschein wird nur auf Antrag den Erben erteilt und ist kostenpflichtig. Durch den Erbschein weisen sie sich als Erben bzw. Miterben gegenüber dem Grundbuchamt, Banken oder Versicherungen aus. Diese werden dem Erben in aller Regel nur dann Einblick in die Unterlagen gewähren, die den Erblasser betreffen, wenn der Erbe einen Erbschein vorlegt. Sind mehrere Erben vorhanden, kann aus Kostengründen ein gemeinschaftlicher Erbschein bzw. ein Teilerbschein beantragt werden.

> **Tipp**
> Ist Grundvermögen im Nachlass, dann beachten Sie, dass Grundbuchämter die Erben binnen zwei Jahren gebührenfrei als neue Eigentümer im Grundbuch eintragen.

Ein Erbschein ist nicht in allen Fällen erforderlich. Liegt ein notarielles Testament vor, kann dieses in Verbindung mit der Niederschrift über die Eröffnung durch das Nachlassgericht zum Nachweis des Erbrechts meist ausreichen. In undurchsichtigen Fällen und insbesondere bei Fällen, in denen der Erblasser Vermögen im Ausland hatte, wird aber trotz des notariellen Testaments die Vorlage des Erbscheins erforderlich sein.

Besteht Streit darüber, wer als Erbe im Erbschein aufzuführen ist, können alle Argumente für und wider die Erbenstellung im Erbscheinverfahren vor dem Nachlassgericht vorgebracht werden. Wurde durch das Nachlassgericht ein Erbschein unberechtigterweise ausgestellt, kann die Einziehung des falschen Erbscheins, gegebenenfalls auch gerichtlich, verlangt werden.

Wer als gesetzlicher Erbe, also ohne Testament, einen Erbschein beantragt, muss folgende Angaben machen:
- Zeitpunkt des Todes des Erblassers,
- Angabe des Verwandtschaftsverhältnisses,
- Angabe, welche weiteren Personen vorhanden sind oder waren, die gleichfalls als Erben in Betracht kommen,

⋯⋗ Angaben dazu, ob etwas von einem Testament bekannt ist,

⋯⋗ Angaben dazu, ob es einen Rechtsstreit im vorliegenden Erbfall gibt.

Wer als testamentarischer Erbe einen Erbschein beantragt, muss außerdem mitteilen, auf welches Testament oder welchen Erbvertrag er sein Erbrecht bezieht. Hinweis: Wenn Sie einen Erbschein beantragen, müssen Sie all Ihre Angaben mit Urkunden nachweisen, das heißt, Sie müssen insbesondere Sterbe-, Geburts-, Heirats- und Abstammungsurkunden von allen vorhandenen oder vorverstorbenen Verwandten des Erblassers beibringen.

Sonderproblem: Totenfürsorgerecht, Bestattung und Grabpflege

Das Totenfürsorgerecht ist das Recht, den Ort der letzten Ruhestätte und die Einzelheiten der Beerdigung zu regeln. Hat der Verstorbene zu Lebzeiten hierzu nichts durch einen Grabvorsorgevertrag, in einer Vorsorgevollmacht oder auch durch Testament geregelt, dann liegt das Recht der Totenfürsorge bei den nächsten Angehörigen. Unter diesen besteht folgende Rangfolge:

⋯⋗ Ehegatte/Eingetragener gleichgeschlechtlicher Lebenspartner,

⋯⋗ Kinder,

⋯⋗ Eltern,

⋯⋗ Geschwister,

⋯⋗ Nichten/Neffen.

Diese Rangfolge gilt auch, wenn diese Angehörigen nicht Erbe werden, jedoch liegt die Vermutung nahe, dass bei einem Testament zugunsten anderer Personen diese dann auch das Totenfürsorgerecht haben sollen.

Da jede menschliche Leiche bestattet werden muss, besteht ein gesetzlicher Bestattungszwang. Grundsätzlich liegt die Pflicht zur Bestattung bei den nächsten Angehörigen. Nur wenn Angehörige nicht zu ermitteln sind, übernimmt die jeweilige Gemeinde bzw. Stadt die Bestattung. Die Kosten für eine standesgemäße Beerdigung muss der Erbe tragen. Diese Kosten werden als Nachlassverbindlichkeit dem Nachlass entnommen. Standesgemäß sind Beerdigungen, die dem sozialen Status des Verstorbenen entsprechen, der Üblichkeit in den Kreisen des Verstorbenen, dem örtlichen Brauch, den Verhältnissen, der Leistungsfähigkeit des Nachlasses und der Erben. Achtung: Es existiert kein Brauch, der besagt, dass diese Kosten nicht höher als der Nachlass sein dürfen!

Hat ein Totenfürsorgeberechtigter, der nicht Erbe ist, die standesgemäßen Beerdigungskosten bezahlt, kann er diese vom Erben zurückverlangen. Ist der Erbe nicht solvent oder hat er zum Beispiel das Erbe ausgeschlagen, dann müssen die Kosten von den gesetzlich Unterhaltsverpflichteten übernommen werden, also von Ehegatten, Eltern oder Kindern des Verstorbenen. In der Praxis werden die Kosten zunächst von der Stadt oder Gemeinde übernommen, die sich dann an die Angehörigen wendet. Als Angehöriger muss man aber nur dann die Beerdigung zahlen, wenn dies nicht grob unbillig ist. Grob unbillig wäre es beispielsweise, wenn der Nachlass des Verstorbenen nicht ausreicht, um die Beerdigungskosten zu decken und die Angehörigen selbst mittellos sind. In diesem Fall haben Angehörige sogar ein Recht darauf, dass die Kosten vom Sozial-

⚡ Achtung! Man muss unter Umständen auch dann die Beerdigung bezahlen, wenn man selbst nicht Erbe wurde.

hilfeträger (Landkreise/kreisfreie Städte) übernommen werden. Sind die Angehörigen aber selbst vermögend, dann müssen sie auch bei einem verschuldeten Nachlass die Kosten der Beerdigung übernehmen.

Der Nutzungsberechtigte, in aller Regel der Erwerber einer Grabstätte, bestimmt, welche Personen in der Grabstätte beerdigt werden dürfen, wie das Grab angelegt und wie es gepflegt wird. Er kann sein Nutzungsrecht auf andere übertragen. Aus dem Nutzungsrecht entspringt aber auch die Pflicht, das Grab ständig angemessen zu pflegen und die hierbei entstehenden Kosten zu übernehmen. Daher gilt, dass der Nutzungsberechtigte eines Grabs auch die Kosten für die Grabpflege trägt.

Konflikte ergeben sich häufig dann, wenn mit dem Versterben des Erwerbers der Grabstätte sein Nutzungsrecht auf die Erben übergeht. Diese treten dann in alle Rechte und Pflichten aus dem mit dem Friedhofsträger abgeschlossenen Vertrag ein. Kommen die Erben der Grabpflege nicht nach, kann die Friedhofsverwaltung nach vorheriger Aufforderung an die Erben die Grabpflege durch einen Gärtner durchführen lassen und die entsprechenden Kosten den Erben in Rechnung stellen. Streitigkeiten entstehen in der Praxis aber auch, wenn Freunde oder Verwandte, die nicht Erben wurden, das Grab schmücken wollen, dies den Erben aber missfällt. Ein typischer Fall ist hier beispielsweise der Blumenschmuck durch eine langjährige Geliebte oder die Pflanzschale, die von nicht ehelichen Kindern oder Kindern aus erster Ehe aufgestellt wird. Ob diese zu Recht das Grab schmücken dürfen, ist nicht einfach zu beantworten. Beim Schmücken des Grabs sind nicht nur die Rechte und Pflichten der in der Regel totenfürsorgeberechtigten Erben zu berücksichtigen, sondern auch die Belange des Verstorbenen, denn ihm zu Ehren erfolgt letztlich die Schmückung. Sein Wille ist zu beachten, die Anweisung, die er beispielsweise schriftlich niedergelegt hat, ist zu befolgen. Gibt es keine entsprechenden Anweisungen, so zählt der »mutmaßliche Wille« des Verstorbenen. Wie dieser »mutmaßliche Wille« aussieht, muss dann im Zweifel vor Gericht entschieden werden.

> **Tipp**
> Wenn Sie zukünftigen Streit befürchten und diesen vermeiden wollen, müssen Sie bereits zu Lebzeiten dafür Sorge tragen, dass alle Angelegenheiten rund um die Beerdigung und die Grabpflege klar und eindeutig geregelt sind und keine Zweifel über das Totenfürsorgerecht bestehen. Empfehlenswert sind hier schriftliche Anordnungen in einer Vorsorgevollmacht oder ein Bestattungsvorsorgevertrag.

Die Erbschaftsteuererklärung

Damit das Finanzamt Kenntnis von einem Erbfall erhält, ist jeder, der an einer solchen Zuwendung beteiligt ist, zur Abgabe einer Steuererklärung verpflichtet. Hierbei ist es gleichgültig, ob der Erklärende tatsächlich steuerpflichtig ist oder nicht (§ 31 ErbStG).

Zuständig ist bei »Inländern« das Finanzamt am letzten Wohnsitz des Erblassers (§ 35 Abs. 1 ErbStG i.V.m. §§ 19, Abs. 1,20 AO). Der Begriff Inländer meint alle Personen, die ihren Wohnsitz oder ständigen Aufenthaltsort im Inland haben. Auf die Staatsangehörigkeit kommt es dabei nicht an. Ohne Bedeutung ist auch, ob der Erblasser außer seinem deutschen auch noch einen ausländischen Wohnsitz hatte. An der Zuständigkeit ändert sich nichts. Bei zwei inländischen Wohnsitzen kommt es darauf an, wo sich der Erblasser überwiegend aufgehalten hat.

Wohnte der Erblasser im Ausland, dann ist das Finanzamt am Wohnsitz des Erben zuständig. Gibt es mehrere Erben mit inländischem Wohnsitz, so kommt es darauf an, welches Finanzamt zuerst aktiv geworden ist. Dieses Finanzamt hat dann die Zuständigkeit für den gesamten Erbfall.

Das Erbschaftsteuergesetz sieht eine Reihe von Anzeigenpflichten gegenüber dem Finanzamt vor. Jeder der Erbschaft- bzw. Schenkungsteuer unterliegende Erwerb ist vom Erwerber innerhalb von drei Monaten, nachdem er vom Vermögensanfall Kenntnis erlangt hat, dem Finanzamt, das für die Erbschaftbesteuerung örtlich zuständig ist, anzuzeigen. Eine Anzeige erübrigt sich, wenn der Erwerb auf einem Testament beruht, das ein Notar oder ein Gericht eröffnet hat, und wenn sich aus dem Testament das Verhältnis des Erwerbers zum Erblasser ergibt.

Das Finanzamt erhält von jedem Todesfall durch die Standesämter Mitteilung. Da aus der Nachricht in den meisten Fällen nicht hervorgeht, ob der Verstorbene nennenswertes Vermögen vererbt hat, wartet das Finanzamt einige Zeit, ob Mitteilungen von Erben oder sonstigen Erwerbern von Vermögen oder auch von dritter Seite eingehen. So sind in Erbfällen zum Beispiel auch Vermögensverwahrer, Versicherungsunternehmen, bei denen Lebensversicherungen bestehen, und Banken, bei denen Depots unterhalten werden, anzeigepflichtig. Außerdem informieren sich die Finanzämter untereinander durch Austausch sogenannter Kontrollmitteilungen, in denen sie einander festgestellte steuerrelevante Tatbestände mitteilen.

Hat das Finanzamt auf die eine oder andere Art Kenntnis von dem Erbfall erhalten, kann es dem Erben zwei Exemplare des Formulars für die Erbschaftsteuererklärung schicken, wenn eine Steuerpflicht wegen der Freibeträge nicht von vorneherein ausgeschlossen ist. Erst die Übersendung des Formulars löst die Pflicht zur Abgabe einer Steuererklärung aus.

> Hinweis: Das Erbschaftsteuer-Finanzamt meldet sich automatisch.

Existiert ein Testamentsvollstrecker, der das Amt angenommen hat, erhält er die entsprechenden Steuerformulare. Gleiches gilt für den Nachlassverwalter. Testamentsvollstrecker und Nachlassverwalter haften auch für entsprechende Steuerschulden.

Nach dem Erbschaftsteuergesetz (§ 31 Abs. 1 Satz 2) kann das Finanzamt vom Steuerpflichtigen die Abgabe der Erklärung innerhalb einer Frist von einem Monat verlangen. Das ist knapp bemessen und für den Erben bzw. den Testamentsvollstrecker kann es sehr schwierig sein, rechtzeitig alle relevanten Unterlagen zu sammeln. Es besteht aber die Möglichkeit, beim Finanzamt einen Antrag auf Fristverlängerung zu stellen (§ 109 AO). Üblicherweise wird diese von den Finanzämtern auch gewährt.

Das Finanzamt übermittelt dem Steuerpflichtigen ein Formular, das dieser unbedingt ausfüllen muss. Dem Formular liegt eine amtliche Anleitung bei, die man beim Ausfüllen zu berücksichtigen hat.

Befinden sich im Nachlass Grundstücke, so entscheidet über deren Bewertung das sogenannte Lagefinanzamt, das heißt das Finanzamt, in dessen Bezirk das Grundstück liegt. Befinden sich verschiedene Grundstücke im Nachlass, so sind entsprechend auch verschiedene Lagefinanzämter mit der Bewertung beauftragt. Die Bewertung eines Grundstücks stellt einen eigenständigen Verwaltungsakt dar, den man mit einem Einspruch anfechten kann. Wird der Einspruch vom Finanzamt zurückgewiesen, ist eine Klage vor dem Finanzgericht möglich.

Zu beachten ist jedoch, dass die Einspruchsfrist nur einen Monat beträgt. Wird diese Frist versäumt, dann wird der sogenannte Grundlagenbescheid des Lagefinanzamts bestandskräftig. Das Finanzamt, das die Erbschaftsteuer festsetzt, ist dann an den Grundlagenbescheid gebunden. Eine spätere Korrektur im Rahmen des Erbschaftsteuerverfahrens ist nicht möglich.

> Vorsicht! Setzt das Finanzamt Werte im Nachlass falsch an, beträgt die Einspruchsfrist nur einen Monat.

Das Finanzamt setzt die Erbschaftsteuer im Rahmen eines sogenannten Erbschaftsteuerbescheids fest. Hiergegen ist wiederum Einspruch zulässig. Beachten Sie, dass dieser Einspruch die Zahlungspflicht nicht vorläufig aufhebt, sondern dazu ein Antrag auf Aussetzung der Vollziehung mit entsprechender Begründung erforderlich ist.

Steueransprüche unterliegen der Verjährung. Nach den Vorschriften der Abgabenordnung kann auch eine vom Finanzamt noch nicht durch Steuerbescheid festgesetzte Erbschaftsteuer verjähren. Die Frist, innerhalb derer das Finanzamt die Steuer festsetzen muss, beträgt vier Jahre. Die Frist beginnt mit der Entstehung der Steuer, das heißt grundsätzlich mit dem Tod des Erblassers. Der Gesetzgeber wollte jedoch bei der Erbschaftsteuer vermeiden, dass die Frist zur Festsetzung der Steuer abläuft, bevor der Erbfall dem Erben bekannt geworden ist. Die Abgabenordnung (AO) sieht daher für die Erbschaftsteuer eine Sonderregelung vor. So beginnt beim Erwerb von Todes wegen die Festsetzungsfrist nicht vor Ablauf des Kalenderjahrs, in dem der Erwerber Kenntnis von dem Erwerb erlangt hat. Dies führt dazu, dass bei unbekannten Erben die Festsetzungsfrist nicht abläuft, bevor der oder die richtigen Erben gefunden sind. Eine Aufforderung zur Abgabe der Erbschaftsteuererklärung mehr als drei Jahre nach der Steuerentstehung hat keine Auswirkung auf die Verjährung.

Darüber hinaus kennt die Abgabenordnung auch die sogenannte Zahlungsverjährung. Sie regelt, in welchem Zeitraum die durch Erbschaftsteuerbescheid festgesetzten Steueransprüche gegen den Steuerschuldner durch das Finanzamt durchgesetzt werden können. Die Verjährung beginnt in der Regel mit Ablauf des Kalenderjahrs, in dem der Anspruch erstmals fällig geworden ist (§ 229 Abs. 1 AO). Die Verjährungsfrist beträgt einheitlich fünf Jahre. Sie wird unter anderem durch Stundung unterbrochen. Die Zahlungsverjährung führt zum Erlöschen der festgesetzten Steuer. Das Finanzamt darf dann nicht mehr vollstrecken.

Grunderwerbsteuer

Sind Immobilien im Nachlass, so muss Grunderwerbsteuer gezahlt werden. Es gibt Ausnahmen von der Besteuerung. Dazu gehören:
- der Grundstückserwerb von Todes wegen (zum Beispiel Erwerb durch Erbanfall oder Vermächtnis) und
- der Erwerb eines zum Nachlass gehörigen Grundstücks durch Miterben zur Teilung des Nachlasses.

Schwarzgeld im Nachlass

Bei Überprüfung der Unterlagen des Erblassers stellen Erben gelegentlich fest, dass der Erblasser seine Einkünfte nicht vollständig versteuert hat. Der Gesetzgeber kennt dieses Problem und versucht, durch sogenannte Kontrollmitteilungen, automatisierte Abrufverfahren und Jahresbescheinigungen den Druck auf den Erben zu erhöhen, die vom Erblasser hinterzogene Steuer nachzuerklären. Hat sich der Erblasser in der Vergangenheit für ein Konto im Ausland entschieden, um den Kontrollmöglichkeiten bei den inländischen Banken zu entgehen, dann droht aufgrund der EU-Zinsrichtlinien seit dem Jahr 2005 eine Mitteilung über Kapitalerträge, die ein Inländer für ein Guthaben bei einer ausländischen Bank erhalten hat. Von der Mitteilungspflicht sind jedoch Belgien, Luxemburg und Österreich im EG-Bereich, aber auch die Steuerfluchtländer Schweiz, Liechtenstein, Andorra, San Marino und Monaco ausgenommen.

Stellt der Erbe fest, dass der Erblasser seine Einkünfte nicht oder nicht vollständig versteuert hat, ist er nach dem Gesetz verpflichtet, das Finanzamt über die Steuerhinterziehung zu unterrichten. Ansonsten begibt er sich in die Gefahr, selbst Steuern zu hinterziehen, was mit einer Freiheitsstrafe bis zu fünf Jahren oder Geldstrafe bestraft werden kann.

Formulierungsbeispiele

Beispiel I: Einzeltestament

§ 1 Persönliche Angaben
Ich, Theodor Erblasser, geboren am 30. Januar 1968 in Berlin, derzeit wohnhaft Düsseldorfer Straße 1 in Berlin, geschieden, bin deutscher Staatsangehöriger und möchte im Nachfolgenden meinen Nachlass regeln. Für meinen Nachlass soll ausschließlich deutsches Erbrecht gelten. Hierzu errichte ich das folgende Testament:

§ 2 Testierfreiheit
Rein fürsorglich hebe ich alle zuvor errichteten Verfügungen von Todes wegen in vollem Umfang auf. Für die Regelung meines Nachlasses soll ausschließlich das Nachfolgende, testamentarisch Verfügte gelten.

§ 3 Erbeinsetzung
Ich setze zu meinen alleinigen Vollerben meine beiden Kinder zu jeweils gleichen Erbteilen ein. Ersatzerben meiner Kinder sollen deren Abkömmlinge nach den Regeln der gesetzlichen Erbfolge werden. Sollte eines meiner beiden Kinder vor mir verstorben sein, ohne eigene Abkömmlinge zu hinterlassen, so erbt der andere Abkömmling bzw. dessen Stamm mein gesamtes Vermögen. Da ich außer meinen Kindern keine nähere Verwandtschaft mehr habe, bestimme ich für den Fall, dass diese bzw. deren Abkömmlinge nicht zur Erbfolge gelangen, als Ersatzerbe die ... gemeinnützige Organisation e.V. mit Sitz in ...

_____

Ort, Datum   *Unterschrift*

! Wichtiger Hinweis zur Gültigkeit eines Testaments: Ein Testament ist nur dann formgültig, wenn es handschriftlich geschrieben und unterschrieben wird. Die Unterschrift sollte möglichst auf jeder Seite erfolgen, um spätere Fälschungen zu erschweren. Geben Sie Ihr Testament am besten in besondere amtliche Verwahrung. Ist ein Abschreiben zu mühselig, dann kann ein Testament selbstverständlich notariell beurkundet werden. In diesem Falle muss nur die notarielle Urkunde unterschrieben werden. Es wird dringend davon abgeraten, ein Testamentsbeispiel in Form eines Formulars einfach zu übernehmen, da es nicht auf die individuellen Familien- und Vermögensverhältnisse des Verfassers Rücksicht nimmt und daher zu rechtlichen und steuerlichen Fehlern führt.

Beispiel II: Berliner Testament

§ 1 Persönliche Angaben
Wir, die Eheleute Peter Erblasser, geboren am 22. Januar 1965 in Münster, und Paula Erblasser, geborene Erbin, geboren am 23. Februar 1969 in Hannover, beide deutsche Staatsangehörige, haben zwei ehegemeinsame Kinder. Weitere Abkömmlinge haben wir nicht. Für unseren Nachlass soll ausschließlich deutsches Erbrecht gelten. Wir errichten das nachfolgende, gemeinschaftliche Testament:

§ 2 Testierfreiheit
Wir, die Eheleute Erblasser, stellen fest, dass wir durch ein bindend gewordenes gemeinschaftliches Testament oder einen Erbvertrag nicht an der Errichtung dieses Testaments gehindert sind. Rein fürsorglich heben wir einzeln und gemeinsam alle etwaig von uns errichteten Verfügungen von Todes wegen in vollem Umfang auf. Für die Verteilung unseres Nachlasses soll ausschließlich das Nachstehende gelten:

§ 3 Verfügungen für den ersten Todesfall
Wir, die Eheleute Erblasser, setzen uns gegenseitig zu alleinigen Vollerben unseres gesamten Vermögens ein.
Vermächtnis: Jedes unserer beiden Kinder erhält im ersten Erbfall ein Vermächtnis in Höhe des dann geltenden persönlichen Erbschaftsteuerfreibetrags.

§ 4 Verfügungen für den zweiten Todesfall
Zu unseren gemeinsamen Schlusserben im Falle des Todes des Längstlebenden von uns bestimmen wir unsere beiden ehegemeinsamen Kinder Klaus und Maria zu jeweils gleichen Teilen. Die Erbeinsetzung erfolgt zu Vollerben.
Ersatzerben unserer Kinder sollen deren Abkömmlinge nach den Regeln der gesetzlichen Erbfolgeordnung sein, wiederum ersatzweise soll innerhalb eines Stammes Anwachsung eintreten.

§ 5 Pflichtteilsstrafklausel
Für den Fall, dass eines unserer Kinder nach dem Tod des erstversterbenden Ehegatten gegen den Willen des längerlebenden Ehegatten seinen Pflichtteilsanspruch oder Pflichtteilsergänzungsanspruch geltend macht (Geltendmachung bedeutet bereits Geltendmachung seines Auskunftsanspruchs), bestimmen wir, dass dieser nicht mehr Erbe des Längstlebenden wird. Dieser Abkömmling ist dann sowohl für den ersten als auch für den zweiten Todesfall einschließlich der angeordneten Vermächtnisse mit seinem ganzen Stamm von der Erbfolge ausgeschlossen. Dem überlebenden Ehepartner steht es frei, die hier angeordnete Enterbung abzuändern.

§ 6 Anfechtungsverzicht
Wir verzichten gegenseitig hinsichtlich der Verfügungen für den ersten und zweiten Erbfall auf das uns zustehende Anfechtungsrecht nach § 2079 BGB für den Fall des Vorhandenseins oder Hinzutretens weiterer Pflichtteilsberechtigter und schließen auch das Anfechtungsrecht etwaiger Dritter aus.

§ 7 Wechselbezüglichkeiten, Bindungswirkung
Die hier getroffenen Verfügungen für den ersten und den zweiten Todesfall sind insgesamt wechselbezüglich und bindend, allerdings mit der Maßgabe, dass der überlebende Ehegatte durch ein neues Testament die Erbquote unserer beiden Kinder im Schlusserbfall abändern darf. Der längerlebende Ehegatte ist jedoch nicht berechtigt, zugunsten anderer als unserer ehegemeinschaftlichen Kinder und deren Abkömmlinge testamentarisch zu verfügen.

§ 8 Katastrophenklausel
Für den Fall, dass wir beide gleichzeitig oder innerhalb eines kurzen Zeitraums aufgrund derselben Ursache, zum Beispiel eines Unfalls, versterben, werden wir entsprechend der für den zweiten Todesfall angeordneten Schlusserbfolge beerbt.

Ort, Datum,   *Unterschrift 1. Ehegatte*

Dies ist auch mein Letzter Wille.

Ort, Datum,   *Unterschrift 2. Ehegatte*

> **!** Wichtiger Hinweis zur Gültigkeit eines Testaments: Ein Testament ist nur dann formgültig, wenn es handschriftlich geschrieben und unterschrieben wird. Die Unterschrift sollte möglichst auf jeder Seite erfolgen, um spätere Fälschungen zu erschweren. Geben Sie Ihr Testament am besten in besondere amtliche Verwahrung. Ist ein Abschreiben zu mühselig, dann kann ein Testament selbstverständlich notariell beurkundet werden. In diesem Falle muss nur die notarielle Urkunde unterschrieben werden. Es wird dringend davon abgeraten, ein Testamentsbeispiel in Form eines Formulars einfach zu übernehmen, da es nicht auf die individuellen Familien- und Vermögensverhältnisse des Verfassers Rücksicht nimmt und daher zu rechtlichen und steuerlichen Fehlern führt.

Beispiel III: Gemeinschaftliches Testament mit Vor- und Nacherbschaft

§ 1 Persönliche Angaben
Wir, die Eheleute Peter Erblasser, geboren am 22. Januar 1965 in Münster, und Paula Erblasser, geborene Erbin, geboren am 23. Februar 1969 in Hannover, beide deutsche Staatsangehörige, sind verwitwet und jeweils in zweiter Ehe verheiratet. Aus der ersten Ehe des Manns ist ein Sohn hervorgegangen, aus der ersten Ehe der Ehefrau ist eine Tochter hervorgegangen. Gemeinschaftliche Kinder haben wir nicht. Für unseren Nachlass soll ausschließlich deutsches Erbrecht gelten. Wir errichten das nachfolgende, gemeinschaftliche Testament:

§ 2 Testierfreiheit
Wir, die Eheleute Erblasser, stellen fest, dass wir durch ein bindend gewordenes gemeinschaftliches Testament oder einen Erbvertrag nicht an der Errichtung

dieses Testaments gehindert sind. Rein fürsorglich heben wir einzeln und gemeinsam alle etwaig von uns errichteten Verfügungen von Todes wegen in vollem Umfang auf. Für die Verteilung unseres Nachlasses soll ausschließlich das Nachstehende gelten:

§ 3 Verfügungen für den ersten Todesfall
- ···⟩ Wir, die Eheleute Erblasser, setzen uns gegenseitig zu alleinigen Vollerben unseres gesamten Vermögens ein. Der überlebende Ehegatte wird jedoch nur unbefreiter Vorerbe. Nacherbe des Ehemanns soll dessen Sohn werden, Nacherbe der Ehefrau deren Tochter. Nacherbfolge tritt mit dem Versterben des längstlebenden Ehegatten ein.
- ···⟩ Wiederverheiratungsklausel: Die Nacherbfolge tritt auch dann ein, wenn sich der überlebende Ehegatte wieder verheiratet.
- ···⟩ Für die Ersatznacherbfolge gilt § 6 dieses Testaments entsprechend.

§ 4 Anfechtungsverzicht
Wir verzichten gegenseitig hinsichtlich der Verfügungen für den ersten und zweiten Erbfall auf das uns zustehende Anfechtungsrecht nach § 2079 BGB für den Fall des Vorhandenseins oder Hinzutretens weiterer Pflichtteilsberechtigter und schließen auch das Anfechtungsrecht etwaiger Dritter aus.

§ 5 Verfügungen für den zweiten Todesfall
Für den Fall, dass der Ehemann zuletzt verstirbt, wird dessen Vollerbe sein Sohn. Für den Fall, dass die Ehefrau zuletzt verstirbt, wird Vollerbin deren Tochter.

§ 6 Ersatzerbenregelung
Ersatzerbe des Sohns des Ehemanns sollen dessen weitere Abkömmlinge sein. Ersatznacherben der Tochter der Ehefrau sollen deren Abkömmlinge sein. Verstirbt ein Erbe, ohne dass er Abkömmlinge hinterlässt, so wird Ersatzerbe des Sohnes des Ehemanns die Tochter der Ehefrau und umgekehrt. Für den Fall, dass keine Abkömmlinge mehr vorhanden sind, soll Ersatzerbe der gemeinnützige XX-Verein e.V. werden.

§ 7 Pflichtteilsstrafklausel
Macht ein Pflichtteilsberechtigter nach dem Tode des erstversterbenden Ehegatten gegen den Willen des längerlebenden Ehegatten seinen Pflichtteilsanspruch oder Pflichtteilsergänzungsanspruch geltend, so ist er mit seinem ganzen Stamm von der Nacherbfolge ausgeschlossen.

§ 8 Wechselbezüglichkeiten, Bindungswirkung
Unsere gegenseitig getroffenen Verfügungen für den ersten wie auch für den zweiten Todesfall sollen wechselbezüglich und bindend sein. Eine Abänderung darf nicht erfolgen.

Ort, Datum,   *Unterschrift 1. Ehegatte*

Dies ist auch mein Letzter Wille.

Ort, Datum,   *Unterschrift 2. Ehegatte*

4 Nachlassvorsorge

> ! Wichtiger Hinweis zur Gültigkeit eines Testaments: Ein Testament ist nur dann formgültig, wenn es handschriftlich geschrieben und unterschrieben wird. Die Unterschrift sollte möglichst auf jeder Seite erfolgen, um spätere Fälschungen zu erschweren. Geben Sie Ihr Testament am besten in besondere amtliche Verwahrung. Ist ein Abschreiben zu mühselig, dann kann ein Testament selbstverständlich notariell beurkundet werden. In diesem Falle muss nur die notarielle Urkunde unterschrieben werden. Es wird dringend davon abgeraten, ein Testamentsbeispiel in Form eines Formulars einfach zu übernehmen, da es nicht auf die individuellen Familien- und Vermögensverhältnisse des Verfassers Rücksicht nimmt und daher zu rechtlichen und steuerlichen Fehlern führt.

Beispiel IV: Behinderten-/Bedürftigentestament

§ 1 Persönliche Angaben
Ich, Peter Erblasser, geboren am 13. April 1957 in Hamburg, bin verwitwet, deutscher Staatsangehöriger und habe zwei Kinder.

§ 2 Testierfreiheit
Ich hebe alle bisher von mir errichteten Verfügungen von Todes wegen in vollem Umfang auf und erkläre, dass für meinen Letzten Willen ausschließlich das Nachstehende gelten soll. Für meinen Nachlass soll ausschließlich deutsches Erbrecht gelten.

§ 3 Erbeinsetzung
Meine Tochter und mein Sohn sollen Erben zu je ½ werden. Meine Tochter, die aufgrund ihrer körperlichen und geistigen Behinderung in einer Institution für betreutes Wohnen untergebracht ist, wird jedoch nur unbefreite Vorerbin. Nacherbe wird ihr Bruder, ersatzweise dessen Abkömmlinge nach den Regeln der gesetzlichen Erbfolge. Der Nacherbfall tritt mit dem Versterben meiner Tochter ein. Das Nacherben-Anwartschaftsrecht ist nicht vererblich.

§ 4 Testamentsvollstreckung
Da meine Tochter nicht in der Lage ist, ihre Angelegenheiten selbst zu besorgen, ordne ich Testamentsvollstreckung für die Verwaltung ihres Erbteils an. Die Testamentsvollstreckung gilt zeitlebens meiner Tochter. Zum Testamentsvollstrecker benenne ich meinen Sohn, ersatzweise ..., wiederum ersatzweise soll das Nachlassgericht einen geeigneten Testamentsvollstrecker bestimmen. Der Testamentsvollstrecker ist verpflichtet, meiner Tochter für die nachgenannten Zwecke Mittel nach freiem Ermessen aus den Erträgnissen der Erbschaft zur Verfügung zu stellen: Taschengeld in angemessener Höhe für persönliche Anschaffungen und für die Ausübung von Hobbys sowie zur Anschaffung von Kleidung, Wäsche, Gebrauchsgegenständen etc. Darüber hinaus hat er mindestens einmal im Jahr eine mindestens zweiwöchige Reise einschließlich einer angemessenen Betreuung zu zahlen. Des Weiteren hat der Testamentsvollstrecker ärztliche Behandlungen, Therapien und Hilfsmittel, die von der Krankenkasse oder einem sonstigen Kostenträger nicht übernommen werden, zu zahlen, ebenso Kuraufenthalte. Auf die Substanz des Vermögens darf der Testamentsvollstrecker im Zweifel zurückgreifen, sofern dies notwendig ist. Der Testamentsvollstrecker erhält die übliche Vergütung.

Ort, Datum,   Unterschrift

Schenkung und vorweggenommene Erbfolge

Als Alternative zum Vererben, also der Weitergabe des eigenen Vermögens erst mit dem Tod, besteht auch die Möglichkeit, bereits zu Lebzeiten mit der soge-

nannten vorweggenommenen Erbfolge Teile des Vermögens auf die nächste Generation zu übertragen. Dies kann einerseits durch Schenkungen erfolgen, also ohne Gegenleistungen der zukünftigen Erben, andererseits kann es aus Gründen der eigenen Altersvorsorge, aber auch aus steuerlichen Gründen

> **!** **Wichtig:** Übergabeverträge für Immobilien bedürfen auf jeden Fall der notariellen Beurkundung, Geldschenkungen und Schenkungen sonstiger beweglicher Gegenstände sind formfrei möglich.

sinnvoll sein, wenn der zukünftige Erbe hier Gegenleistungen erbringt. Bei Übergabe von Immobilienvermögen zum Beispiel sind unter anderem die folgenden Gegenleistungen denkbar:

- Der Übernehmer der Immobilie gewährt dem Übergeber ein Wohnungsrecht.
- Der Übernehmer gewährt dem Übergeber ein Nießbrauchsrecht, das heißt, neben einem Wohnrecht hat der Übergeber auch die Möglichkeit, beispielsweise Mieteinnahmen für sich zu behalten.
- Der Übernehmer sichert dem Übergeber Pflege- und sonstige Dienstleistungen zu, wie zum Beispiel eine spätere Grabpflege.
- Der Übernehmer sichert dem Übergeber eine zusätzliche Rentenzahlung zu.

Wer eine Übertragung zu Lebzeiten in Erwägung zieht, sollte sich unbedingt Rückforderungsrechte vorbehalten, um gegebenenfalls entgegenwirken zu können, wenn der Beschenkte sich später als undankbar erweist.

Zu den Vorteilen einer lebzeitigen Übertragung gehört, dass

- Schenkungsteuerfreibeträge alle zehn Jahre neu ausgenutzt werden können,
- durch eine Schenkung oder entgeltliche Übertragung Pflichtteilsansprüche/Pflichtteilsergänzungsansprüche bei geschickter Gestaltung minimiert werden können,
- Regressansprüche des Sozialhilfeträgers vermieden werden, da Schenkungen nach zehn Jahren nicht mehr zurückgefordert werden können,
- ein vorzeitiger Vermögensempfang Kindern beim Aufbau einer eigenen Existenz hilft.

So werden Zuwendungen zu Lebzeiten im Erbfall berücksichtigt

Je nachdem wie eine Vermögensübertragung juristisch einzuordnen ist, wird diese in einem späteren Erbfall bei der Verteilung des Nachlasses berücksichtigt oder

auch nicht. Denn nicht alle Zuwendungen, insbesondere an die Kinder des Erblassers, müssen bei einem späteren Erbfall gegenüber den Geschwistern, die zeitlebens weniger erhalten haben, ausgeglichen bzw. »verrechnet« werden. Nur wenn der Erblasser bei der Schenkung an sein Kind ausdrücklich angeordnet hat,

> **Tipp**
> Jeder Erblasser sollte klar regeln, ob Schenkungen im Erbfall noch berücksichtigt werden sollten oder nicht.

dass bei einem späteren Erbfall hier ein Ausgleichsbetrag an Geschwister zu zahlen ist, muss dies bei einem Erbfall berücksichtigt werden. Gleiches gilt, falls eine sogenannte Ausstattung vorgenommen wurde. Als Ausstattung gelten alle diejenigen Zuwendungen, die ein Kind von seinen Eltern anlässlich der Eheschließung oder zur Erlangung einer eigenen Lebensstellung erhält. Eine typische Ausstattung ist neben der klassischen Aussteuer zur Hochzeit beispielsweise der Zuschuss zu einer eigenen Existenzgründung, sei es in bar oder in Form der Übertragung eines Grundstücks zum Hausbau.

Der Betrag, der auszugleichen ist, kann vom Erblasser bereits festgelegt sein. Lässt der Erblasser den Betrag offen, so gilt der Wert zum Zeitpunkt der Übergabe, bereinigt um die Inflationsrate. Schlimmstenfalls bedeutet eine Ausgleichung, dass der Abkömmling, der bereits zu Lebzeiten am meisten erhalten hat, bei der Erbteilung leer ausgeht. Etwas zurückgeben muss er aber nicht.

Beispiel: Der Witwer Karl Ludwig stirbt und hinterlässt als gesetzliche Erben einen Sohn und eine Tochter. Dem Sohn hatte er zu dessen Start in die Selbstständigkeit 50.000 Euro gegeben, damit dieser eine Schreinerei übernehmen konnte. Die Tochter hatte keine Geldzahlungen erhalten, allerdings wurde ihr ein Musikstudium durch die Eltern ermöglicht. Beide Kinder streiten nun darüber, ob der Nachlass von 100.000 Euro hälftig aufzuteilen ist bzw. wer sich welche Vorempfänge, also das Musikstudium bzw. 50.000 Euro, in welcher Höhe auf das vorhandene Nachlassvermögen anrechnen lassen muss.

Die Zahlung von 50.000 Euro an den Sohn ist hier als Ausstattung zu werten: Sie wurde ihm zur Begründung seiner Existenz und damit für eine eigene Lebensstellung zugewandt. Dieser Betrag ist damit im Erbfall zu berücksichtigen. Die Kosten für das Studium muss sich die Tochter nicht anrechnen lassen, da Ausbildungskosten in einem üblichen Rahmen nicht als Ausstattung zu berücksichtigen sind. Daher ergibt sich folgende Nachlassaufteilung:

Nachlass im Erbfall:	100.000 €
Ausstattung Sohn:	50.000 €
Nachlass einschließlich Ausstattung:	150.000 €

Hiervon erhält jeder ½, die Tochter also 75.000 Euro aus dem Nachlass, der Sohn nur noch 25.000 Euro, da er ja im Vorfeld eine Ausstattung in Höhe von 50.000 Euro erhalten hat.

Tipp
Wer als zukünftiger Erbe ein solches Ergebnis für ungerecht hält, der muss bei jedem lebzeitigen Vorempfang immer ausdrücklich mitregeln bzw. von seinen Eltern mitregeln lassen, wie dieser Vorempfang im Erbfall zu berücksichtigen ist.

Besteht eine Ausgleichungspflicht, so ist für eine Wertberechnung der jeweiligen Zurechnung der Zeitpunkt maßgeblich, an dem die Zuwendung erfolgte. Wertsteigerungen, wie beispielsweise eine Umwandlung von Acker in Bauland, oder auch erzielte Zinsvorteile sind nicht zu berücksichtigen. Es kommt lediglich zu einer Anpassung an den Lebenshaltungskostenindex.

Zu beachten ist, dass nur Zuwendungen an Kinder ausgleichungspflichtig sind, nicht jedoch Zuwendungen an den Ehegatten. Bei der Ausgleichung kann es also zu Teilungsanteilen für die Erben kommen, die von den Erbanteilen abweichen. Erbschaftsteuerlich ist der Nachlass mit seinem steuerlichen Wert den Miterben nach diesen Teilungsanteilen zuzurechnen.

Beispiel: Der Erblasser E setzt seine Kinder A und B zu gleichen Teilen als Erben ein. Der Nachlass hat einen steuerlichen Wert von 1,2 Mio. Euro (Verkehrswert 1,6 Mio. Euro). A hat von E zu dessen Lebzeiten ein Grundstück (Steuerwert 400.000 Euro, Verkehrswert 800.000 Euro) als ausgleichungspflichtige Zuwendung erhalten.

Die Erwerbe von Todes wegen von A und B berechnen sich wie folgt:

Nachlass zum Verkehrswert	*1.600.000 €*
+ auszugleichende Zuwendung zum Verkehrswert	*+ 800.000 €*
	= 2.400.000 €
Anteil A (½)	*1.200.000 €*
./. auszugleichende Zuwendung	*– 800.000 €*
	= 400.000 €
Teilungsanteil A *im Verhältnis zum Verkehrswert des Nachlasses* *(400.000 € zu 1.600.000 €) = ¼*	
Teilungsanteil B *(1.200.000 Euro zu 1.600.000 €) = ¾*	
Erwerb A durch Erbanfall: *¼ von 1.200.000 € (Steuerwert)*	*300.000 €*
Erwerb B durch Erbanfall: *¾ von 1.200.000 € (Steuerwert)*	*900.000 €*

Unabhängig von der Frage einer späteren Ausgleichungspflicht ist bei lebzeitigen Zuwendungen immer zu beachten, dass diese einen Pflichtteilsergänzungsanspruch auslösen können. Grundsätzlich lösen beispielsweise alle Schenkungen, die zehn Jahre vor dem Erbfall getätigt wurden, Ansprüche der Pflichtteilsberechtigten aus. Folgende Ausnahmen bestehen jedoch:

> **Hinweis:** Es gibt auch Schenkungen, die keinen Pflichtteilsanspruch auslösen.

⋯▸ Bei Erbfällen, die nach dem 1. Januar 2010 eingetreten sind, reduziert sich für jedes Jahr zwischen Schenkung und Erbfall der Pflichtteilsergänzungsanspruch um 10 Prozent.

⋯▸ Kleinere Zuwendungen aus besonderem Anlass wie beispielsweise Geburtstag, Weihnachten, Taufe, Jubiläum etc. gelten als Anstandsschenkungen und bleiben bei Pflichtteilsergänzungsansprüchen außer Acht. Was als »kleinere Zuwendung« zu verstehen ist, ist nach örtlichen und gesellschaftlichen Verkehrssitten im Einzelfall zu bewerten. Eine pauschale Obergrenze für den Wert einer Anstandsschenkung gibt es also nicht.

⋯▸ Gleiches gilt für sogenannte Pflichtschenkungen: Dies können auch größere Zuwendungen sein bis hin zu einem Grundstück, die zur Erfüllung einer sittlichen Pflicht erfolgen. Ob eine Pflichtschenkung vorliegt, ist in jedem einzelnen Fall zu überprüfen. Sie ist gegeben, wenn dem Schenker eine besondere Pflicht zu der Schenkung oblag. Berücksichtigt wird dabei, ob eine besondere persönliche Beziehung zum Beschenkten bestand, und auch die Vermögensverhältnisse beider Beteiligten werden berücksichtigt. Auch die Rechte der durch die Schenkung benachteiligten Person sind hier mitabzuwägen. Beispiele für Pflichtschenkungen sind Unterhaltszahlungen für mittellose Geschwister und Schenkungen als Dank für langjährige unbezahlte Dienste im Haushalt, für unentgeltliche Pflege oder Versorgung.

⋯⟩ Auch Ausstattungen begründen keinen Pflichtteilsergänzungsanspruch. Nur wenn diese im Übermaß erfolgten, also die Vermögensverhältnisse überstiegen, dann besteht hinsichtlich des Übermaßes ein Pflichtteilsergänzungsanspruch.

⋯⟩ Eine Schenkung liegt auch nicht vor, wenn eine Gegenleistung für die Zuwendung erbracht wurde. Nur wenn die Gegenleistung in einem auffälligen und groben Missverhältnis zu der Schenkung steht, so spricht man von einer gemischten Schenkung. Der unentgeltliche Teil eines solchen Geschäfts ist dabei als Schenkung zu würdigen, hieran besteht ein Pflichtteilsergänzungsanspruch.

Beispiel: Ein Familienvater überträgt an seinen Bruder ein Grundstück und bekommt hierfür 50.000 Euro. Der tatsächliche Wert des Grundstücks beträgt auf dem freien Immobilienmarkt aber in Wirklichkeit 200.000 Euro. Hier stehen Leistung und Gegenleistung des Geschäfts in einem auffälligen Missverhältnis: Der Familienvater hat seinem Bruder den Differenzwert am Grundstück in Höhe von 150.000 Euro unentgeltlich zugewandt. Hieran besteht dann zugunsten der Pflichtteilsberechtigten ein Pflichtteilsergänzungsanspruch.

Bei der Bewertung der Schenkung im Hinblick auf die Berechnung von Pflichtteilsergänzungsansprüchen ist zu beachten, dass verbrauchbare Sachen immer mit dem Wert im Zeitpunkt der Schenkung anzusetzen sind. Als verbrauchbar gelten unter anderem: Geld, Wertpapiere, Tiere, Lebensmittel, Heizmaterialien etc. Allerdings ist eine Entwertung nach dem allgemeinen Lebenshaltungsindex auszugleichen.

Nicht verbrauchbare Sachen kommen mit dem Wert in Ansatz, den sie zum Zeitpunkt des Erbfalls hatten, es sei denn sie hatten im Zeitpunkt der Schenkung einen niedrigeren Wert, dann gilt dieser. Das bedeutet für die Pflichtteilsberechtigten immer eine Schlechterstellung. Nicht verbrauchbare Sachen sind Kunstgegenstände, Antiquitäten, Bücher und insbesondere auch Grundstücke und Häuser.

Beispiel: Die Ehefrau verschenkt sieben Jahre vor ihrem Tod ein Haus an ihre Schwester im Wert von 250.000 Euro. Im Zeitpunkt des Erbfalls hat dieses einen Wert von 320.000 Euro. Maßgeblich für den Pflichtteilsergänzungsanspruch ist damit der Wert im Zeitpunkt der Schenkung, in diesem Fall also 250.000 Euro. Dieser Wert wird dann inflationsbereinigt, sodass bei der Berechnung des Pflichtteilsergänzungsanspruchs zunächst von einem Betrag von 260.000 Euro auszugehen ist. Ist der Erbfall vor dem Jahr 2010 eingetreten, so errechnet sich der Pflichtteilsergänzungsanspruch aus 260.000 Euro. Ist der Erbfall nach dem 1. Januar 2010 eingetreten, reduziert sich der Pflichtteilsanspruch um 70 Prozent und ist daher nur noch aus einem Betrag von 78.000 Euro zu errechnen.

Der Pflichtteilsergänzungsanspruch muss gegenüber den Erben geltend gemacht werden und ist aus dem Nachlassvermögen zu zahlen. Nur wenn der Nachlass nicht ausreichend ist, muss der Beschenkte selbst ihn zahlen.

Rückabwicklung und Rückforderung

Das Gesetz sieht nur ungenügende Möglichkeiten vor, übergebenes Vermögen zurückzufordern. Verarmt der Schenker nach der Schenkung, so kann er das Verschenkte noch binnen zehn Jahren nach der Schenkung zurückfordern. Lebt der Schenker dann von Sozialleistungen, so kann diese Rückforderung auch vom Sozialamt erfolgen. Allerdings kann sich der Beschenkte dagegen zur Wehr setzen, wenn er auf das Geschenk für seinen eigenen Unterhalt angewiesen ist.

> **!** **Wichtig:** Als Schenker sollte man Rückforderungsansprüche immer vertraglich vereinbaren, um so besser geschützt zu sein.

Zudem kann eine Schenkung immer dann widerrufen werden, wenn sich der Beschenkte durch eine schwere Verfehlung gegen den Schenker oder dessen Angehörige groben Undanks schuldig gemacht hat. Dies liegt jedoch meist nur dann vor, wenn Straftaten vom Beschenkten gegen den Schenker oder dessen Familie begangen wurden.

Um allen Eventualitäten vorzubeugen, sollten insbesondere bei größeren Vermögensübertragungen, wie zum Beispiel bei Grundstücks- und Hausübertragungen, zusätzlich Rückforderungsrechte vertraglich vereinbart werden, für den Fall, dass

- ⋯⟩ der Beschenkte vor dem Schenker verstirbt,
- ⋯⟩ der Beschenkte heiratet bzw. sich scheiden lässt,
- ⋯⟩ der Beschenkte in Vermögensverfall gerät,
- ⋯⟩ der Beschenkte ein Betreuungsfall wird,
- ⋯⟩ der Beschenkte vertragliche Verpflichtungen nicht erfüllte.

Ein besonderer Rückforderungsanspruch im Erbfall besteht bei solchen Schenkungen, die gegen einen bindend gewordenen Erbvertrag oder gegen ein bindend gewordenes gemeinschaftliches Testament verstoßen (siehe Seite 120 f.). Hier sieht das Gesetz zumindest dann die Möglichkeit vor, die Schenkung zurückzuverlangen, wenn die Schenkung nicht mit einem lebzeitigen Eigeninteresse des Schenkers vorgenommen wurde.

> **Besonderheit:** Eine Schenkung verstößt gegen ein gemeinschaftliches Testament!

Ein lebzeitiges Eigeninteresse liegt vor, wenn der Schenker aus eigennützigen Zwecken geschenkt hat, um sich vom Beschenkten einen ihm nützlichen Vorteil zu verschaffen. Als lebzeitiges Eigeninteresse gilt es, wenn

- ⋯⟩ die Schenkung erfolgte, um die eigene Altersversorgung sicherzustellen oder zu verbessern,
- ⋯⟩ durch die Schenkung ein geeigneter Nachfolger für den eigenen Betrieb gehalten werden kann oder
- ⋯⟩ durch die Schenkung eine jüngere Ehefrau an den Schenker gebunden werden soll, um so die eigene Pflege und Betreuung im Alter sichergestellt zu wissen.

4 Nachlassvorsorge

Eine aus solcher nachweisbaren Motivation erfolgte Schenkung kann im Erbfall nicht zurückverlangt werden. Eine Schenkung mit lebzeitigem Eigeninteresse sollte daher unbedingt in einem schriftlichen Vertrag festgehalten werden. Im Interesse von Schenker und Beschenktem ist es ratsam, sich juristische Unterstützung zu holen.

Vorsicht! Der Schenker darf Schenkungen ohne lebzeitiges Eigeninteresse zwar nicht vornehmen, er kann jedoch daran nicht gehindert werden. Erst wenn er verstorben ist, können sich die beeinträchtigten Erben gegen eine zu Unrecht erfolgte Schenkung wehren und diese vom Beschenkten wieder zurückfordern.

Beispiel: Die Eheleute Franz und Elfi Aben verfügen in ihrem Testament: »Wir setzen uns gegenseitig zu Vollerben ein. Wenn der Letzte von uns verstorben ist, dann sollen Schlusserben unsere gemeinsamen Kinder werden. Diese Verfügung ist wechselbezüglich.«

Kurz nachdem Franz verstorben ist, verschlechtert sich das Verhältnis der Mutter zu ihren beiden Töchtern und aus Ärger darüber überschreibt sie ein Haus auf ihren Bruder. Dies können die Töchter zwar nicht verhindern, aber da die Mutter hier von einem bindend gewordenen Ehegattentestament abgewichen ist, können sie beim Tod der Mutter das Haus von ihrem Onkel wieder zurückverlangen. Die Motivation der erfolgten Schenkung, nämlich der Ärger über ein schlechtes Verhältnis zu Kindern, ist kein »lebzeitiges Eigeninteresse«, das einen Verstoß gegen das ursprüngliche Testament rechtfertigen würde. Wenn die Eheleute gewollt hätten, dass der Überlebende frei über das ererbte Vermögen verfügen darf, hätten sie das testamentarisch regeln müssen (siehe Seite 131).

FINANZIELLE VORSORGE 5

5 Finanzielle Vorsorge

Übersicht über Vermögen, Verbindlichkeiten und Forderungen

Ehepartner oder Partner in Lebensgemeinschaften haben häufig entweder Gemeinschaftskonten eingerichtet oder einander Vollmachten über ihre persönlichen Konten erteilt. Sofern dies nicht der Fall ist, sollten Sie rechtzeitig im Wege einer Verfügungsvollmacht festlegen, auf wen bei Unfall, schwerer Erkrankung oder im Todesfall das Bankkonto übertragen werden soll. Die Konten bleiben ansonsten bis zur Vorlage des Erbscheins gesperrt. Dies kann unter Umständen mehrere Monate dauern.

Tipp
Lassen Sie sich am besten von Ihrer Hausbank beraten und verfassen Sie eine Hinterbliebenenvollmacht/postmortale Vollmacht.

Berater

In meinen/unseren finanziellen Angelegenheiten vertraue/n ich/wir folgenden Personen:

Name: _____

    Firma: _____

    Anschrift: _____

    Bemerkungen: _____

Name: _____

    Firma: _____

    Anschrift: _____

    Bemerkungen: _____

Rechtsanwalt: _____

    Firma: _____

    Anschrift: _____

    Bemerkungen: _____

Steuerberater: _____

    Firma: _____

    Anschrift: _____

    Bemerkungen: _____

Vermögensberater: _____

    Firma: _____

    Anschrift: _____

    Bemerkungen: _____

Berater

5 Finanzielle Vorsorge

Girokonten

Für meine/unsere Girokonten sind folgende Informationen relevant:

> Girokonten haben heutzutage für den bargeldlosen Zahlungsverkehr zentrale Bedeutung. Außer für Rechnungen, die durch Überweisungen bezahlt werden, sind Einzugsermächtigungen und Daueraufträge erteilt. Ebenso gehen Lohn- und Gehaltszahlungen, Renten- und Pensionszahlungen ein. Es ist daher wichtig, alle Verfügungen für jedes Girokonto zu erfassen.

Girokonto 1

Name des Kreditinstituts: _____

Zweigstelle: _____

Kontonr.: _____

Bankleitzahl: _____

IBAN: _____

Kontoinhaber: _____

Bemerkungen: _____

Erteilte Vollmacht:

Generelle Vollmacht   ☐ Ja   ☐ Nein

Vollmacht nur für den Todesfall ☐ Ja   ☐ Nein

Kennwort vorhanden   ☐ Ja   ☐ Nein

Bevollmächtigter (Name und Adresse):

_____

_____

> **!** Wichtig: Hier haben Sie lediglich über das Bestehen einer Bevollmächtigung informiert. Wenden Sie sich an das Kreditinstitut, um das entsprechende Formular rechtsverbindlich unterschreiben zu lassen.

Erteilte Daueraufträge:

Empfänger	Verwendungszweck	Termin	Höhe
1.			
2.			
3.			
4.			
5.			

Erteilte Einzugsermächtigungen:

Empfänger	Verwendungszweck	Termin	Höhe
1.			
2.			
3.			
4.			
5.			

Girokonto 2

Name des Kreditinstituts: _____

Zweigstelle: _____

Kontonr.: _____

Bankleitzahl: _____

IBAN: _____

Kontoinhaber: _____

Bemerkungen: _____

Erteilte Vollmacht:

Generelle Vollmacht   ☐ Ja   ☐ Nein

Vollmacht nur für den Todesfall   ☐ Ja   ☐ Nein

Kennwort vorhanden   ☐ Ja   ☐ Nein

Bevollmächtigter (Name und Adresse):

_____

_____

> **!** **Wichtig: Hier haben Sie lediglich über das Bestehen einer Bevollmächtigung informiert. Wenden Sie sich an das Kreditinstitut, um das entsprechende Formular rechtsverbindlich unterschreiben zu lassen.**

Erteilte Daueraufträge:

	Empfänger	Verwendungszweck	Termin	Höhe
1.				
2.				
3.				
4.				
5.				

Erteilte Einzugsermächtigungen:

	Empfänger	Verwendungszweck	Termin	Höhe
1.				
2.				
3.				
4.				
5.				

Bankschließfach

Persönliche Unterlagen, Wertpapiere, Schmuck oder Sammlungen werden oft im Bankschließfach aufbewahrt. Zugang dazu hat jeder ohne Ansehen der Person, der über Geheimnummer oder Passwort verfügt. Die Bank kontrolliert die Berechtigung desjenigen, der an das Schließfach geht, nicht. Angaben zum Schließfach sollten Sie daher unbedingt vertraulich behandeln.

> Überlegen Sie genau, wem Sie mitteilen, wo sich der Schlüssel befindet und wie Geheimnummer oder Passwort lauten. Die Bank sperrt den Zugang zum Schließfach, sobald sie Kenntnis vom Tod des Inhabers hat.

Für meine/unsere Bankschließfächer sind folgende Informationen relevant:

Bankschließfach 1

Name des Kreditinstituts: _____

Zweigstelle: _____

Fachnr.: _____

Bemerkungen: _____

_____

Erteilte Vollmacht:

Generelle Vollmacht   ☐ Ja   ☐ Nein

Vollmacht nur für den Todesfall   ☐ Ja   ☐ Nein

Kennwort vorhanden   ☐ Ja   ☐ Nein

Bevollmächtigter (Name und Adresse):

_____

_____

Aufbewahrungsort des Schlüssels:

_____

> **!** Wichtig: Hier haben Sie lediglich über das Bestehen einer Bevollmächtigung informiert. Wenden Sie sich an das Kreditinstitut, um das entsprechende Formular rechtsverbindlich unterschreiben zu lassen.

5 Finanzielle Vorsorge

Inhalt des Bankschließfachs:

Gegenstand	Wert in Euro
1.	
2.	
3.	
4.	
5.	
6.	
7.	
8.	
9.	
10.	

Bankschließfach 2

Name des Kreditinstituts: _____

Zweigstelle: _____

Fachnr.: _____

Bemerkungen: _____

Erteilte Vollmacht:

Generelle Vollmacht   ☐ Ja   ☐ Nein

Vollmacht nur für den Todesfall   ☐ Ja   ☐ Nein

Kennwort vorhanden   ☐ Ja   ☐ Nein

Bevollmächtigter (Name und Adresse):

_____

_____

Aufbewahrungsort des Schlüssels: _____

> ❗ **Wichtig: Hier haben Sie lediglich über das Bestehen einer Bevollmächtigung informiert. Wenden Sie sich an das Kreditinstitut, um das entsprechende Formular rechtsverbindlich unterschreiben zu lassen.**

Inhalt des Bankschließfachs:

Gegenstand	Wert in Euro
1.	
2.	
3.	
4.	
5.	
6.	
7.	
8.	
9.	
10.	

Sparbuch

Sparbücher sind eine traditionelle und in Deutschland immer noch weit verbreitete und beliebte Form der Geldanlage, da sie einfach zu handhaben sind
und keine Kursrisiken ber-
gen. Sie sind auf den Namen
des Kontoinhabers ausge-
stellt. Kreditinstitute sind

> **!** **Wichtig: Fragen Sie beim Abschluss eines Tagesgeld-
> kontos in jedem Fall nach der Höhe der Einlagensicherung.**

berechtigt, aber nicht verpflichtet, bei Vorlage eines Sparbuchs, insbesondere
bei Geldabhebungen, die Legitimation der Person zu prüfen. Von einem Sparbuch können monatlich ohne Vorankündigung 2.000 Euro abgehoben werden.
Obwohl die Verzinsung der Guthaben in der Regel niedriger ist als bei anderen
Sparformen, wird das Sparbuch immer noch stark genutzt, um den Notgroschen
zu parken.

Zum Parken des Notgroschens eignen sich Tagesgeldkonten mit einer deutlich
höheren Verzinsung besser. Hier kann jederzeit über das gesamte Guthaben
verfügt werden, ohne dass Strafzinsen fällig werden. Beachtet werden sollte
allerdings die sogenannte Einlagensicherung. Seit dem 1. Januar 2011 beträgt
die Höhe der Einlagensicherung 100.000 Euro. Kreditinstitute, die Mitglied im
Bundesverband der deutschen Banken sind, sowie Sparkassen haben eine deutlich höhere Sicherung der Einlagen.

Für mein/unser Sparbuch sind folgende Informationen relevant:

Sparbuch 1

Name des Kreditinstituts: _____

Zweigstelle: _____

Kontonr.: _____

Bankleitzahl: _____

Aufbewahrungsort: _____

Inhaber: _____

Bemerkungen: _____

_____

Erteilte Vollmacht:

Generelle Vollmacht   ☐ Ja   ☐ Nein

Vollmacht nur für den Todesfall   ☐ Ja   ☐ Nein

Kennwort vorhanden   ☐ Ja   ☐ Nein

Bevollmächtigter (Name und Adresse):

_____

_____

> **! Wichtig:** Hier haben Sie lediglich über das Bestehen einer Bevollmächtigung informiert. Wenden Sie sich an das Kreditinstitut, um das entsprechende Formular rechtsverbindlich unterschreiben zu lassen.

Sparbuch 2

Name des Kreditinstituts: _____

Zweigstelle: _____

Kontonr.: _____

Bankleitzahl: _____

Aufbewahrungsort: _____

Inhaber: _____

Bemerkungen: _____

_____

Erteilte Vollmacht:

Generelle Vollmacht   ☐ Ja   ☐ Nein

Vollmacht nur für den Todesfall   ☐ Ja   ☐ Nein

Kennwort vorhanden   ☐ Ja   ☐ Nein

Bevollmächtigter (Name und Adresse):

_____

_____

> **! Wichtig:** Hier haben Sie lediglich über das Bestehen einer Bevollmächtigung informiert. Wenden Sie sich an das Kreditinstitut, um das entsprechende Formular rechtsverbindlich unterschreiben zu lassen.

5 Finanzielle Vorsorge

Sparvertrag

Unter dem Begriff Sparvertrag werden Sparkonten zusammengefasst, bei denen es im Vergleich zu herkömmlichen Sparkonten Einschränkungen im Zugriff gibt. Sie haben in der Regel eine längere Kündigungsfrist als die üblichen drei Monate. Die Verzinsung ist meistens variabel mit einem Aufschlag im Vergleich zum niedrigen Spareckzins des Sparbuchs. Die Kündigungsfristen reichen normalerweise von sechs Monaten bis zu vier Jahren. Sparverträge gibt es in unterschiedlichen Sonderformen:

- **Bonussparen/Prämiensparen:** Für die Spareinlagen wird vereinbart, dass nach Ablauf einer bestimmten Anlagedauer oder Spartätigkeit neben den Zinsen ein einmaliger oder jährlicher Bonus bzw. eine Prämie auf die Sparleistung gezahlt wird. Dieser Bonus bzw. die Prämie steigt mit der Anlagedauer. Die Verträge können als Einmalanlage oder als Ratensparvertrag abgeschlossen werden.
- **Wachstumssparen/Zuwachssparen:** Die Spareinlage wird mit einem jährlich steigenden Zinssatz oder einer Zusatzverzinsung vereinbart. Die Grundverzinsung kann dabei fest oder variabel sein. Die Verträge können als Einmalanlage oder als Ratensparvertrag abgeschlossen sein.
- **Gewinnsparen/Lossparen:** Für den Sparvertrag werden konstante monatliche Sparraten festgelegt. Der Sparer erwirbt monatlich ein oder mehrere Sparlose. Ein Teil des Einzahlungsbetrags und die Zinsen werden lotteriemäßig ausgelost. Die Sparsumme wird am Jahresende dem Sparkonto des Sparers gutgeschrieben.

Für meine/unsere Sparverträge sind folgende Informationen relevant:

Sparvertrag 1

Name des Kreditinstituts: _____

Zweigstelle: _____

Sparvertragsnr.: _____

Bankleitzahl: _____

Sparvertragssumme: _____

Fälligkeit am: _____

Aufbewahrungsort des Vertrags: _____

Inhaber: _____

Bemerkungen: _____

Erteilte Vollmacht:

Generelle Vollmacht   ☐ Ja   ☐ Nein

Vollmacht nur für den Todesfall   ☐ Ja   ☐ Nein

Kennwort vorhanden   ☐ Ja   ☐ Nein

Bevollmächtigter (Name und Adresse):

_____

_____

> **!** **Wichtig: Hier haben Sie lediglich über das Bestehen einer Bevollmächtigung informiert. Wenden Sie sich an das Kreditinstitut, um das entsprechende Formular rechtsverbindlich unterschreiben zu lassen.**

Sparvertrag 2

Name des Kreditinstituts: _____

Zweigstelle: _____

Sparvertragsnr.: _____

Bankleitzahl: _____

Sparvertragssumme: _____

Fälligkeit am: _____

Aufbewahrungsort des Vertrags: _____

Inhaber: _____

Bemerkungen: _____

_____

Erteilte Vollmacht:

Generelle Vollmacht   ☐ Ja   ☐ Nein

Vollmacht nur für den Todesfall   ☐ Ja   ☐ Nein

Kennwort vorhanden   ☐ Ja   ☐ Nein

5 Finanzielle Vorsorge

Bevollmächtigter (Name und Adresse):

_____

_____

> **Wichtig:** Hier haben Sie lediglich über das Bestehen einer Bevollmächtigung informiert. Wenden Sie sich an das Kreditinstitut, um das entsprechende Formular rechtsverbindlich unterschreiben zu lassen.

Sparvertrag 3

Name des Kreditinstituts: _____

Zweigstelle: _____

Sparvertragsnr.: _____

Bankleitzahl: _____

Sparvertragssumme: _____

Fälligkeit am: _____

Aufbewahrungsort des Vertrags: _____

Inhaber: _____

Bemerkungen: _____

Erteilte Vollmacht:

Generelle Vollmacht   ☐ Ja   ☐ Nein

Vollmacht nur für den Todesfall   ☐ Ja   ☐ Nein

Kennwort vorhanden   ☐ Ja   ☐ Nein

Bevollmächtigter (Name und Adresse):

_____

_____

> **Wichtig:** Hier haben Sie lediglich über das Bestehen einer Bevollmächtigung informiert. Wenden Sie sich an das Kreditinstitut, um das entsprechende Formular rechtsverbindlich unterschreiben zu lassen.

Sparbrief

Bei Sparbriefen handelt es sich um Urkunden, die ähnlich wie Anleihen neben der Zahlung eines fest vereinbarten Zinses die Auszahlung eines Nennwerts zu einem bestimmten Fälligkeitstermin vorsehen. Der Unterschied zur Anleihe besteht darin, dass Sparbriefe nicht wie Anleihen an der Börse gehandelt werden. Es handelt sich immer um einen persönlichen Vertrag zwischen Anleger und Kreditinstitut, der nicht einfach weitergegeben werden kann.

Da die Zinsen für die gesamte Laufzeit festgelegt sind und auch der Rückzahlungstermin bekannt ist, sind Sparbriefe eine sehr sichere Geldanlage. Außerdem sind sie gebührenfrei bei Kauf und Rückgabe. Ebenso wenig wird für die Verwaltung und Verwahrung zusätzliches Geld verlangt.
Es wird unterschieden nach

- **aufgezinsten Sparbriefen,** bei denen die Zinsen nicht ausgezahlt werden, sondern auf dem Sparbrief angesammelt werden,
- **abgezinsten Sparbriefen,** bei denen die Zinsen nicht am Ende der Sparzeit gutgeschrieben werden, sondern sofort beim Kauf mit dem Nennwert verrechnet werden, und
- **jährlich verzinsten Sparbriefen,** bei denen die Zinsen jährlich auf dem Girokonto des Anlegers gutgeschrieben werden.

Je nachdem wie hoch die Anlagesumme ist, kann es von Vorteil sein, jährliche Zinszahlungen zu vereinbaren. Sonst müssen am Ende der Laufzeit bei überschrittenen Freibeträgen die Zinsen versteuert werden.

Für meine/unsere Sparbriefe sind folgende Informationen relevant:

Sparbrief 1

Name des Kreditinstituts: _____

Zweigstelle: _____

Sparbriefnr.: _____

Bankleitzahl: _____

Sparsumme: _____

Fälligkeit am: _____

Aufbewahrungsort des Vertrags: _____

Inhaber: _____

Bemerkungen: _____

> ❗ **Wichtig: Hier haben Sie lediglich über das Bestehen einer Bevollmächtigung informiert. Wenden Sie sich an das Kreditinstitut, um das entsprechende Formular rechtsverbindlich unterschreiben zu lassen.**

Erteilte Vollmacht:

Generelle Vollmacht ☐ Ja ☐ Nein

Vollmacht nur für den Todesfall ☐ Ja ☐ Nein

Kennwort vorhanden ☐ Ja ☐ Nein

Bevollmächtigter (Name und Adresse):

_____

_____

Sparbrief 2

Name des Kreditinstituts: _____

Zweigstelle: _____

Sparbriefnr.: _____

Bankleitzahl: _____

Sparsumme: _____

Fälligkeit am: _____

Aufbewahrungsort des Vertrags: _____

Inhaber: _____

Bemerkungen: _____

Erteilte Vollmacht:

Generelle Vollmacht ☐ Ja ☐ Nein

Vollmacht nur für den Todesfall ☐ Ja ☐ Nein

Kennwort vorhanden ☐ Ja ☐ Nein

Bevollmächtigter (Name und Adresse):

_____

_____

! **Wichtig: Hier haben Sie lediglich über das Bestehen einer Bevollmächtigung informiert. Wenden Sie sich an das Kreditinstitut, um das entsprechende Formular rechtsverbindlich unterschreiben zu lassen.**

Sparbrief 3

Name des Kreditinstituts: _____

Zweigstelle: _____

Sparbriefnr.: _____

Bankleitzahl: _____

Sparsumme: _____

Fälligkeit am: _____

Aufbewahrungsort des Vertrags: _____

Inhaber: _____

Bemerkungen: _____

Erteilte Vollmacht:

Generelle Vollmacht   ☐ Ja   ☐ Nein

Vollmacht nur für den Todesfall   ☐ Ja   ☐ Nein

Kennwort vorhanden   ☐ Ja   ☐ Nein

Bevollmächtigter (Name und Adresse):

_____

_____

> **!** **Wichtig:** Hier haben Sie lediglich über das Bestehen einer Bevollmächtigung informiert. Wenden Sie sich an das Kreditinstitut, um das entsprechende Formular rechtsverbindlich unterschreiben zu lassen.

Vermögenswirksame Leistungen

Vermögenswirksame Leistungen sind Geldleistungen, die der Arbeitgeber für den Arbeitnehmer anlegt. Die Zahlung vermögenswirksamer Leistungen (VL) ist im 5. Vermögensbildungsgesetz geregelt. Ziel ist die Förderung der Vermögensbildung von Arbeitnehmern. VL werden im Tarif- oder Arbeitsvertrag vereinbart.

Gefördert werden Arbeiter, Angestellte, Beamte, Richter, Berufssoldaten und Soldaten auf Zeit. Der Arbeitgeber überweist die vereinbarte Sparrate direkt an den Anbieter, die Höchstgrenze liegt bei monatlich 40 Euro.

VL-Sparer können unter folgenden gesetzlich festgelegten Anlageformen wählen:
- Banksparplan,
- Bausparvertrag,
- Lebensversicherung,
- Beteiligungsfonds, zum Beispiel Aktienfonds,
- betriebliche Altersvorsorge,
- Tilgung von Darlehen für selbst genutzte Immobilien.

Der Staat unterstützt Sparer zusätzlich mit der Arbeitnehmersparzulage bei Anlage in vermögenswirksame Bausparverträge und vermögenswirksame Beteiligungssparverträge. Sie ist an bestimmte Einkommensgrenzen gekoppelt. Das zu versteuernde Einkommen darf folgende Grenzen nicht überschreiten:

Bausparen:
- **Ledige:** 17.900 Euro pro Jahr,
- **Verheiratete:** 35.800 Euro pro Jahr.

Beteiligungssparen:
- **Ledige:** 20.000 Euro
- **Verheiratete:** 40.000 Euro

Der Staat zahlt bis zur Grenze von
- maximal 470 Euro pro Jahr eine Sparzulage von 9 Prozent auf vermögenswirksame **Bausparverträge** und
- maximal 400 Euro pro Jahr eine Sparzulage von 20 Prozent auf vermögenswirksame **Beteiligungssparverträge**.

Wer die staatliche Zulage kassieren will, darf allerdings erst nach sieben Jahren über das angelegte Geld verfügen. Die Arbeitnehmersparzulage muss jedes Jahr mit der Einkommensteuererklärung beantragt werden.

Tipp
Für Arbeitnehmer, die mit ihrem Einkommen unterhalb der Einkommensgrenzen liegen, lohnt sich die Anlage der vermögenswirksamen Leistungen immer. Beteiligt sich der Arbeitgeber je nach Tarifvertrag oder Betriebsvereinbarung mit einem Zuschuss an der Vermögensbildung, lohnt sich dies auch für alle anderen.

Für meine/unsere vermögenswirksamen Leistungen sind folgende Informationen relevant:

VL-Vertrag 1

Name des Kreditinstituts: _____

Zweigstelle: _____

VL-Vertragsnr.: _____

Bankleitzahl: _____

Anlageform: _____

Fälligkeit am: _____

Aufbewahrungsort des Vertrags: _____

Inhaber: _____

Bemerkungen: _____

Erteilte Vollmacht:

Generelle Vollmacht   ☐ Ja   ☐ Nein

Vollmacht nur für den Todesfall   ☐ Ja   ☐ Nein

Kennwort vorhanden   ☐ Ja   ☐ Nein

Bevollmächtigter (Name und Adresse):

_____

_____

> **!** **Wichtig: Hier haben Sie lediglich über das Bestehen einer Bevollmächtigung informiert. Wenden Sie sich an das Kreditinstitut, um das entsprechende Formular rechtsverbindlich unterschreiben zu lassen.**

VL-Vertrag 2

Name des Kreditinstituts: _____

Zweigstelle: _____

VL-Vertragsnr.: _____

Bankleitzahl: _____

Anlageform: _____

Fälligkeit am: _____

Aufbewahrungsort des Vertrags: _____

Inhaber: _____

Bemerkungen: _____

Erteilte Vollmacht:

Generelle Vollmacht   ☐ Ja   ☐ Nein

Vollmacht nur für den Todesfall   ☐ Ja   ☐ Nein

Kennwort vorhanden   ☐ Ja   ☐ Nein

Bevollmächtigter (Name und Adresse):

_____

_____

> **!** **Wichtig:** Hier haben Sie lediglich über das Bestehen einer Bevollmächtigung informiert. Wenden Sie sich an das Kreditinstitut, um das entsprechende Formular rechtsverbindlich unterschreiben zu lassen.

Sonstige Finanzanlagen 1

Für meine/unsere sonstigen Finanzanlagen sind folgende Informationen relevant:

☐ Sparkonten ☐ Tagesgelder ☐ Sonstige Konten

☐ Festgelder ☐ Sparpläne

Name des Kreditinstituts: _____

Zweigstelle: _____

Kontonr.: _____

Bankleitzahl: _____

Anlageform: _____

Fälligkeit am: _____

Aufbewahrungsort der Urkunde: _____

Inhaber: _____

Bemerkungen: _____

_____

Erteilte Vollmacht:

Generelle Vollmacht ☐ Ja ☐ Nein

Vollmacht nur für den Todesfall ☐ Ja ☐ Nein

Kennwort vorhanden ☐ Ja ☐ Nein

Bevollmächtigter (Name und Adresse):

_____

_____

! **Wichtig:** Hier haben Sie lediglich über das Bestehen einer Bevollmächtigung informiert. Wenden Sie sich an das Kreditinstitut, um das entsprechende Formular rechtsverbindlich unterschreiben zu lassen.

5 Finanzielle Vorsorge

Sonstige Finanzanlagen 2

Für meine/unsere sonstigen Finanzanlagen sind folgende Informationen relevant:

☐ Sparkonten   ☐ Tagesgelder   ☐ Sonstige Konten

☐ Festgelder   ☐ Sparpläne

Name des Kreditinstituts: _____

Zweigstelle: _____

Kontonr.: _____

Bankleitzahl: _____

Anlageform: _____

Fälligkeit am: _____

Aufbewahrungsort der Urkunde: _____

Inhaber: _____

Bemerkungen: _____

_____

Erteilte Vollmacht:

Generelle Vollmacht   ☐ Ja   ☐ Nein

Vollmacht nur für den Todesfall   ☐ Ja   ☐ Nein

Kennwort vorhanden   ☐ Ja   ☐ Nein

Bevollmächtigter (Name und Adresse):

_____

_____

! Wichtig: Hier haben Sie lediglich über das Bestehen einer Bevollmächtigung informiert. Wenden Sie sich an das Kreditinstitut, um das entsprechende Formular rechtsverbindlich unterschreiben zu lassen.

Sonstige Finanzanlagen 3

Für meine/unsere sonstigen Finanzanlagen sind folgende Informationen relevant:

☐ Sparkonten   ☐ Tagesgelder   ☐ Sonstige Konten

☐ Festgelder   ☐ Sparpläne

Name des Kreditinstituts: _____

Zweigstelle: _____

Kontonr.: _____

Bankleitzahl: _____

Anlageform: _____

Fälligkeit am: _____

Aufbewahrungsort der Urkunde: _____

Inhaber: _____

Bemerkungen: _____

_____

Erteilte Vollmacht:

Generelle Vollmacht   ☐ Ja   ☐ Nein

Vollmacht nur für den Todesfall   ☐ Ja   ☐ Nein

Kennwort vorhanden   ☐ Ja   ☐ Nein

Bevollmächtigter (Name und Adresse):

_____

_____

> **!** **Wichtig:** Hier haben Sie lediglich über das Bestehen einer Bevollmächtigung informiert. Wenden Sie sich an das Kreditinstitut, um das entsprechende Formular rechtsverbindlich unterschreiben zu lassen.

5 Finanzielle Vorsorge

Wertpapiere

Als Wertpapiere werden Urkunden bezeichnet, die private Vermögensrechte verbriefen. Über die mit der Urkunde verbundenen Rechte kann derjenige verfügen, der dazu berechtigt ist. Bei Inhaberpapieren wird davon ausgegangen, dass der Besitzer über diese Rechte verfügt. Sie müssen deshalb gegen Diebstahl besonders geschützt werden. Bei Wertpapieren, die auf den Namen des Berechtigten ausgestellt sind, kann nur der Genannte über die Rechte verfügen.

Im weiteren Sinne gehören Schecks, Überweisungen oder Wechsel ebenfalls zu den Wertpapieren, da sie auf einen bestimmten Geldbetrag ausgestellt sind und in Bargeld eingelöst werden können. Auch die Wertpapiere des Güterverkehrs zählen dazu. Sie verbriefen das Anrecht auf bestimmte Güter. Ebenso ist der Grundschuldbrief Mitglied dieser Gruppe. Im allgemeinen Sprachgebrauch sind aber vor allem die Papiere gemeint, die der Kapitalbeschaffung bzw. der Kapitalanlage dienen: Aktien, Anleihen, Obligationen, Investmentzertifikate.

Diese Wertpapiere werden an der Börse gehandelt. Ihr Preis (der Kurs) ergibt sich aus Angebot und Nachfrage. Wertpapiere können vom privaten Anleger nur über ein Kreditinstitut gekauft und verkauft werden. Üblicherweise lassen Wertpapierbesitzer ihre Aktien, Anleihen und Investmentanteile auch von einer Bank oder Sparkasse verwahren und verwalten.

Zu den unterschiedlichen Wertpapieren – wie zum Beispiel Aktien, Anleihen, Investmentfonds – bietet der Ratgeber »Geldanlage ganz konkret« der Verbraucherzentralen wichtige Informationen (siehe www.vz-ratgeber.de).

Die Depotbanken wickeln für die Kreditinstitute und deren Kunden eine Reihe von Aufgaben ab. Zum Beispiel wird bei Kauf und Verkauf die Umbuchung von Wertpapieren von einem Depot zum anderen vorgenommen – ähnlich wie beim bargeldlosen Zahlungsverkehr. Bei der Eigentumsübertragung brauchen die Wertpapierurkunden also nicht körperlich bewegt zu werden.

Depot 1

Für meine/unsere Wertpapiere sind folgende Informationen relevant:

Name des Kreditinstituts: _____

Zweigstelle: _____

Wertpapierdepotnr.: _____

Bankleitzahl: _____

Inhaber: _____

Bemerkungen: _____

_____

Erteilte Vollmacht:

Generelle Vollmacht	☐ Ja	☐ Nein	
Vollmacht nur für den Todesfall	☐ Ja	☐ Nein	
Kennwort vorhanden	☐ Ja	☐ Nein	

Bevollmächtigter (Name und Adresse):

_____

_____

> **!** **Wichtig: Hier haben Sie lediglich über das Bestehen einer Bevollmächtigung informiert. Wenden Sie sich an das Kreditinstitut, um das entsprechende Formular rechtsverbindlich unterschreiben zu lassen.**

Wertpapiere im Depot 1

Bezeichnung/WKN/ISIN	Stückzahl/Aktien Anteil/Investmentfonds Nominalwert/Anleihen	Einmalanlage/ Sparpläne	Wert beim Kauf und Kaufdatum

Bezeichnung/WKN/ISIN	Stückzahl/Aktien Anteil/Investmentfonds Nominalwert/Anleihen	Einmalanlage/ Sparpläne	Wert beim Kauf und Kaufdatum

Depot 2

Name des Kreditinstituts: _____

Zweigstelle: _____

Wertpapierdepotnr.: _____

Bankleitzahl: _____

Inhaber: _____

Bemerkungen: _____

_____

Erteilte Vollmacht:

Generelle Vollmacht   ☐ Ja   ☐ Nein

Vollmacht nur für den Todesfall   ☐ Ja   ☐ Nein

Kennwort vorhanden   ☐ Ja   ☐ Nein

Bevollmächtigter (Name und Adresse):

_____

_____

> **!** **Wichtig: Hier haben Sie lediglich über das Bestehen einer Bevollmächtigung informiert. Wenden Sie sich an das Kreditinstitut, um das entsprechende Formular rechtsverbindlich unterschreiben zu lassen.**

Wertpapiere im Depot 2

Bezeichnung/WKN/ISIN	Stückzahl/Aktien Anteil/Investmentfonds Nominalwert/Anleihen	Einmalanlage/ Sparpläne	Wert beim Kauf und Kaufdatum

Bundesschatzbriefe

Bundesschatzbriefe sind Wertpapiere des Bundes mit jährlich steigenden Zinsen. Man unterscheidet den Typ A und den Typ B:

- **Typ A:** Die Laufzeit beträgt sechs Jahre bei jährlich ausgezahlten Zinsen.
- **Typ B:** Die Laufzeit beträgt sieben Jahre bei Zahlung der Zinsen mit Zinseszinsen zum Rückzahlungszeitpunkt.

Bundesschatzbriefe haben eine Sperrfrist von einem Jahr. Eine vorzeitige Rückgabe ist nach dem ersten Laufzeitjahr jederzeit bis zu einem Betrag von 5.000 Euro je Anleger innerhalb von 30 Zinstagen möglich. Die Mindestanlage beträgt 50 Euro bzw. beim Direkterwerb über die Bundeswertpapierverwaltung 52 Euro. Ein Börsenhandel findet nicht statt.

> Hinweis: Am 1. Januar 2013 ist der Vertrieb von Bundesschatzbriefen eingestellt worden. Vorhandene Bestände müssen nicht verkauft und können weiterhin bei der Deutschen Finanzagentur in Frankfurt aufbewahrt werden.

Für meine/unsere Bundesschatzbriefe sind folgende Informationen relevant:

Typ A/Typ B	Wert in Euro	Fälligkeit am	Aufbewahrungsort

Bausparverträge

Bausparen ist ein Zwecksparen, das der Finanzierung wohnungswirtschaftlicher Ziele dient und daher auch in den jeweils geltenden gesetzlichen Grenzen staatlich gefördert wird. Es handelt sich um kollektives Sparen bei einer Bausparkasse. Nach Ablauf der Ansparzeit besteht Anspruch auf die Gewährung eines unkündbaren, zinsgünstigen Darlehens. Sein Zweck ist der Bau, der Erwerb oder die Renovierung von Eigenheimen oder Eigentumswohnungen oder die Ablösung von dafür aufgenommenen (teureren) Krediten.

Die Bausparkassen bieten aber auch sogenannte Renditebausparverträge an, bei denen der Bausparer nach Erreichen der Zuteilung meistens bei Verzicht auf den Darlehensanspruch nachträglich einen höheren Zinssatz bekommt. Dies lohnt sich für Bausparer, die staatliche Förderungen in Form der Arbeitnehmersparzulage für vermögenswirksame Leistungen und/oder Anspruch auf Wohnungsbauprämie haben.

Tipp
Beim Abschluss von Renditebausparverträgen sollte eine niedrige Bausparsumme vereinbart werden.

Beim Tod des Ehepartners hat der Hinterbliebene ein außerordentliches Kündigungsrecht. Der auf den Namen des Partners abgeschlossene Vertrag kann gekündigt und das angesparte Bausparguthaben einschließlich der Zinsen und staatlichen Förderung ausgezahlt werden. Bei bereits ausgezahlten Bauspardarlehen, die aber noch nicht getilgt sind, springt in der Regel eine Restschuldversicherung ein, die auf den Namen des Darlehensnehmers abgeschlossen ist.

Für meine/unsere Bausparverträge sind folgende Informationen relevant:

Vertrag 1

Name der Bausparkasse: _____

Bausparvertragsnr.: _____

Tarifbezeichnung: _____

Bausparsumme: _____

Bemerkungen: _____

_____

_____

Vertrag 2

Name der Bausparkasse: _____

Bausparvertragsnr.: _____

Tarifbezeichnung: _____

Bausparsumme: _____

Bemerkungen:

_____

_____

Vertrag 3

Name der Bausparkasse: _____

Bausparvertragsnr.: _____

Tarifbezeichnung: _____

Bausparsumme: _____

Bemerkungen:

_____

_____

Vertrag 4

Name der Bausparkasse: _____

Bausparvertragsnr.: _____

Tarifbezeichnung: _____

Bausparsumme: _____

Bemerkungen:

_____

_____

Verträge zugunsten Dritter

Dabei kann es sich um Sparverträge von Großeltern zugunsten ihrer Enkelkinder handeln, aber auch um Mietverträge von Eltern für ihre Kinder.

Folgende Verträge zugunsten Dritter bestehen:

Kreditinstitut	Vertragsnummer	Begünstigter	Bevollmächtigte

Ausleihungen

Größere Geldsummen, die Sie verliehen haben, können Sie auch im Abschnitt »Forderungen« aufführen. Bei den Ausleihungen kann es sich auch um größere Geräte oder Ähnliches handeln.

Für meine/unsere Ausleihungen sind folgende Informationen relevant:

Gegenstand	Bargeld in Euro	Ausgeliehen an	Vereinbarungen

Forderungen

Für meine/unsere Forderungen sind folgende Informationen relevant:

Forderung 1

Name und Anschrift des Schuldners:

_____

_____

Forderungsgrund und Rechtsgrundlage:

_____

Forderungsbetrag und Fälligkeit:

_____

Aufbewahrungsort der Unterlagen:

_____

Bemerkungen:

_____

_____

Forderung 2

Name und Anschrift des Schuldners:

_____

_____

Forderungsgrund und Rechtsgrundlage:

_____

Forderungsbetrag und Fälligkeit:

_____

Aufbewahrungsort der Unterlagen:

_____

Bemerkungen:

_____

_____

Forderung 3

Name und Anschrift des Schuldners:

_____

_____

Forderungsgrund und Rechtsgrundlage:

_____

Forderungsbetrag und Fälligkeit:

_____

Aufbewahrungsort der Unterlagen:

_____

Bemerkungen:

_____

_____

Gewerbliche Beteiligungen

Dazu gehören beispielsweise Beteiligungen an Einzelhandelsunternehmen, Gesellschafteranteile an einer OHG, KG oder GmbH.

Für meine/unsere gewerbliche Beteiligungen sind folgende Informationen relevant:

Beteiligung 1

Gesellschaft (Name und Anschrift):

_____

_____

Gesellschaftervertrag/Aufbewahrungsort:

_____

Beteiligungshöhe: _____

Besondere Vereinbarungen:

_____

Bemerkungen:

_____

Beteiligung 2

Gesellschaft (Name und Anschrift):

_____

_____

Gesellschaftervertrag/Aufbewahrungsort:

_____

Beteiligungshöhe: _____

Besondere Vereinbarungen:

_____

Bemerkungen:

_____

Sonstige Wertgegenstände

Hierbei kann es sich zum Beispiel um Münz-, Briefmarken-, Bücher-, Schmuck-, Gemälde-, Teppichsammlungen handeln. Wenn Sie dafür besondere Versicherungen abgeschlossen haben, sollten Sie die Verträge im Kapitel »Versicherungen« aufführen.

Für meine/unsere sonstigen Wertgegenstände sind folgende Informationen relevant:

Art der Sammlung	Aufbewahrungsort	Wert

Allgemeine Vertragsangelegenheiten

Abonnements von Zeitungen, Zeitschriften etc.

Für meine/unsere Abonnements sind folgende Informationen relevant:

Titel und Verlag: _____

Abonnementnr.: _____

Preis: _____

Zahlungstermin: _____

Zahlungsart: _____

Titel und Verlag: _____

Abonnementnr.: _____

Preis: _____

Zahlungstermin: _____

Zahlungsart: _____

Titel und Verlag: _____

Abonnementnr.: _____

Preis: _____

Zahlungstermin: _____

Zahlungsart: _____

Titel und Verlag: _____

Abonnementnr.: _____

Preis: _____

Zahlungstermin: _____

Zahlungsart: _____

Fahrkarten, Zeitkarten

Für meine/unsere Fahrkarten sind folgende Informationen relevant:

☐ Öffentlicher Personennahverkehr   ☐ Deutsche Bahn

☐ BahnCard   ☐ Sonstige

Gesellschaft	Abonnementnr.	Preis	Zahlungsart und -termin

Theater/Oper/Konzert

Für meine/unsere Theater-/Opern-/Konzertabonnements sind folgende Informationen relevant:

Gesellschaft	Abonnementnr.	Preis	Zahlungsart und -termin

Lotterien/Dauerlose

Für meine/unsere Lotterien und Dauerlose sind folgende Informationen relevant:

Gesellschaft	Abonnementnr.	Preis	Zahlungsart und -termin

Rundfunkgebühren

Dazu gehören PayTV, Kabelnetzbetreiber, Rundfunkbeitrag, Telekommunikationsprovider usw.

Für meine/unsere Gebühren sind folgende Informationen relevant:

Rechnungssteller 1: _____

Teilnehmer-/Kundennr.: _____

Zahlungsart und -termin: _____

Betrag: _____

Bemerkungen: _____

Rechnungssteller 2:

Teilnehmer-/Kundennr.: _____

Zahlungsart und -termin: _____

Betrag: _____

Bemerkungen: _____

Rechnungssteller 3:

Teilnehmer-/Kundennr.: _____

Zahlungsart und -termin: _____

Betrag: _____

Bemerkungen: _____

Rechnungssteller 4:

Teilnehmer-/Kundennr.: _____

Zahlungsart und -termin: _____

Betrag: _____

Bemerkungen: _____

Rundfunkgebühren

Bürgschaften

Für meine/unsere gegebenen Bürgschaften sind folgende Informationen relevant:

Projekt und Person	Bürgschaftssumme	Fälligkeit am

Mitgliedschaften in Vereinen und Organisationen

Mitgliedschaften können zum Beispiel in Parteien, Gewerkschaften, Sportvereinen, Automobilclubs, Mieterverein, Haus- und Grundbesitzerverein bestehen.

Für meine/unsere Mitgliedschaften sind folgende Informationen relevant:

Organisation	Mitgliedsnr.	Vereinbarungen

Wohnsituation

Mietverhältnisse

Für meine/unsere Mietverhältnisse sind folgende Informationen relevant:

☐ Haus ☐ Wohnung ☐ Grundstück

Vermieter/Hausverwalter: _____

Anschrift und Telefon: _____

Mietkaution in Höhe von: _____

Kündigungsfrist: _____

Ende Mietvertrag: _____

Hauptmieter: _____

Bemerkungen:

_____

Für meine/unsere Versorgungsverträge sind folgende Informationen relevant:

Stromversorgung: _____

    Kundennr.: _____

Wasser: _____

    Kundennr.: _____

Abwasser: _____

    Kundennr.: _____

Gasversorgung: _____

    Kundennr.: _____

Telefonanschluss: _____

    Kundennr.: _____

Sonstiges: _____

    Kundennr.: _____

Selbst genutztes Wohneigentum

Eigentumsverhältnisse

Für mein/unser selbst genutztes Wohneigentum sind folgende Informationen relevant:

☐ Eigenheim 1   ☐ Eigentumswohnung 1   ☐ Grundstück 1

Grundbuch:	Band/Blatt:
Miteigentum:	Wohnfläche in m²:
Garage/Stellplatznr.:	Grundstücksanteil:
Einheitswert:	Baujahr:
Kaufpreis:	Kauf am:
Verkehrswert:	
Steuernr. für die Grundsteuer:	Zuständiges Finanzamt:

☐ Eigenheim 2   ☐ Eigentumswohnung 2   ☐ Grundstück 2

Grundbuch:	Band/Blatt:
Miteigentum:	Wohnfläche in m²:
Garage/Stellplatznr.:	Grundstücksanteil:
Einheitswert:	Baujahr:
	Kauf am:

18.08.1983

Küchler

5 Finanzielle Vorsorge

Hypotheken/Grundschulden

Die gesamte Darlehensschuld einer Immobilienfinanzierung setzt sich vielfach aus mehreren Darlehen mit unterschiedlichen Darlehenshöhen zusammen. Diese Darlehen können über einen oder mehrere Kreditgeber finanziert sein und haben unterschiedliche Zinssätze.

> **Wichtige Informationen zur richtigen Immobilienfinanzierung bietet Ihnen der Ratgeber der Verbraucherzentralen »Die Baufinanzierung« (siehe www.vz-ratgeber.de).**

Für die Tilgung von Darlehen kommen unterschiedliche Tilgungsformen in Frage. Man unterscheidet zwischen:

- **Annuitätendarlehen:** Die monatliche Rate setzt sich aus Zins und Tilgung zusammen. Durch die regelmäßige Tilgung wird die anfängliche Darlehensschuld allmählich abgetragen.
- **Endfälligen Darlehen:** Bei dieser Darlehensform ist eine regelmäßige Tilgung nicht vorgesehen. Statt der Tilgung wird mit einer regelmäßigen Sparrate ein Sparvertrag bespart, der nach vielen Jahren die gesamte Darlehensschuld tilgt. Als Sparverträge kommen Kapitallebensversicherungen, Rentenversicherungen und sogenannte vorfinanzierte Bausparverträge in Betracht. Der Sparvertrag wird dabei an die Darlehensgeberin abgetreten. Weiterer Bestandteil der Finanzierung ist ein Darlehensvertrag über die Darlehensschuld, die verzinst wird.

Zur Finanzierung meines/unseres Eigentums sind folgende Informationen relevant:

> **Führen Sie, um den Überblick zu behalten, die Finanzierungsbausteine und die Art der Tilgung einzeln auf.**

Kreditgeber:	Darlehenssumme:
Darlehensvertragnr.:	
Nominal-/Sollzins:	Effektivzins:
Zinsbindungszeit:	Zinsfestschreibung bis:
Tilgung:	Sondertilgungsrechte (Höhe):
Ratenhöhe:	Ratenfälligkeit:
Darlehensvertrag vom:	Urkundenrolle-Nr.:
Notariat:	

Kreditgeber:	Darlehenssumme:
Darlehensvertragnr.:	
Nominal-/Sollzins:	Effektivzins:
Zinsbindungszeit:	Zinsfestschreibung bis:
Tilgung:	Sondertilgungsrechte (Höhe):
Ratenhöhe:	Ratenfälligkeit:
Darlehensvertrag vom:	Urkundenrollenr.:
Notariat:	

Kreditgeber:	Darlehenssumme:
Darlehensvertragnr.:	
Nominal-/Sollzins:	Effektivzins:
Zinsbindungszeit:	Zinsfestschreibung bis:
Tilgung:	Sondertilgungsrechte (Höhe):
Ratenhöhe:	Ratenfälligkeit:
Darlehensvertrag vom:	Urkundenrollenr.:
Notariat:	

Vermietetes Eigentum

☐ Einzelhaus   ☐ Eigentumswohnung

☐ Mehrfamilienhaus   ☐ Gewerbeeinrichtungen

Für meine/unsere vermieteten Objekte sind folgende Informationen relevant:

Straße und Hausnummer: _____

Postleitzahl und Ort: _____

Wertschätzung liegt vor: ☐ Ja   ☐ Nein

Kaufpreis und Datum des Kaufs: _____

Wert des Objekts: _____

Einheitswert in Euro: _____

Baujahr: _____

Grundstücksanteil: _____

Bemerkungen: _____

_____

Zu meinen/unseren Mietern sind folgende Informationen relevant:

Name des Mieters:	Mietvertrag seit:	Nettokaltmiete	Mietnebenkosten

Zu meinem/unserem Verwalter sind folgende Informationen relevant:

Name und Anschrift des Verwalters:

_____

_____

Für die Finanzierung meines/unseres vermieteten Eigentums sind folgende Informationen relevant:

Kreditgeber:	Darlehenssumme:
Darlehensvertragnr.:	
Nominal-/Sollzins:	Effektivzins:
Zinsbindungszeit:	Zinsfestschreibung bis:
Tilgung:	Sondertilgungsrechte (Höhe):
Ratenhöhe:	Ratenfälligkeit:
Darlehensvertrag vom:	Urkundenrollenr.:
Notariat:	

Kreditgeber:	Darlehenssumme:
Darlehensvertragnr.:	
Nominal-/Sollzins:	Effektivzins:
Zinsbindungszeit:	Zinsfestschreibung bis:
Tilgung:	Sondertilgungsrechte (Höhe):
Ratenhöhe:	Ratenfälligkeit:
Darlehensvertrag vom:	Urkundenrollenr.:
Notariat:	

Kreditgeber:	Darlehenssumme:
Darlehensvertragnr.:	
Nominal-/Sollzins:	Effektivzins:
Zinsbindungszeit:	Zinsfestschreibung bis:
Tilgung:	Sondertilgungsrechte (Höhe):
Ratenhöhe:	Ratenfälligkeit:
Darlehensvertrag vom:	Urkundenrollenr.:
Notariat:	

Sonstige Miet-, Leasing- oder Pachtverträge

Dazu gehören zum Beispiel Verträge über Autoleasing, Garagen, Parkplatzmiete, Grundstücke, Schrebergärten.

Für meine/unsere sonstigen Verträge sind folgende Informationen relevant:

Vertragsart	Objekt	Laufende Verpflichtungen	Gläubiger

Altersvorsorge

Gesetzliche Rentenversicherung

Die gesetzliche Rentenversicherung leistet grundsätzlich aus drei Gründen eine Rente – wegen Erwerbsminderung, Tod und Alter. Die mit Abstand meisten Leistungen der Rentenversicherungsträger werden als Altersrente gezahlt. Die Regelaltersrente wird zwischen 2012 und 2029 schrittweise von 65 auf 67 Jahre angehoben. Die Anhebung beginnt dann mit Versichertengeburtsjahr 1947 um einen Monat. Für jedes weitere versicherte Geburtsjahr beträgt die Erhöhung einen Monat bis zum Geburtsjahr 1964.

Informationen zur gesetzlichen Rentenversicherungen bietet der Ratgeber der Verbraucherzentralen »Gesetzliche Rente« (siehe www.vz-ratgeber.de).

Andere Altersrenten im Rahmen des »vorzeitigen Ruhestands« sind weiterhin gegen dauerhafte Abschläge möglich. Allerdings werden auch hier die Altersgrenzen schrittweise angehoben.

Außer dem Erreichen der jeweiligen Altersgrenzen muss der Versicherte generell mindestens fünf Jahre Beiträge in die gesetzliche Rentenversicherung eingezahlt haben oder es müssen andere rentenrechtliche Zeiten geltend gemacht werden.

Viele Selbstständige waren zu Beginn ihres Erwerbslebens einige Jahre als Angestellte rentenversicherungspflichtig beschäftigt und haben daher in dieser Zeit Rentenansprüche erworben, die nach dem Tod des Versicherten von Hinterbliebenen geltend gemacht werden können. Dabei muss in jedem Fall berücksichtigt werden, dass die gesetzliche Rente nur auf Antrag gezahlt wird.

Für meine/unsere gesetzliche Rentenversicherung sind folgende Informationen relevant:

Sozialversicherungsnr.: _____

Rentenversicherungsträger: _____

Bemerkungen: _____

5 Finanzielle Vorsorge

Betriebliche Altersvorsorge

Unter betrieblicher Altersvorsorge werden alle Maßnahmen verstanden, bei denen entweder der Arbeitgeber und/oder der Arbeitnehmer vor der Lohnzahlung Sparbeträge auf ein Konto für Altersvorsorge einzahlt. Während die betriebliche Altersvorsorge bis 2001 eine freiwillige soziale Leistung des Arbeitgebers war, besteht seit 2002 ein Rechtsanspruch auf die sogenannte Entgeltumwandlung.

Arbeitnehmer können seitdem vom Arbeitgeber verlangen, einen bestimmten Teil ihres Einkommens in eine betriebliche Altersvorsorge umzuwandeln. Unterschieden wird dabei zwischen Bruttoentgeltumwandlung und Nettoentgeltumwandlung. Bei der Bruttoentgeltumwandlung unterstützt der Staat die Betriebsrente durch Steuerersparnisse, wenn ein Betrag von 4.584 Euro jährlich in eine betriebliche Altersvorsorge umgewandelt wird. Ebenso werden Beträge, die in eine betriebliche Altersvorsorge investiert werden, bis zu 2.784 Euro von der Sozialversicherungspflicht freigestellt. Dadurch kommt es zu einer hohen staatlichen Förderung der betrieblichen Altersvorsorge. (Stand 2013)

> **Tipp**
> Durch die jährliche Anhebung der Beitragsbemessungsgrenze in der Deutschen Rentenversicherung kann ein jährlich steigender Betrag steuer- und sozialversicherungsfrei angelegt werden.

Man unterscheidet folgende Formen der betrieblichen Altersvorsorge:

- Direktzusage,
- Direktversicherung,
- Pensionskasse,
- Pensionsfonds,
- Unterstützungskasse.

Für meine/unsere betriebliche Altersvorsorge sind folgende Informationen relevant:

> Denken Sie bei der Auflistung auch an frühere Beschäftigungsverhältnisse, bei denen Sie Ansprüche auf betriebliche Altersvorsorge erworben haben (könnten). Viele Betriebe bzw. Verträge sehen auch die Zahlung von Betriebsrente an die Angehörigen eines verstorbenen Mitarbeiters vor.

Firma 1

(Anschrift): _____

_____

Beschäftigt von: _____

bis: _____

Personalnr.: _____

Versicherungsträger: _____

Rentenhöhe ab Alter: _____

Hinterbliebenenrente: _____

Bemerkungen: _____

Firma 2

(Anschrift): _____

_____

Beschäftigt von: _____ bis: _____

Personalnr.: _____

Versicherungsträger: _____

Rentenhöhe ab Alter: _____

Hinterbliebenenrente: _____

Bemerkungen: _____

Firma 3

(Anschrift): _____

_____

Beschäftigt von: _____ bis: _____

Personalnr.: _____

Versicherungsträger: _____

Rentenhöhe ab Alter: _____

Hinterbliebenenrente: _____

Bemerkungen: _____

Staatlich geförderte Altersvorsorge

Da die Leistungsfähigkeit der gesetzlichen Rentenversicherung aufgrund der sinkenden Zahl der Beitragszahler und der wachsenden Zahl der Rentenempfänger dauerhaft nicht mehr finanziert werden kann, gewinnt die private Altersvorsorge zunehmend an Bedeutung. Der Staat hat deshalb im Jahr 2002 eine staatlich geförderte Altersvorsorge – auch als Riester-Rente bekannt – eingeführt.

Im Rahmen der Neuregelung der Besteuerung der gesetzlichen Renten hat der Gesetzgeber ab dem Jahr 2005 die Basisversorgung – auch bekannt als Rürup-Rente – eingeführt.

Riester-Rente

Die staatlich geförderte Zusatzrente, die sogenannte Riester-Rente, bietet Unterstützung für die private Altersversorgung auf zwei Wegen. Zum einen gibt es Zulagen, zum anderen Steuererleichterungen. Durch die Förderung ist die Riester-Rente für die meisten attraktiv. Ein weiterer Vorteil liegt darin, dass das Riester-Vermögen nicht auf das Arbeitslosengeld II angerechnet wird. Nachteil der Förderrente ist, dass sie im Alter versteuert werden muss.

> **Einen guten Überblick über die Förderung der privaten Altersvorsorge, die gesetzlichen Rahmenbedingungen und die unterschiedlichen Anlagemöglichkeiten bieten die Ratgeber der Verbraucherzentralen »Altersvorsorge richtig planen« und »Die Riester-Rente« (siehe www.vz-ratgeber.de).**

Die Vererbbarkeit in der Ansparphase und in der Auszahlungsphase an Angehörige ist auf Ehepartner und kindergeldberechtigte Kinder beschränkt.

Für meine/unsere Riester-Rente sind folgende Informationen relevant:

☐ Riester-Banksparplan   ☐ Riester-Fondssparplan

☐ Riester-Rentenversicherung   ☐ Riester-Bausparvertrag

Vertragsanbieter

(Anschrift): _____

_____

Sparvertragsnr.: _____

Tarifbezeichnung: _____

Ablauf am: _____

Garantierte Rentenhöhe: _____

Bemerkungen:

_____

Vertragsanbieter

(Anschrift): _____

_____

Sparvertragsnr.: _____

Tarifbezeichnung: _____

Ablauf am: _____

Garantierte Rentenhöhe: _____

Bemerkungen:

_____

Vertragsanbieter

(Anschrift): _____

_____

Sparvertragsnr.: _____

Tarifbezeichnung: _____

Ablauf am: _____

Garantierte Rentenhöhe: _____

Bemerkungen:

_____

Basisversorgung/Rürup-Rente

Die Basisrente oder Rürup-Rente ist der gesetzlichen Rente nachempfunden. Das heißt, es sind Beiträge zu zahlen, eine Kündigung ist nicht vorgesehen und im Alter wird eine monatliche lebenslange Rente gezahlt, die nach demselben Besteuerungsanteil wie die gesetzliche Rente zu versteuern ist. Das gebildete Vermögen darf nicht beliehen oder abgetreten werden. Die Rürup-Rente wird von privatwirtschaftlichen Finanzdienstleistern organisiert. Die Verträge gleichen denen der althergebrachten privaten Rentenversicherung, wie es sie schon seit Jahrzehnten gibt, allerdings steuerlich gefördert und mit verschiedenen Vorschriften versehen.

Die Basisrente wird steuerlich gefördert, indem die Beiträge in den ersten Jahren teilweise, später vollständig als Sonderausgaben von der Steuer abgesetzt werden können. Trotzdem ist es ratsam, vor Vertragsabschluss den Steuerberater zu fragen. Die Basisrente ist vor allem etwas für diejenigen, die viel Steuern zahlen und bereit sind, hohe Beiträge zu entrichten.

Die Vererbbarkeit des gebildeten Kapitals in der Ansparphase an Angehörige ist nicht möglich. Im Rahmen einer beitragspflichtigen ergänzenden Absicherung kann eine Hinterbliebenenrente an den Ehepartner und kindergeldberechtige Kinder gezahlt werden. In der Auszahlungsphase ist die Vererbung nur an den Ehepartner und kindergeldberechtigte Kinder im Rahmen einer Rentengarantiezeit möglich.

Für meine/unsere Rürup-Rente sind folgende Informationen relevant:

Vertrag 1

Vertragsanbieter (Anschrift):

_____

_____

Sparvertragsnr.: _____

Tarifbezeichnung: _____

Ablauf am: _____

Garantierte Rentenhöhe: _____

Hinterbliebenenabsicherung: ☐ Ja   ☐ Nein

Höhe: _____

Berufsunfähigkeitsversicherung: ☐ Ja   ☐ Nein

Höhe: _____

Bemerkungen: _____

Vertrag 2

Vertragsanbieter (Anschrift):

_____

_____

Sparvertragsnr.: _____

Tarifbezeichnung: _____

Ablauf am: _____

Garantierte Rentenhöhe: _____

Hinterbliebenenabsicherung: ☐ Ja   ☐ Nein

Höhe: _____

Berufsunfähigkeitsversicherung: ☐ Ja   ☐ Nein

Höhe: _____

Bemerkungen:

_____

Vertrag 3

Vertragsanbieter (Anschrift):

_____

_____

Sparvertragsnr.: _____

Tarifbezeichnung: _____

Ablauf am: _____

Garantierte Rentenhöhe: _____

Hinterbliebenenabsicherung: ☐ Ja   ☐ Nein

Höhe: _____

Berufsunfähigkeitsversicherung: ☐ Ja   ☐ Nein

Höhe: _____

Bemerkungen: _____

Versicherungen

Im Folgenden finden Sie eine Übersicht über wichtige Versicherungen, die vor großem finanziellen Verlust schützen oder der Zukunftssicherung dienen. Man unterscheidet im Wesentlichen zwischen Sachversicherungen und Personenversicherungen.

Sachversicherungen

Haftpflichtversicherungen

Haftpflichtversicherungen stellen den wichtigsten privaten Versicherungsschutz dar – egal in welchem Alter.

Die **private Haftpflichtversicherung** tritt dann ein, wenn der Versicherungsnehmer oder eine mitversicherte Person anderen Personen schuldhaft einen Schaden zufügt und zum Ersatz dieses Schadens verpflichtet ist. Bei dem Schaden kann es sich um Personenschäden (Verletzungen, Gesundheitsschäden oder Tod), Sachschäden (Beschädigung oder Zerstörung einer Sache) oder Vermögensschäden (zum Beispiel Verdienstausfall) handeln. Die Pflicht, einen solchen Schaden zu ersetzen, gilt in unbegrenzter Höhe. Die Haftung besteht für das gesamte Vermögen und Einkommen. Aus diesem Grunde sollten Sie im Rahmen der privaten Haftpflichtversicherung eine möglichst hohe Versicherungssumme wählen, das heißt, diese sollte mindestens 3 Millionen Euro betragen.

Da die private Haftpflichtversicherung nur Schäden im privaten Bereich abdeckt, sind beruflich bedingte Schäden nicht versichert. Hier sind spezielle Berufs- oder Betriebshaftpflichtversicherungen erforderlich (etwa für Rechtsanwälte oder Ärzte).

Ebenso wenig fallen vorsätzlich verursachte Schäden sowie Schäden, die man einer ebenfalls über den Vertrag mitversicherten Person zufügt, unter den Versicherungsschutz.

Bedenken Sie außerdem, dass für Schäden an geliehenen, gepachteten oder gemieteten Sachen die private Haftpflichtversicherung häufig nicht eintritt. Leihen Sie sich beispielsweise ein Auto und beschädigen Sie es, dann tritt diese Versicherung nicht ein. Hier müssen Sie für den Schaden allein aufkommen. Nur die Vollkaskoversicherung des Fahrzeugs würde gegebenenfalls für den Schaden aufkommen. Allerdings kann der Versicherer Sie unter Umständen in Regress nehmen und gegebenenfalls erhöht sich der Versicherungsbeitrag des Versicherungsnehmers.

Auch für Schäden, die man im Rahmen von Gefälligkeiten oder Hilfeleistungen verursacht, zum Beispiel wenn man beim Umzug eines Bekannten ein wertvolles Möbelstück beschädigt, muss der private Versicherer nicht zahlen; dasselbe trifft auf Verletzungen beim Sport zu. Meist gilt bei solchen Vorkommnissen keine Schadenersatzpflicht des Versicherten und damit muss der Versicherer den Schaden auch nicht übernehmen. Auch in solchen Fällen besteht die Versicherungsleistung nur darin, unberechtigte Ansprüche des Geschädigten abzuwehren.

Schäden, die von Haustieren, wie zum Beispiel Katzen oder Meerschweinchen verursacht werden, fallen unter den Versicherungsschutz. Um Schäden abzudecken, die durch Hunde oder Pferde verursacht werden, sind jedoch spezielle Haftpflichtversicherungen erforderlich (siehe unten).

Auf jeden Fall sollte der Versicherungsschutz über die private Haftpflicht während des gesamten Jahres Gültigkeit haben. Policen, die nur Versicherungsschutz während eines Urlaubs bieten – sogenannte Reisehaftpflichtversicherungen –, lohnen sich nicht.

Die private Haftpflichtversicherung trägt nur die Schäden aus den üblichen Risiken des täglichen Lebens. Für zahlreiche Sonderfälle muss ein passender Versicherungsschutz vereinbart werden. Im Folgenden listen wir einige Beispiele auf:

- Die **Kfz-Haftpflichtversicherung** tritt für die Schäden ein, die anderen durch das Fahrzeug zugefügt werden. Ohne diesen Versicherungsschutz darf kein Fahrzeug zugelassen werden. Es handelt sich um eine Pflichtversicherung.
- Die **Tierhalter-Haftpflichtversicherung** tritt für Schäden, die ein Hund verursacht. Diese Hundehalter-Haftpflichtversicherung ist in einigen Bundesländern eine Pflichtversicherung. Auch für das Halten eines eigenen Pferdes erhält man spezielle **Tierhalter-Haftpflichtversicherungen, die dann greifen, wenn das Pferd einen Schaden verursacht.**
- Die **Gewässerschaden-Haftpflichtversicherung** tritt ein, wenn Öl aus einem Tank für die Ölheizung ausläuft und Erde und Trinkwasser verunreinigt.
- Die **Haus- und Grundbesitzer-Haftpflichtversicherung** tritt ein, wenn der Eigentümer eines Hauses haften muss, beispielsweise wenn die Streupflicht im Winter nicht erfüllt wurde und ein Passant auf dem Grundstück stürzt und sich verletzt. Der Abschluss eines solchen Vertrags ist in der Regel bei einem selbst bewohnten Einfamilienhaus nicht erforderlich, da hierfür Versicherungsschutz über die private Haftpflichtversicherung besteht. Die gilt gegebenenfalls auch für Fotovoltaikanlagen. Dies sollten Sie aber unbedingt mit Ihrem Haftpflichtversicherer klären und sich schriftlich bestätigen lassen. Anderenfalls benötigen Sie für die Anlage eine separate Betreiberhaftpflichtversicherung.

Hausratversicherung

Vereinfacht ausgedrückt schützt die Hausratversicherung den Wert von Gegenständen in einer Wohnung (einschließlich Keller, Speicher, Balkone usw.). Dies sind alle Dinge, die zum Gebrauch dienen (wie etwa Möbel, Kleidung, Bilder, Küchengeräte, Gardinen) oder verbraucht werden sollen (zum Beispiel Lebensmittel).

Für besonders wertvolle Gegenstände, wie beispielsweise Schmuck, Pelze, Briefmarken, Münzen, Antiquitäten, gelten besondere **Entschädigungsgrenzen.** Meist gilt für alle Wertgegenstände maximal 20 Prozent der Versicherungssumme. Bei Bargeld werden normalerweise maximal 1.000 Euro ersetzt.

Die Hausratversicherung leistet, wenn die versicherten Sachen durch Brand, Blitzschlag, Explosion und Implosion, Einbruchdiebstahl und Vandalismus, Raub,

Leitungswasser, Sturm und Hagel beschädigt oder zerstört wurden oder wenn sie abhanden gekommen sind. Werden Hausratgegenstände zerstört oder gestohlen, erstattet der Hausratversicherer in der Regel den Neupreis. Sind Gegenstände aber nur beschädigt worden, übernimmt der Versicherer die Reparaturkosten und einen gegebenenfalls erforderlichen Zuschlag für die Wertminderung.

Die **Höhe der vereinbarten Versicherungssumme** ist von großer Bedeutung für die Leistung des Versicherers im Schadensfall. Haben Sie nämlich eine zu niedrige Versicherungssumme vereinbart, zahlt der Versicherer aufgrund der Unterversicherung nur einen Teil des Schadens.

Es gibt zwei Wege, die geeignete Versicherungssumme zu ermitteln: Zum einen kann man alles auflisten und den Wert der Einzelgegenstände addieren. Zum anderen kann der Wert des Hausrats pauschal festgelegt werden, indem beispielsweise 650 Euro pro Quadratmeter (abhängig vom Versicherer) versichert werden und der Versicherer damit auf die sogenannte Einrede der Unterversicherung verzichtet. Gleichgültig welche Methode hier gewählt wird: Überprüfen Sie von Zeit zu Zeit, ob sich der Wert inzwischen verändert hat und Sie Ihre Versicherungssumme entsprechend anpassen sollten. Damit Sie bei einem späteren Schaden schnell eine Liste der Dinge zusammenstellen können, die sich in den einzelnen Schränken und der gesamten Wohnung befanden, sollten Sie Fotos machen. Die Aufnahmen sollten Sie außerhalb der Wohnung aufbewahren.

Gebäudeversicherung

Die Gebäudeversicherung zählt zu den wichtigsten Sachversicherungen und ist ein Muss für jeden Eigentümer einer Immobilie, da hier der in der Regel größte private Vermögenswert abgesichert wird.

Versichert sind Gebäude mit allen Bestandteilen wie Einbauschränken und Heizungen. Aber auch Zubehör, das zur Instandhaltung oder Nutzung zu Wohnzwecken dient, fällt unter den Versicherungsschutz. Hierzu gehören beispielsweise Brennstoffvorräte, Mülltonnen und Treppenhauslampen.

Teilweise sind ohne zusätzliche Kosten auch Fotovoltaik- und Solaranlagen mitversichert. Allerdings werden auch umfassendere „Elektronikversicherungen" angeboten.

Die Gebäudeversicherung leistet Entschädigung, wenn etwa das Gebäude durch Brand, Blitzschlag, Explosion, Implosion, Leitungswasser, Sturm und Hagel beschädigt oder zerstört wird. Zwar können auch nur einzelne dieser Gefahren abgesichert werden, aber gut versichert ist ein Gebäude erst dann, wenn alle Gefahren versichert sind.

Wird ein Gebäude völlig zerstört, erhält der Versicherte den Betrag, um das Gebäude an derselben Stelle wieder aufzubauen. Zugrunde gelegt werden die aktuellen, ortsüblichen Preise. Voraussetzung hierfür ist aber, dass der Wiederaufbau innerhalb von drei Jahren nach Eintritt des Versicherungsfalls beginnt. Wird diese Frist nicht eingehalten, erfolgt die Erstattung des Zeitwerts.

Die **Höhe der Versicherungssumme** sollte so bemessen sein, dass ein Gebäude im Falle der Zerstörung damit wieder aufgebaut werden kann. Wie viel die Immobilie wert ist, kann mit dem Wertermittlungsbogen des Versicherers festgestellt werden. Sie können den Wert auch durch ein Sachverständigengutachten oder durch einen Vertreter der Versicherung ermitteln lassen.

Elementarschadenversicherung in der Hausrat- und Wohngebäudeversicherung

In Kombination mit einer Wohngebäude- und/oder Hausratversicherung können Sie für weitere Elementarschäden Versicherungsschutz vereinbaren. Hierbei handelt es sich um Schäden durch Überschwemmungen, Rückstau, Erdbeben (mindestens 3,5 der Richter-Skala), Erdsenkung, Erdrutsch, Schneedruck und Lawinen.

Schäden durch Grundwasser oder durch Sturmflut sind darüber nicht versichert. Auch Schäden durch Erschütterungen, die durch Bergbau, Straßenverkehr oder Sprengungen hervorgerufen werden, sind nicht versichert.

Personenversicherungen

Krankenversicherungen

Die Behandlung von Erkrankungen finanziell aufzufangen ist Aufgabe der Krankenversicherung.

Die Krankenversicherung ist die wichtigste Personenversicherung – und zwar völlig unabhängig vom Lebensalter des Versicherten. Bis auf wenige Ausnahmen (beispielsweise Bundespolizisten, Soldaten) muss ab dem 1. Januar 2009 jeder einer gesetzlichen oder privaten Krankenversicherung angehören. Rund 90 Prozent der Bevölkerung sind über die gesetzliche Krankenversicherung (Krankenkassen) versichert.

Ist man über eine **private Krankenversicherung** in vollem Umfang (Krankenvollversicherung) versichert, zählt man in der Regel zu der Gruppe der Selbstständigen, Freiberufler und gut verdienenden Angestellten.

Beamte erhalten eine staatliche Beihilfe, um ihre Arzt- und Zahnarztrechnungen zu bezahlen. Für das, was die Beihilfe nicht übernimmt, können sie eine private Absicherung bei einem privaten Krankenversicherer vereinbaren. Ab dem 1. Januar 2009 muss dann eine solche beihilfeergänzende Versicherung für den ambulanten und stationären Bereich bestehen.

Es gibt aber auch die Möglichkeit, gesetzlich krankenversichert zu sein und ergänzend dazu eine private Krankenzusatzversicherung, zum Beispiel für stationäre Behandlungen, abzuschließen.

Gleichgültig in welcher Form der Krankenversicherungsschutz besteht: Für die medizinisch notwendigen Leistungen bei Krankheit, Unfall oder Entbindung wird gezahlt.

Für die **gesetzlichen Krankenversicherungen** werden die Leistungen vom Gesetzgeber im Sozialgesetzbuch festgeschrieben, während die Leistungen der privaten Krankenversicherungen von den Verträgen abhängen, die die Kunden mit der Versicherungsgesellschaft geschlossen haben.

Besteht der Versicherungsschutz im Rahmen der gesetzlichen Krankenkassen, kann die Kasse gewechselt werden. Nach einer Vertragslaufzeit von mindestens 18 Monaten kann ein solcher Wechsel zu einem anderen gesetzlichen Krankenversicherer durchgeführt werden. Wurde ein Sondertarif abgeschlossen, besteht in der Regel eine Bindung von drei Jahren.

Arbeitnehmer, die ein Kalenderjahr lang oberhalb der Pflichtversicherungsgrenze verdienen, und Selbstständige sowie Freiberufler können über einen privaten Versicherer abgesichert sein. Allerdings lohnt sich dieser Wechsel zu dem privaten Anbieter – insbesondere unter finanziellen Gesichtspunkten – nicht bei einem höheren Eintrittsalter. Auch die Familiensituation und der Gesundheitszustand sind wichtige Aspekte, die bei der Entscheidung berücksichtigt werden sollten.

! **Wichtig:** Wenn die Beiträge für die private Krankenvollversicherung so stark angestiegen sind, dass man diese im Alter nicht mehr bezahlen kann, kann der Versicherungsschutz in der Regel seit 1. Januar 2009 auf den Basistarif reduziert werden. Dadurch können Beiträge gespart werden. Gleichzeitig verringert sich der Versicherungsschutz des privaten Vertrags im Wesentlichen auf den Leistungsumfang der gesetzlichen Krankenversicherung.

Seitdem die **gesetzlichen Krankenversicherungen** im Rahmen von Kooperationen mit privaten Versicherern Angebote zu Zusatzversicherungen machen dürfen, werden die Verbraucher verstärkt mit solchen Angeboten umworben. Es gilt, genau abzuwägen, was wirklich sinnvoll ist.

Grundsätzlich sind eine **Auslandsreise-Krankenversicherung** – beispielsweise für einen Urlaub im Ausland – und in bestimmten Situationen eine **Krankentagegeld-Versicherung** wichtig.

Weiterer Versicherungsschutz, wie zum Beispiel eine **stationäre Krankenzusatzversicherung,** sollte auf die persönlichen Wünsche des Einzelnen und auch auf sein Portemonnaie abgestimmt werden.

Haben Sie eine Entscheidung getroffen, welchen bestimmten Bereich Sie versichern möchten, dann sollten Sie nicht einfach das Angebot über den gesetzlichen Krankenversicherer annehmen, sondern mit den Angeboten anderer privater Krankenversicherer vergleichen und erst dann eine Unterschrift unter einen Vertrag setzen.

Alle gesetzlich oder privat Krankenversicherten müssen seit 1995 das Risiko der Pflegebedürftigkeit über die Pflegepflichtversicherung absichern. Ob und in welche Höhe die gesetzliche Pflegepflichtversicherung Leistungen gewährt, hängt zum einen davon ab, in welchem Umfang dauerhaft Hilfe benötigt wird, und zum anderen, wo und wie diese gleistet wird.

Die Leistungen aus der gesetzlichen Pflegepflichtversicherung stellen allenfalls eine Teilversorgung dar. Können Pflegebedürftige den sich daraus ergebenden

Eigenanteil nicht aus ihrem Einkommen oder Vermögen bestreiten, können sie zwar Hilfe vom Sozialamt erhalten. Bevor die Hilfe aber gewährt wird, sind Kinder oder Eltern in bestimmtem Umfang zum Unterhalt verpflichtet.

Die bestehende Versorgungslücke kann durch die seit 2013 eingeführte staatlich gefördert sogenannte Bahr-Rente und/oder private Pflegeversicherungsverträge ergänzt werden.

Berufsunfähigkeitsversicherung

Kann der Beruf aus gesundheitlichen Gründen nicht mehr ausgeübt werden, fängt die Berufsunfähigkeitsversicherung die finanziellen Folgen auf. Private Versicherungsunternehmen bieten eine solche Absicherung in Form einer Beitragsbefreiung für Lebens- und Rentenversicherungsverträge und einer monatlichen Rente oder nur in Form der Beitragsbefreiung ohne Rentenleistung an. Bei der zuerst genannten Form zahlt die Berufsunfähigkeitsversicherung die vereinbarte monatliche Rente, und der Versicherungsvertrag, aus dem diese Rente gezahlt wird, wird beitragsfrei fortgeführt.

Die Berufsunfähigkeitspolice gibt es als **selbstständigen Vertrag,** aber auch die **Kombination** von Berufsunfähigkeitsversicherung **mit einer Lebensversicherung** ist möglich. Hier wiederum besteht entweder die Kombinationsmöglichkeit mit einer kapitalbildenden Lebens- oder Rentenversicherung und deren fondsgebundenen Varianten oder mit einer Risikolebensversicherung. Die Berufsunfähigkeitsversicherung in Form einer Rentenabsicherung für den Fall der Berufsunfähigkeit besteht als Zusatzversicherung zu dem Haupttarif, zum Beispiel dem kapitalbildenden Lebensversicherungstarif. Die Absicherung in Kombination mit einem kapitalbildenden Produkt ist jedoch nicht empfehlenswert. Die Absicherung des Versicherungsschutzes über einen Vertrag, der das Versichern und Sparen vereint, ist teuer und unflexibel. Insbesondere bei finanziellen Engpässen kann die Kombination häufig von den Versicherungsnehmern nicht mehr bezahlt werden und der wichtige Schutz der Berufsunfähigkeit würde meist entfallen.

Sinnvoller ist die Kombination der Berufsunfähigkeitsrente mit einer Risikolebensversicherung. Diese Kombination ist häufig nur geringfügig teurer als die Berufsunfähigkeitsversicherung in Form eines selbstständigen Vertrags. In vielen Fällen erhalten die Versicherten den Risikoschutz über die Risikolebensversicherung fast »geschenkt«.

Idealerweise sollte das Nettoeinkommen durch die Berufsunfähigkeitsrente versichert sein. Die Versicherer versichern hier allerdings als Standard nur zwei Drittel bis drei Viertel des Nettoeinkommens. Der Versicherungsschutz sollte mindestens bis zum 60. Lebensjahr fortgeführt werden, besser bis zum Beginn der Altersrente. Mit dem Beginn der Altersrente ist die Fortführung des Versicherungsschutzes nicht mehr notwendig, da es dann kein Arbeitseinkommen mehr abzusichern gilt.

Bei der weiteren Form wird bei Berufsunfähigkeit der Versicherungsvertrag nur beitragsfrei fortgeführt. Eine Rentenzahlung erfolgt nicht. Erlassen wird nur die Last der Beitragszahlung.

Risiko- und Kapitallebensversicherung

Bei den Kapitallebens- und Rentenversicherungen handelt es sich um Produkte, die in erster Linie dem Sparen dienen und erst in zweiter Linie dem Versichern. Dies gilt auch für fondsgebundene Produkte.

Bei der **Kapitallebensversicherung** wird im Falle des Todes vor Ablauf der Versicherung die sogenannte Todesfallleistung an die bezugsberechtigten Personen ausgezahlt. Wer das Geld erhält, bestimmt der Versicherungsnehmer gegenüber dem Versicherer. Erlebt der Versicherte den Ablauf der Versicherung, wird die Erlebensfallleistung als Ablaufleistung an den Berechtigten ausgezahlt. Auch hier bestimmt der Versicherungsnehmer, wer das Geld erhält.

Bei der **Rentenversicherung** handelt es sich um ein reines Sparprodukt. Eine Absicherung von Hinterbliebenen wie bei der Kapitallebensversicherung über eine Todesfallleistung gibt es hier nicht. Allenfalls die eingezahlten Beiträge erstattet der Versicherer bei Tod vor Rentenbeginn häufig zurück. Für den Fall des Todes nach Rentenbeginn können Rentenversicherungsverträge die Vereinbarung einer Rentengarantiezeit beinhalten. Solche Vereinbarungen werden gleich bei Abschluss des Vertrags getroffen und kosten Beiträge.

Bei diesen Produkten ist nur die garantierte Summe sicher. Alle anderen Angaben zu möglichen Ablaufleistungen oder Renten sind nur Prognosen ohne Garantien.

Bei der **Risikolebensversicherung** zahlt der Versicherer die vereinbarte Todesfallleistung, wenn der Versicherte während der Vertragslaufzeit stirbt. Erlebt der Versicherte den Ablauf der Versicherung, erfolgt in der Regel keine Zahlung. Sinnvoll ist der Abschluss eines solchen Vertrags, wenn Hinterbliebene abzusichern sind oder wenn Finanzierungsverpflichtungen bestehen, mit denen Erben nicht belastet werden sollen. Auch in Kombination mit der Berufsunfähigkeitsrente ist solch ein Versicherungsschutz sinnvoll. Sterbegeldversicherungen rechnen sich in der Regel nicht.

Unfallversicherung

Private Unfallversicherungen zahlen, wenn die versicherte Person durch einen Unfall einen bleibenden Schaden erleidet. Dies gilt weltweit und rund um die Uhr. Bei dem Unfall muss es sich um ein »plötzliches, von außen auf den Körper einwirkendes Ereignis« handeln. Damit scheiden neben sich schleichend entwickelnden Krankheiten in der Regel auch Vergiftungen sowie Erfrierungen und Infektionen als versicherungsrelevante Ursachen aus.

Die wichtigste Leistung einer privaten Unfallversicherung ist die **einmalige Kapitalleistung.** Der Grad der bleibenden körperlichen Schäden – also der Invaliditätsgrad – ist ein Faktor, der die Höhe der Versicherungsleistung bestimmt. Der Invaliditätsgrad wird nach der sogenannten Gliedertaxe des jeweiligen Versicherers festgelegt.

Der weitere Faktor, nach dem sich die Höhe der Entschädigung richtet, ist die vereinbarte **Versicherungsleistung** und der **Typ der Unfallversicherung.** Hier werden lineare Tarife, Mehrleistungstarife und Progressionstarife angeboten. Die Progressionstarife sind am besten, weil deren Versicherungsleistung bei hohem Invaliditätsgrad überproportional stark steigt. Bei den linearen Tarifen erhält der Versicherte einen seinem Invaliditätsgrad entsprechenden Prozentsatz der vereinbarten Versicherungssumme. Bei den Mehrleistungstarifen vervielfacht sich die Leistung nach vorher festgelegten Invaliditätsgraden.

Einige **Leistungserweiterungen** wie beispielsweise die Übernahme von Bergungskosten oder Kosten für kosmetische Operationen sind im Rahmen einer Unfallversicherung durchaus sinnvoll. Vieles ist aber überflüssiges Beiwerk oder kann besser über andere Versicherungsangebote abgesichert werden, wie beispielsweise Unfallkrankentagegeld, Krankenhaustagegeld, Genesungsgeld oder Übergangsgeld.

Beim Abschluss einer Unfallversicherung sollten Sie auf jeden Fall darauf achten, dass Sie, auch wenn Sie über 65 Jahre alt sind, ein Kapitalwahlrecht haben. Außerdem sollten Sie frühzeitig prüfen, ob der Vertrag weiterläuft, wenn Sie 75 Jahre alt werden. Manche Versicherungstarife enden in diesem Alter oder werden nur mit schlechteren Konditionen fortgeführt.

Seit einigen Jahren werden spezielle **Seniorenunfallversicherungen** angeboten. Wie jede andere Unfallversicherung zahlen auch diese eine einmalige Geldsumme oder eine Rente, wenn durch den Unfall ein dauerhafter Gesundheitsschaden bleibt. Zusätzlich enthalten diese Policen aber weitere Leistungen, etwa Hilfeleistungen im Haushalt oder Pflegeleistungen in den ersten sechs Monaten nach dem Unfall. Viele ältere Menschen schließen solche Policen aufgrund dieser Extras ab. Den höheren Leistungsumfang lassen sich die Versicherer aber auch entsprechend teuer bezahlen. Wem es darauf ankommt, im Fall eines Unfalls eine möglichst hohe Summe zu erhalten, der zahlt bei einer Unfallversicherung nur einen Bruchteil der Beiträge und erhält oft höhere Geldleistungen.

Ein Unfall ist dem Versicherer unverzüglich zu melden. Ist zu diesem Zeitpunkt bereits eine Behinderung abzusehen, aber noch nicht der Höhe nach feststellbar, zahlt der Versicherer in der Regel einen Vorschuss. Zeigt sich die Behinderung erst zu einem späteren Zeitpunkt, zahlt der Versicherer die vereinbarte Versicherungssumme, wenn der bleibende Schaden innerhalb eines Jahres nach dem Unfall eingetreten und innerhalb von 15 Monaten vom Arzt festgestellt worden ist.

Ist über eine solche Unfallversicherung eine Todesfallsumme nach einem Unfall vereinbart, muss der Tod dem Versicherer innerhalb von 48 Stunden gemeldet werden, damit dieser – falls erforderlich – eine Obduktion vornehmen lassen kann. Werden solche Fristen nicht beachtet, kann der Versicherer die Leistung verweigern.

Liste bestehender Versicherungsverträge

Haftpflichtversicherungen

Private Haftpflichtversicherung

Name und Anschrift des Versicherers:

_____

_____

Versicherungsscheinnr.: _____

Beginn der Versicherung: _____

Ablauf der Versicherung: _____

Versicherungssumme: _____

> **Drei Monate vor dem Ablauftermin muss die Kündigung dem Versicherer vorliegen.**

Kraftfahrzeug-Haftpflichtversicherung

Name und Anschrift des Versicherers:

_____

_____

Versicherungsscheinnr.: _____

Beginn der Versicherung: _____

Ablauf der Versicherung: _____

Versicherungssumme: _____

> **Bei Kfz-Versicherungen muss vielen Versicherern am 30. November eines Jahres die Kündigung vorliegen. Prüfen Sie, ob das bei Ihrer Versicherung auch so ist.**

Tierhalter-Haftpflichtversicherung

Name und Anschrift des Versicherers: _____

_____

Versicherungsscheinnr.: _____

Beginn der Versicherung: _____

Ablauf der Versicherung: _____

Versicherungssumme: _____

> **Drei Monate vor dem Ablauftermin muss die Kündigung dem Versicherer vorliegen.**

Andere Haftpflichtversicherungen, zum Beispiel Jagdhaftpflicht oder Ähnliches

Name und Anschrift des Versicherers: _____

_____

Versicherungsscheinnr.: _____

Beginn der Versicherung: _____

Ablauf der Versicherung: _____

Versicherungssumme: _____

Hausratversicherung

Name und Anschrift des Versicherers: _____

_____

Versicherungsscheinnr.: _____

Beginn der Versicherung: _____

Ablauf der Versicherung: _____

Versicherungssumme: _____

Elementarschäden für Hausratversicherung:

☐ Ja   ☐ Nein

> **Drei Monate vor dem Ablauftermin muss die Kündigung dem Versicherer vorliegen.**

Wohngebäudeversicherung

Name und Anschrift des Versicherers: _____

_____

Versicherungsscheinnr.: _____

Beginn der Versicherung: _____

Ablauf der Versicherung: _____

Versicherungssumme: _____

Elementarschäden für Wohngebäudeversicherung

☐ Ja   ☐ Nein

> Die Kündigungsfrist der Wohngebäudeversicherung beträgt drei Monate. Ist ein bestehender Kredit über eine Grundbucheintragung gesichert, muss der Gläubiger der Kündigung der Gebäudeversicherung durch Unterschrift zustimmen.

Kranken(zusatz-)versicherungen

Krankenvollversicherung

Name und Anschrift des Versicherers: _____

_____

Versicherungsscheinnr.: _____

Beginn der Versicherung: _____

Ablauf der Versicherung: _____

Umfang des Versicherungsschutzes:

_____

Krankenzusatzversicherungen (stationär/ambulant usw.)

Name und Anschrift des Versicherers: _____

_____

Versicherungsscheinnr.: _____

Beginn der Versicherung: _____

Ablauf der Versicherung: _____

Umfang des Versicherungsschutzes:

_____

Krankentagegeldversicherung

Name und Anschrift des Versicherers: _____

_____

Versicherungsscheinnr.: _____

Beginn der Versicherung: _____

Ablauf der Versicherung: _____

Umfang des Versicherungsschutzes:

_____

Krankenhaustagegeld-Versicherung

Name und Anschrift des Versicherers: _____

_____

Versicherungsscheinnr.: _____

Beginn der Versicherung: _____

Ablauf der Versicherung: _____

Umfang des Versicherungsschutzes:

_____

Auslandsreise-Krankenversicherung

Name und Anschrift des Versicherers: _____

_____

Versicherungsscheinnr.: _____

Beginn der Versicherung: _____

Ablauf der Versicherung: _____

Umfang des Versicherungsschutzes:

_____

Pflegepflichtversicherung

Name und Anschrift des Versicherers: _____

_____

Versicherungsscheinnr.: _____

Vertragsart/Begünstigter: _____

Beginn der Versicherung: _____

Ablauf der Versicherung: _____

Versicherungssumme: _____

Pflegezusatzversicherung

Name und Anschrift des Versicherers: _____

_____

Versicherungsscheinnr.: _____

Vertragsart/Begünstigter: _____

Beginn der Versicherung: _____

Ablauf der Versicherung: _____

Versicherungssumme: _____

Berufsunfähigkeitsversicherung

Vertrag 1

Name und Anschrift des Versicherers: _____

_____

Versicherungsscheinnr.: _____

Vertragsart/Begünstigter: _____

Beginn der Versicherung: _____

Ablauf der Versicherung: _____

Versicherungssumme: _____

Berufsunfähigkeitsversicherung als selbstständige Versicherung oder in Kombination mit Kapitallebens- oder Rentenversicherung oder mit Risikolebensversicherung

Vertrag 2

Name und Anschrift des Versicherers: _____

_____

Versicherungsscheinnr.: _____

Vertragsart/Begünstigter: _____

Beginn der Versicherung: _____

Ablauf der Versicherung: _____

Versicherungssumme: _____

Wenn absehbar ist, dass eine Berufsunfähigkeit besteht, muss mit dem Arzt/den Ärzten gesprochen und der Versicherer informiert werden.

Lebensversicherungen

Vertrag 1

Name und Anschrift des Versicherers: _____

_____

Versicherungsscheinnr.: _____

Begünstigte Person bei Tod:

_____

Beginn der Versicherung: _____

Ablauf der Versicherung: _____

Versicherungssumme: _____

> Wird eine kapitalbildende Lebensversicherung zum Ablauf fällig, muss der Versicherer den Originalversicherungsschein sowie eine Anweisung erhalten, auf welche Bankverbindung die Auszahlung erfolgen soll. Bei Tod muss außerdem eine beglaubigte Sterbeurkunde vorgelegt werden.

Vertrag 2

Name und Anschrift des Versicherers: _____

_____

Versicherungsscheinnr.: _____

Begünstigte Person bei Tod:

_____

Beginn der Versicherung: _____

Ablauf der Versicherung: _____

Versicherungssumme: _____

Unfallversicherung

Vertrag 1

Name und Anschrift des Versicherers: _____

_____

Versicherungsscheinnr.: _____

Beginn der Versicherung: _____

Ablauf der Versicherung: _____

Versicherungssumme: _____

Vertrag 2

Name und Anschrift des Versicherers: _____

_____

Versicherungsscheinnr.: _____

Beginn der Versicherung: _____

Ablauf der Versicherung: _____

Versicherungssumme: _____

> Melden Sie einen Unfall, bei dem ein bleibender Schaden absehbar ist, unverzüglich dem Unfallversicherer. Ist eine Todesfallleistung versichert, muss der Unfalltod des Versicherten sogar innerhalb von 48 Stunden gemeldet werden.

Sonstige Versicherungen

Versicherungsart: _____

Name und Anschrift des Versicherers: _____

_____

Versicherungsscheinnr.: _____

Beginn der Versicherung: _____

Ablauf der Versicherung: _____

Versicherungssumme: _____

Versicherungsart: _____

Name und Anschrift des Versicherers: _____

_____

Versicherungsscheinnr.: _____

Beginn der Versicherung:

Ablauf der Versicherung: _____

Versicherungssumme: _____

Die Autorinnen und Autoren

Jan Bittler

Rechtsanwalt, Fachanwalt für Erbrecht. Neben der gerichtlichen und außer-
gerichtlichen Vertretung in Erb- und Pflichtteilsstreitigkeiten berät er zwecks
Vermeidung derselben zur rechtlichen und steuerlichen Planung der Vermögens-
nachfolge sowie der persönlichen Vorsorge. Für die Verbraucherzentrale hat er
Bücher verfasst wie »ABC des Erbrechts«, »So erben Ehepartner«, »So erben
Kinder«, »Richtig vererben – Steuern sparen«. In diesem Buch stammt das
Kapitel 4 »Nachlassvorsorge« von ihm.

Lothar Heidepeter

Diplom-Kaufmann, Studium der Betriebswirtschaftslehre, wissenschaftlicher
Referent bei einem Handelsinstitut, Fachzeitschriftenjournalist, Abteilungsleiter
für Presse- und Öffentlichkeitsarbeit der Verbraucherzentrale NRW, derzeit Inhaber einer Medienagentur; Autor des Ratgebers »Was tun, wenn jemand stirbt?«.
In diesem Buch hat er das Kapitel 1 »Persönliche Daten« und das Kapitel 2 »Gesundheit« zusammengestellt. Außerdem hat er den Abschnitt »Regelungen für
die Bestattung« im Kapitel 3 geschrieben.

Thomas Hentschel

Diplom-Volkswirt, seit 1998 wissenschaftlicher Mitarbeiter bei der Verbraucherzentrale NRW. Er ist dort Leiter des Projekts Immobilienfinanzierung, Geldanlage
und private Altersvorsorge sowie Berater für die aufgeführten Themenbereiche.
Bei Publikationen der Verbraucherzentrale NRW zu Finanzdienstleistungen ist er
häufig als Gutachter tätig. Für dieses Buch hat er im Kapitel 5 »Finanzielle Vorsorge« den ersten Teil einschließlich »Altersvorsorge« verfasst.

Heike Nordmann

Seit 1998 Mitarbeiterin der Verbraucherzentrale NRW und dort Referentin für
Pflegedienstleistungen. Außerdem ist sie wissenschaftliche Mitarbeiterin im
Demenz-Servicezentrum für die Region Aachen/Eifel. Sie ist Autorin mehrerer
Ratgeber zu den Themen Patientenverfügung, Wohnen im Alter und Demenz. Für
dieses Buch hat sie im Kapitel 3 die Abschnitte zu Vorsorgevollmacht, Betreu-
ungsverfügung und Sorgerechtsverfügung für Kinder geschrieben.

Wolfgang Schuldzinski

Rechtsanwalt, Bereichsleiter Recht und Finanzdienstleistungen bei der Verbraucherzentrale NRW. Er ist als Autor zahlreicher Bücher hervorgetreten, unter anderem mit
»Patientenverfügung« und »Ihr gutes Recht als Patient«. In diesem Buch stammen
im Kapitel 3 die Abschnitte »Patientenverfügung« und »Organspende« von ihm.

Elke Weidenbach

Rechtsanwältin und Referentin für Versicherungen bei der Verbraucherzentrale
NRW. Als Versicherungsspezialistin hat sie entsprechende Kapitel in verschiedenen Veröffentlichungen der Verbraucherzentralen geschrieben. Außerdem ist sie
Autorin des Ratgebers »Private Kranken- und Pflegezusatzversicherungen«. Für
dieses Buch hat sie den Abschnitt »Versicherungen« im Kapitel 5 verfasst.

Stichwortverzeichnis

Adressen

**Verbraucherzentrale
Baden-Württemberg e. V.**
Paulinenstraße 47
70178 Stuttgart
Telefon: 0 18 05/50 59 99 (0,14 €/min.,
Mobilfunkpreis maximal 0,42 €/min.)
Fax: 07 11/66 91-50
www.vz-bawue.de

Verbraucherzentrale Bayern e. V.
Mozartstraße 9
80336 München
Telefon: 0 89/5 39 87-0
Fax: 0 89/53 75 53
www.verbraucherzentrale-bayern.de

Verbraucherzentrale Berlin e. V.
Hardenbergplatz 2
10623 Berlin
Telefon: 0 30/2 14 85-0
Fax: 0 30/2 11 72 01
www.vz-berlin.de

Verbraucherzentrale Brandenburg e. V.
Templiner Straße 21
14473 Potsdam
Telefon: 03 31/2 98 71-0
Fax: 03 31/2 98 71-77
www.vzb.de

**Verbraucherzentrale
des Landes Bremen e. V.**
Altenweg 4
28195 Bremen
Telefon: 04 21/1 60 77-7
Fax: 04 21/1 60 77 80
www.verbraucherzentrale-bremen.de

Verbraucherzentrale Hamburg e. V.
Kirchenallee 22
20099 Hamburg
Telefon: 0 40/2 48 32-0
Fax: 0 40/2 48 32-290
www.vzhh.de

Verbraucherzentrale Hessen e. V.
Große Friedberger Straße 13–17
60313 Frankfurt/Main
Telefon: 0 18 05/97 20 10 (0,14 €/min.,
Mobilfunkpreis maximal 0,42 €/min.)
Fax: 0 69/97 20 10-40
www.verbraucher.de

**Verbraucherzentrale Mecklenburg-
Vorpommern e. V.**
Strandstraße 98
18055 Rostock
Telefon: 03 81/2 08 70 50
Fax: 03 81/2 08 70 30
www.nvzmv.de

**Verbraucherzentrale
Niedersachsen e. V.**
Herrenstraße 14
30159 Hannover
Telefon: 05 11/ 9 11 96-0
Fax: 05 11/9 11 96-10
www.verbraucherzentrale-
niedersachsen.de

**Verbraucherzentrale
Nordrhein-Westfalen e. V.**
Mintropstraße 27
40215 Düsseldorf
Telefon: 02 11/38 09-0
Fax: 02 11/38 09-216
www.vz-nrw.de

**Verbraucherzentrale
Rheinland-Pfalz e. V.**
Seppel-Glückert-Passage 10
55116 Mainz
Telefon: 0 61 31/28 48-0
Fax: 0 61 31/28 48-66
www.verbraucherzentrale-rlp.de

**Verbraucherzentrale
des Saarlandes e. V.**
Trierer Straße 22
66111 Saarbrücken
Telefon: 06 81/5 00 89-0
Fax: 06 81/5 00 89-22
www.vz-saar.de

Verbraucherzentrale Sachsen e. V.
Katharinenstraße 17
04109 Leipzig
Telefon: 03 41/69 62 90
Fax: 03 41/6 89 28 26
www.verbraucherzentrale-sachsen.de

**Verbraucherzentrale
Sachsen-Anhalt e. V.**
Steinbockgasse 1
06108 Halle
Telefon: 03 45/2 98 03-29
Fax: 03 45/2 98 03-26
www.vzsa.de

**Verbraucherzentrale
Schleswig-Holstein e. V.**
Andreas-Gayk-Straße 15
24103 Kiel
Telefon: 04 31/5 90 99-0
Fax: 04 31/5 90 99-77
www.verbraucherzentrale-sh.de

Verbraucherzentrale Thüringen e. V.
Eugen-Richter-Straße 45
99085 Erfurt
Telefon: 03 61/5 55 14-0
Fax: 03 61/5 55 14-40
www.vzth.de

Verbraucherzentrale Bundesverband e. V.
Markgrafenstraße 66
10969 Berlin
Telefon: 0 30/2 58 00-0
Fax: 0 30/2 58 00-518
www.vzbv.de

Impressum

Herausgeber

Verbraucherzentrale Nordrhein-Westfalen e. V.
Mintropstraße 27, 40215 Düsseldorf
Telefon: 02 11/38 09-555,
Fax: 02 11/38 09-235
E-Mail: ratgeber@vz-nrw.de
www.vz-nrw.de

Mitherausgeber

Verbraucherzentrale Bundesverband e. V.
Markgrafenstr. 66, 10969 Berlin
Telefon: 0 30/2 58 00-0,
Fax: 0 30/2 58 00-218
www.vzbv.de

Verbraucherzentrale Baden-Württemberg e. V.
Paulinenstraße 47
70178 Stuttgart
Telefon: 0 18 05/50 59 99 (0,14 €/min.,
Mobilfunkpreis maximal 0,42 €/min.)
Fax: 07 11/66 91-50
www.vz-bawue.de

Verbraucherzentrale Hamburg e. V.
Kirchenallee 22
20099 Hamburg
Telefon: 0 40/2 48 32-0
Fax: 0 40/2 48 32-290
www.vzhh.de

Text	Jan Bittler, Lothar Heidepeter, Thomas Hentschel, Heike Nordmann, Wolfgang Schuldzinksi, Elke Weidenbach; siehe auch „Die Autorinnen und Autoren", Seite 223
Koordination	Kathrin Nick
Lektorat	Dr. Doris Mendlewitsch, Düsseldorf, www.mendlewitsch.de
Layout und Satz	eScriptum, Berlin, www.escriptum.de
Umschlaggestaltung	Ute Lübbeke, Köln, www.LNT-design.de
Titelbild	Getty Images/Monkey Business Images
Fotos Innenteil	Fotolia, iStock (Seite 153)
Druck	AALEXX Buchproduktion GmbH, Großburgwedel Gedruckt auf 100 % Recyclingpapier
Redaktionsschluss:	Februar 2013

Noch Fragen?

Die Beratung der Verbraucherzentralen

Die Experten der Verbraucherzentrale
beraten Sie individuell, kompetent
und unabhängig – unter anderem zu
folgenden Themen:

- Energie
- Recht
- Geld und Kredit
- Immobilienfinanzierung
- Versicherungen
- Gesundheit und Pflege
- Medien und Telekommunikation

www. Alle Informationen über eine persönliche Beratung erhalten Sie unter www.verbraucherzentrale.de oder in Ihrer Beratungsstelle.

Die Ratgeber der Verbraucherzentrale:
Unabhängig. Kompetent. Praxisnah.

Patientenverfügung

Jeder sollte rechtzeitig und verbindlich Entscheidungen
für den „Fall der Fälle" treffen. Doch die Absicherung
über eine Patientenverfügung gelingt nur, wenn die
Schriftstücke richtig aufgesetzt und regelmäßig
aktualisiert werden. In diesem Ratgeber finden Sie
passende Formulierungshilfen und Textbausteine.

16. Auflage 2013, 168 Seiten, 7,90 €

Gesetzliche Rente

„Die Renten sind sicher!" – das war einmal. Reformen
der gesetzlichen Rentenversicherung haben in den
letzten Jahren zu spürbaren Einschnitten geführt.
Umso wichtiger ist es, dass Sie Ihre Rechte kennen
und wissen, wie Sie Ihre erworbenen Rentenansprüche
durchsetzen.

2. Auflage 2011, 276 Seiten, 9,90 €

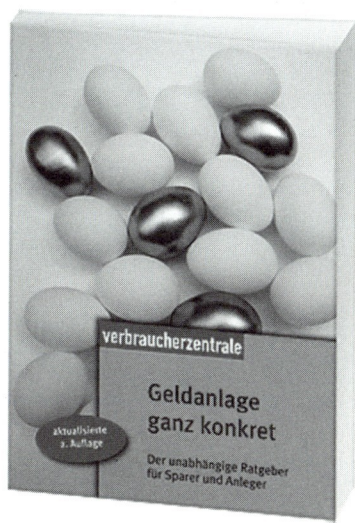

Geldanlage ganz konkret

Banken und Finanzvertriebe waren in der Vergangenheit
oft keine große Hilfe. Der Ratgeber bietet konkrete und
unabhängige Hilfe bei der Geldanlage für alle, die sparen
wollen. Ob mit großem oder kleinem Budget, ob sicher
oder mit Risiken, ob staatlich oder betrieblich gefördert:
Wer Bescheid weiß, macht mehr aus seinem Geld.

2. Auflage 2011, 256 Seiten, 9,90 €